호모 파덴스
만드는 인간
'호모 파베르Homo Faber'와
유희를 즐기는 인간
'호모 루덴스Homo Ludens'의 합성어

호모 파덴스

일자리의 진화, 교육에서 미래를 디자인하다

이민화 지음 | 편집 윤예지, 박시온
2017년 10월 24일 초판 1쇄 발행
2019년 3월 18일 2쇄 발행

펴낸곳

서울신문
주소 서울특별시 중구 세종대로 124
전화 (02) 2000-9072 | 홈페이지 www.seoul.co.kr

KCERN
주소 서울특별시 강남구 논현로 28길 25 , 205호
전화 (02) 5778301 | 홈페이지 www.kcern.org

ISBN   979-11-86480-54-0 (03320)

「이 도서의 국립중앙도서관 출판예정도서목록(CIP)은 서지정보유통지원시스템 홈페이지
(http://seoji.nl.go.kr)와 국가자료공동목록시스템(http://www.nl.go.kr/kolisnet)에서
이용하실 수 있습니다.(CIP제어번호: CIP2017026918)」

호모 파덴스
HOMO FADENS
일자리의 진화,
교육에서 미래를 디자인하다

이민화

서울신문 KCERN

Contents

프롤로그   007

01 일자리 없는 4차 산업혁명 시대

1. 4차 산업혁명 시대   017
2. 일자리 없는 미래에 대한 공포와 논란   027
3. 진화하는 일자리   047

02 진화의 원천, 인간의 욕망

1. 산업혁명과 인간의 욕망   055
2. 소유보다 공유하는 사람들   063
3. 인간의 새로운 욕망   072
4. 긱(Gig)과 프리에이전트   085
5. 일의 개념을 바꾸면 일자리가 보인다   094
6. 복잡계와 일자리   098

03 4차 산업혁명 시대의 인재상

1. 지수적으로 변화하는 4차 산업혁명 시대   121
2. 협력하는 괴짜   125
3. 괴짜를 길러내는 해외 교육 정책   129
4. 한국의 교육은 어디로 향해야 하나   136

04 4차 산업혁명 시대의 대학 교육

1. 대학의 혁신   141
2. '티칭'이 아닌 '러닝(SPBL)'   148
3. SPBL과 MOOC의 만남   184
4. 개방형 산학협력   206

05 인생 N모작을 준비하다

1. 평생교육, 선택이 아닌 필수 — 217
2. Active Aging 시대 — 223
3. 건강한 고령화 사회와 일자리 안전망 — 230
4. 평생교육과 학습도시 — 243
5. O2O Learning City — 254

06 4차 산업혁명 시대의 기업

1. 미래 기업의 키워드, 혁신 — 271
2. 혁신을 재정의 하다 — 278
3. 지속가능 경영 패러다임 — 296
4. 공유가치와 신뢰사회 — 313
5. 미래 기업이 해야 할 일 — 320

07 선순환을 부르는 미래형 기업가

1. 기업가와 기업가정신 — 335
2. '올바른 방향으로 강하게 치는' 리더십 — 341
3. 해외의 기업가정신 교육과 정책 — 353
4. 한국적 기업가정신 — 371

부록 1. 에듀테크
1. 대한민국의 미래, 에듀테크 — 377
2. 에듀테크가 불러온 교육의 혁명 — 380
3. 에듀테크 시장 현황 — 390
4. 에듀테크 기업 소개 — 394

부록 2. 3인의 창업기업가
1. 휴맥스와 변대규 — 409
2. 크루셜텍과 인건준 — 414
3. 이음소시어스와 박희은 — 421

프롤로그

4차 산업혁명의 인재상을 호모 파베르와 호모 루덴스가 융합한 호모 파덴스로 정의하고자 한다.

호모 파베르Homo Faber는 도구의 인간을 뜻한다. 개미와 베짱이의 우화는 개미라는 근면의 인간을 바람직한 인간상으로 제시하고 있다. 앙리 베르그송은 그의 저서 '창조적 진화'에서 지성을 인공적 대상들을 제작하는 능력이라고 정의하며 인간의 본성은 호모 사피엔스보다는 호모 파베르에 가깝다는 주장을 하고 있다. 호모 파베르로서 인간은 IoT, 빅 데이터, 인공지능, 지능형 로봇을 통하여 생산성의 극한을 향하여 치닫기 시작했다. 드디어 인공지능인 알파고가 인간과의 게임에서 압도적인 승리를 거두게 된다. 이제 호모 파베르는 대부분의 생산을 위한 노동을 기계로 대체하는 초 생산성 사회로 진입시키고 있다.

호모 루덴스Homo Ludens는 놀이 인간을 의미한다. 역사학자인 요한 하위징아는 인간만의 특징을 놀이로 파악한다. 그는 종교, 법률, 경기, 전쟁, 철학, 예술 등 인류의 모든 문화가 놀이에 기원을 두고 있으며, 놀이는 그러한 문화들 속에 스며들어가 있다는 것을 역사학자답게 역사적 관점에서 논증한다.

   호모 파베르가 지성으로 물질을 만드는 것이라면, 호모 루덴스는 감성으로 놀이에 몰두한다는 것이다. 호모 루덴스가 재미라면, 호모 파베르는 의미가 된다. 우리는 재미를 위하여 사는가 의미를 위하여 사는가. 재미가 나를 위한 내적 가치라면, 의미는 세상을 향한 외적 가치일 것이다. 의미는 없이 재미만 탐닉하면 사회와 유리된다. 재미는 없이 의미만 추구하면 개인은 탈진한다. 재미와 의미가 융합된 목표는 우리를 설레게 한다. 성공적인 삶과 그렇지 않은 삶의 차이는 일터로 나갈 때의 설렘의 차이다.

   너무 어려운 과제는 우리에게 스트레스와 중압감을 준다. 등산가들도 거대한 산의 무게에 중압감을 느낀다. 한편 가치 없는 일상적인 일은 우리를 설레게 하지 않는다. 설렌다는 것은 의미 있는 목표의 예측이 불확실하다는 뜻이다. 모든 것이 확실하면 설레지 않는다. 불확실한 가치에 도전할 때 사람들은 열정을 불태운다. 재미있고 의미 있는 목표는 사회에는 가치 있는 성과를, 개인에게는 자아성취의 행복을 제공한다. 이것이 바로 가지 않은 길을 가는 기업가Entrepreneur의 모습이다. 재미와 의미가 선순환하는 기업가적 삶이 4차 산업혁명의 인재상인 것이다.

   '무엇을 해서 먹고 살까?' 이 고민은 인류가 태어나면서부터 시작됐을 것이다. 이 단순하지만 중요한 고민은 인류의 진화에 따라

'일자리' 고민이 되었고, 세 차례의 산업혁명을 거치면서 큰 패러다임의 변화를 겪었다. 그리고 4차 산업혁명의 시대가 도래하면서 인류는 과거 그 어느 때보다 큰 '미래 일자리' 고민에 당면했다. 미래 일자리 문제를 풀어나갈 핵심 전략은 교육의 문제로 직결된다. 한강의 기적을 이어갈 미래 전략의 핵심 역시 4차 산업혁명의 변화에 선제 대응할 교육 체계의 혁신이라 단언할 수 있다.

그렇다면 4차 산업혁명의 교육 혁신 전략의 핵심은 무엇일까? 바로 지식을 다루는 방법의 변화다. 4차 산업혁명으로 진입하면서 인류의 지식은 18개월 마다 2배씩 증가하고 있다. 지식은 인간이 다루기에 너무나 방대해졌고, 인간보다 지식을 더 잘 다룰 인공지능이 등장하고 있다. 또 지식이 양적으로 폭증하면서 질적으로도 변화했다. 그러니 정답을 외우던 기존의 교육 방식은 이제 종말에 가까워졌다. 쉬운 예로 목적지에 도착하기 위해서 도로와 건물 이름을 외우기보다는 내비게이터 활용법을 학습해야 하는 시대가 됐다는 것이다.

교육의 목표는 지식Contents 교육이 아닌 학습능력Context 교육으로 전환되어야 한다. 이때 구체적 목표는 '창조적 지식 창출'과 '편리한 지식 활용'이란 두 가지다.

4차 산업혁명의 변화를 뒷받침할 인재상도 당연히 과거와는 달라져야 한다. 흔히 일Work이라고 하는 행위는 재미와 의미라는 요소로서, 세 가지로 나뉜다. 바로 의미가 있는 '창조적 일'과 재미가 있는 '감성적 놀이'와 반복되는 '노동Labor'이다. 4차 산업혁명 전략에 따르면 이 중 반복되고 재미없는 노동은 로봇에게 넘겨주고 사람은 의미와 재미가 있는 창조성과 인성에 집중한다. 그런데 창조적 인간들은 대체로 남들과 다르게 생각하는 괴짜이고, 이 괴짜들이 협력하면 뭔가 특별한 것들이 이뤄진다. 즉 '협력하는 괴짜'들이 미래 인재상인 셈이다. 이로써 교육의 방향은 명확해 진다. 바로 창조성과 감성을 바탕으로 협력하는 인간, '협력하는 괴짜'다.

협력하는 괴짜는 어떻게 육성될 수 있을까? 현재로서는 사회와 교육이 융합한 팀 프로젝트 교육PBL·Project Based Learning을 통하여 육성된다는 것이 결론이다. 교육 혁신은 학교만의 문제가 아니라 학교와 기업과 사회 전반의 문제다. 그러므로 기존의 교육에서 팀으로 사회 문제를 찾고 풀어가는 학습으로 방향을 전환해야 한다Less teaching, more learning. 기존의 지시 교육은 온라인으로 이동시킨 MOOC로 대체된다. MOOC와 같은 온라인 교육은 집중도가 약하다는 지적이 있는데, 이는 역진행 교육Flipped Learning으로 보완하면 된다. 또 맞춤 교육Adaptive Learning은 인공지능 기반의 맞춤형 교육 도구로 개별 학생들에게 피드백을 제공하고, 성적(성과)을 기반으로 향후 학습경로를 제공하여 프로젝트 교육과 MOOC를 연결한다. 이후 기업가정신을 기반으로 행동으로 옮기는 액티브 러닝Active Learning이 협력하는 괴짜들을 완성하게 된다.

지식에서 학습능력Learn how to learn으로의 혁신은 초중고와 대학 및 평생교육 전반에 걸쳐 추진되어야 한다. 이를 위해서는 우선 각 교육 단계별 문제를 짚어 볼 필요가 있다. 우리는 초등학교에 입학하는 순간부터 대학입시에 매달리는 '스펙형 교육'을 하고 있다. 이 과정에서 초래된 심각한 사교육의 폐해는 큰 사회 문제를 낳고 있다. 게다가 그렇게 해서 입학한 대학은 사회와 분리되어 있다. 산학협력 부진, 경직된 거버넌스, 교육부 재정 의존 심화 등의 문제를 안고 있다. 특히 평생교육은 급변하는 4차 산업혁명의 인프라임에도 불구하고 예산이 1% 정도에 불과한 사각지대에 놓여 있다. 그나마 기술 경쟁력이 있다는 기업 교육도 클라우드와 데이터 규제로 미래 산업화가 지체되고 있는 실정이다. 전반적으로 우리 사회 교육의 미래 비전은 미비하다는 불편한 진실을 받아들여야 한다. 그리고 변화를 설계해야 한다.

4차 산업혁명에서 대학은 사회문제 해결형 프로젝트 교육SPBL·Social Project Based Learning과 지재권 중심 산학협력으로 재탄생해야 한다. 대학교육이 기업가정신에 바탕을 둔 학습능력과 인성 교육으로 전환되려면, 사회와 융합한 팀 프로젝트 교육으로 혁신할 수밖에 없기 때문이다. 개인, 대학, 기업, 사회 등 모두를 위해서 대학은 대학 주변의 수많은 기관들과 협력해서 사회문제 해결형 팀 프로젝트 교육SPBL의 화두를 도출해야 한다. 대학 주변의 수많은 기업체에서 겸임 산학협력 교수 요원들을 선발하는 것도 하나의 방법이다. 이를 통해서 기업이나 연구소에서는 우수 인재를 발굴해 갈 수 있다. 또 대학은 심도 있는 사회문제에 접근할 수 있다. 학생들 역시 제대로 된 학습능력을 배양할 수 있으니 1석 3조의 대안이라고 할 수 있다.

더 중요한 것은 이 과정에서 경쟁력 있는 지식재산권이 도출될 수 있다는 사실이다. 미국 대학의 산학협력에서 기업의 양대 성과는 학생 선발과 지식재산권 획득이라고 한다. 작은 규모의 지재권 중심 산학협력으로 기존 산학협력의 문제를 극복하는 일도 가능할 것이다.

대학의 평생교육은 교육에 사회가 융합되는 것이 아니라 사회에 교육이 융합되어야 한다. 급변하는 산업 환경은 기존 일자리의 수명을 단축시키고 있으므로 지속적인 재교육, 즉 평생교육이 필요하다. 결론적으로 대학의 평생교육은 저비용의 가벼운 교육이 되어야 한다. 에듀테크EdTech는 저비용 고효율의 대안을 제시할 수 있다. 기존의 대학 강의를 온라인에서 대중화한 edX, Udacity와 같은 MOOC를 넘어 누구나 강사가 되는 Udemy, 에어클래스로 확산되고 있어 대학의 강의 독점을 해체하고 있다. Edmodo는 교육 커뮤니티를 지원하고 있다. Knewton이라는 개인 맞춤형 학습 시스템으로 애리조나 주립 대학교는 17%의 수료율 향상을 이룩했다.

한편, 기업의 직무교육에 있어서도 에듀테크는 유용하다. 교육은 사회현장에서 이루어져야 하는데, 대부분의 기업들은 이미 업무와 교육을 결합하고 있다. 일자리는 유지되지만 직무는 변화하기 때문에 직무교육은 현장 중심의 에듀테크 교육이 될 수밖에 없다. 전 세계적으로도 교육 컨텐츠 플랫폼, 맞춤 교육 서비스 등 다양한 형태의 에듀테크 기업들이 등장하고 있다.

4차 산업혁명은 '인간을 위한, 인간 중심의 혁명'이요, 동시에 '인간을 위한 현실과 가상의 융합'이다. 또 교육의 혁신은 4차 산업혁명의 근본 목표와 맥락을 같이 한다. 그러므로 인간은 창조성과 협력성을 담당하고 인공지능이 반복되는 일을 담당하는 협력 모델이 미래 일자리의 모습일 것이다. 미래 사회의 인재상은 '협력하는 괴짜'가 된다. 세상을 바꿀 '협력하는 괴짜'를 육성하려면, 사회문제 해결형 팀 프로젝트 교육SPBL이 대안이다.

협력은 창조성의 발현뿐 아니라 창조물의 분배에도 핵심 역할을 한다. 그렇기 때문에 '협력하는 괴짜'는 세상과 더불어 성장하는 인재이다. 이들이 창출한 성장의 열매를 잘 나누어 다음 성장을 확대하는 노력을 해야 한다. 이런 성장과 분배의 선순환의 가치를 공유하는 교육이 진정한 미래 인재 교육이다. 소유의 가치에서 공유의 가치로 진화할 수 있도록 교육은 진화해야 한다. 소유는 개인을 키우고 공유는 모두를 키운다. 투명하고 순환되는 사회에서는 모두가 성장한다.

미래 사회는 혁신의 리더십인 기업가정신이 이끄는 세상이 된다. 기업의 역할은 이제 '부의 창출'에서 '부의 창출과 분배의 선순환'으로 재정의되어야 한다. 투명하고 반복되는 4차 산업혁명의 공유 사회에서는 배려하는 기업이 승자가 된다는 것이 게임 이론에서 도출된다. 결국 영리기업과 비영리기업은 이제 서로 다른 둘이 아니고 융합하는 개념이 된다. 이를 선순환 기업이라 명명하고자 한다.

기업은 이제 1인 기업으로 발전한다. 프리에이전트의 시대가 도래하고 있다. 비자발적 비정규직과 자발적 프리 에이전트의 차이는 남들에 의존하는 삶인가 내가 개척하는 삶인가 하는 것이다. 항상 일거리가 연결된다면 프리에이전트는 불안정한 삶이 아니다. 긱Gig 플랫폼이 미래 기업가들의 세상을 연결하는 길이다. 공유경제의 궁극적인 모습은 정보와 자원과 인간관계가 공유되는 삶이다. 일자리는 이제 조각난 일거리의 연결로 재정의된다.

HOMO FADENS

제1장

일자리 없는 4차 산업혁명 시대

For the future of Job and Education

01

4차 산업혁명 시대

다보스 포럼으로 불리는 세계경제포럼 WEF·World Economic Forum 은 전 세계의 저명한 기업인, 경제학자, 저널리스트, 정치인들이 모여 범세계적 경제문제에 대해 토론하고 실천 관계를 모색하는 국제 민간회의다. 2016년 클라우스 슈밥 Klaus Schwab 의장이 '모든 것이 연결되고 지능화되는 세상'으로 4차 산업혁명의 화두를 처음 제시하면서, 미래 사회는 '4차 산업혁명'이라 명명됐다. 전 세계 주요 국가들은 인더스트리4.0 Industry4.0-독일, 디지털 선환 Digital transformation-미국, 소사이어티5.0 Society5.0-일본 등의 각기 다른 전략으로 미래 사회에 대비하고 있다. 그런데 '현실과 가상의 융합으로 사회 문제를 해결한다.'는 내용적 관점에서는 일치하지만 4차 산업혁명에 대한 각국의 정의는 아직 다양한 개념의 혼돈 속에 있다.

이제 대한민국의 국가 성장 전략으로 부상한 4차 산업혁명의 정의와 기술 모델에 대한 대안을 제시해 보고자 한다.

4차 산업혁명의 정의

　세계경제포럼은 4차 산업혁명을 "다양한 기술의 융합으로 접근하여 '연결과 지능'의 사회가 빠르고, 넓고 강하게 세상을 바꾸는 것"이라고 개념을 정리한 바 있다. 그러나 미국의 사회운동가 제레미 리프킨 등은 이 정의는 기존의 3차 산업혁명과 본질적인 차이가 없다는 이견을 제기했다. 심지어 미국은 디지털 전환 Digital transformation 이라는 명칭으로 4차 산업혁명에 임하고 있다. 디지털 전환 역시 3차 산업혁명의 온라인 가상화의 개념을 벗어나지 못하고 있다.

　많은 사람들이 거대한 변화의 물결을 인정하면서도 각기 다른 말을 하고 있으니 '눈 감고 코끼리 다리 만지기'하는 듯 보인다. 그 이유는 뭘까? 아마도 4차 산업혁명을 빅 데이터, 사물인터넷, 인공지능과 같은 개별 기술로 설명하려 하기 때문일 것이다. 이런 개별 기술들로는 4차 산업혁명을 설명해 낼 수가 없다. 개별 기술들이 '어떻게 융합하고 또 세상을 바꾸는가?' 하는 거시적 관점에서 바라보아야 한다. 그러므로 이 책에서는 4차 산업혁명을 개별 기술의 차원을 넘어 세상의 자기조직화 차원에서 해석해 보려 한다.

　과거 우리가 경험한 산업혁명들은 두 가지 특징이 있다. 먼저 1, 2차 산업혁명은 물질의 풍요로움을 증폭시켜 '현실세계 Offline'를 구축해 냈다. 3차 산업혁명은 정보 혁명으로, '가상세계 Online'

를 구축했다. 우리가 맞이한 4차 산업혁명은 과거 산업혁명이 만들어낸 현실세계Offline와 가상세계Online가 융합하는 '인간을 위한 현실과 가상의 융합O2O·Online to Offline'이다.

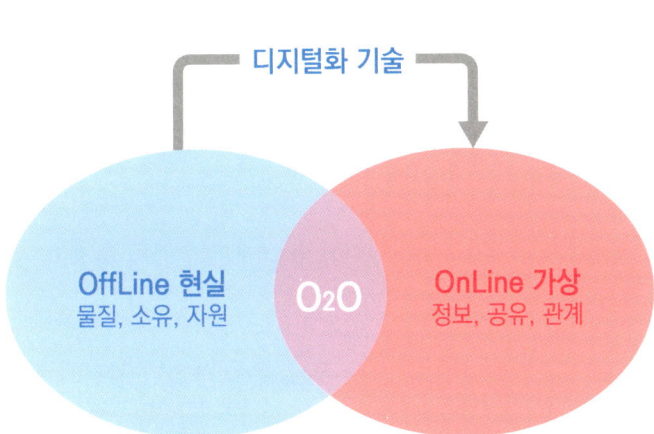

[그림] 현실과 가상의 융합, O2O

이 정의에는 많은 의미가 내포되어 있다. 먼저 '인간을 위한'이란 말에는 4차 산업혁명을 주도하는 것이 인간의 새로운 욕망이며 그 목적은 인간 사회의 문제를 해결하는 것이라는 의미가 담겨 있다. '현실과 가상의 융합'이란 말은 현실에서 존재하는 시공간의 한계를 극복하기 위한 '융합 기술 모델'을 화두로 제시한다.

다시 한 번 강조하건데 4차 산업혁명의 본질은 현실과 가상의 융합이다. 이때 사물인터넷과 같은 디지털화 기술과 3D 프린팅과 같은 아날로그화 기술이 모두 4차 산업혁명의 수단이 된다. 3차 산업혁명의 주된 동력이 디지털화 기술이었다면, 4차 산업혁명은 여기에 아날로그화 기술이 융합한다. 현실과 가상이 '순환'을 통한 융합을 이루게 되니, 두 산업혁명 사이에는 엄청난 차이가 존재한다.

그렇다면 4차 산업혁명이 가져올 변화는 어떤 것들일까? 그 모습을 상상해 보면, 4차 산업혁명의 첫 단계는 생산의 혁명이 될 것이다. 인공지능과 로봇이 초생산혁명의 주역이 되어 전문 서비스업의 생산성이 급증할 것이다. 미래 학자들은 2025년을 4차 산업혁명의 1단계 티핑 포인트로 보고 있다. 2단계는 분배의 문제를 해결할 거버넌스 혁명으로 이어진다. 기술의 융합으로 현재보다 월등한 생산이 가능한 사회가 도래한다면, 다음은 분배 문제 해결이 관건이 될 것이기 때문이다. 2035년 미래 경제사회는 집단지능 기반의 공유경제로 진화하게 될 것이다. 3단계에서 인류는 집단생명으로 자기조직화하는 초인류인 호모 모빌리언스 Homo Mobilians로 진화할 것이다. 인문학의 혁명이다. 구글의 엔지니어링 이사이자 세계적인 미래학자인 레이 커즈와일 Ray Kurzweil 등은 2045년을 신 인류의 티핑 포인트로 예상하고 있다.

미래학자들의 의견을 종합해 보면 사물 thing을 다루는 기술과 우리 we를 다루는 경제사회, 나 me를 다루는 인문학이 초융합하는 세상이 다가오고 있다. 기술의 대융합, 선순환 경제사회 구축, 초인류의 인문적 가치 등은 각각 과학기술과 경제사회와 인문학의 화두일 것이다. 그리고 이 세 과제는 독립적으로 발전하는 것이 아니라 초융합·자기조직화 되어 초생명사회Holocracy로 진화할 것이다. 초융합·자기조직화 및 초생명사회, 호모 모빌리언스에 관해서는 뒤에서 조금 더 깊이 이야기 하도록 한다.

4차 산업혁명의 기술 모델

10억 달러, 우리 돈으로 1조 원 가치가 넘는 스타트업을 두고 '유니콘Unicorn'이라고 부른다. 2010년까지 1년에 한 두 개 정도 극히 드물게 등장하던 유니콘 기업들이 2011년부터는 분기에 하나 이상, 2014년부터는 한 달에 하나 이상, 그리고 2016년 한 해에는 70개 넘게 등장하고 있다. 이를 통해, 4차 산업혁명의 대표적인 현상을 설명할 수 있다. 우버, 에어비앤비와 같은 유니콘 기업들을 탄생시키는 것은 가상과 현실이 융합하는 'O2O 융합'이며 이것이 바로 4차 산업혁명의 핵심 중 하나이다. GE의 공장, 캐터필러의 중장비, 아마존의 선행배송, 핏빗Fitbit의 건강관리 등이 모두 동일한 O2O 융합으로 구성되어 있다. 단순히 '유니콘 기업들이 우후죽순 등장'해서 '4차 산업혁명'인 것이 아니라, 이들을 등장하게 하는 원동력이 어디에 있는지를 자세히 살펴보아야 한다.

세계적으로 주목받는 유니콘 기업들의 공통점은 현실의 한계를 극복하는 사업을 전개하고 있다는 점이다. 현실세계와 1:1로 대응되는 가상세계에서 시공간을 재조합하여 현실을 최적화하는 O2O 융합이 그들의 성공코드다. 설명이 어렵다면, 내비게이터의 서비스 원리를 떠올려 보면 된다. 내비게이터는 대표적인 O2O 융합 사례다. 내비게이터는 현실의 교통 체계와 1:1 대응되는 가상 교통망에서 최적의 맞춤 경로를 예측하여 알려준다.

이런 현실과 가상의 1:1 대응 구조를 O2O 평행모델이라 한다. 유사한 개념으로 GE의 디지털 트윈Digital twin이 있는데, 이 모델은 제조 기반의 현실Offline의 공정과 가상Online의 공정을 1:1 대응시켜 공정을 효율 최적화시켰다. O2O 최적화는 병원, 공장, 여행 등 인간의 삶의 모든 분야로 확산되고 있으며 이것이 유니콘 기업의 폭증을 가져오고 있다. 그들은 오프라인의 현실과 온라인의 가상을 융합 순환하여 예측과 맞춤의 최적화 가치를 창출하고 있는 것이다.

O2O 평행모델이 만들어지는 과정은 모두 4단계로 이루어진다. 1단계는 사물 인터넷과 생체 인터넷이 오프라인 세상의 정보를 데이터화한다. 2단계에서 데이터는 클라우드에 저장되어 빅 데이터를 생성한다. 3단계로 인공지능이 빅 데이터를 기반으로 예측과 맞춤의 최적화를 한다. 4단계는 다시 오프라인 세상의 최적화를 구현한다. 즉 O2O 평행모델은 현실을 가상화하는 데이터화 과정과 가상을 현실화하는 과정으로 구성된다.

실제로 적용되고 있는 기업의 사례를 더 들어 보자. 지멘스의 스마트 공장은 1:1 대응된 가상과 현실의 평행 공장 모델에서 1) 데이터 수집 2) 빅 데이터화 3) 인공지능 분석 4) 현실 융합의 4 단계로 에너지를 30% 절감하고 있다.

[그림] O2O 평행모델

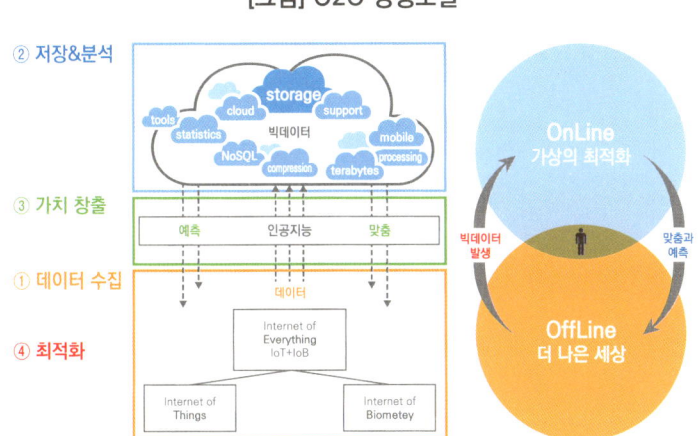

기존의 PSS^{Product Service System}를 넘어 데이터를 매개로 한 O2O 융합형 PSS의 시대를 열어가고 있는 기업들도 있다. 캐터필러의 중장비와 GE의 항공기 엔진은 출고이후 데이터를 수집하여 사전 서비스를 제공하고 있다. 핏빗은 웨어러블 트래커에서 데이터를 수집하여 맞춤 건강 서비스를 제공한다.

O2O 평행모델에서도 일부 읽어낼 수 있듯이 4차 산업혁명은 IoT, 빅 데이터, 클라우드, 인공지능, 증강/가상현실, 블록체인 등 다양한 기술들이 융합하면서 진화한다. 그러나 이들 기술 간의 관계를 현실과 가상이 융합하는 4차 산업혁명적 관점에서 제시한 기술 융

합 모델은 없었다. 따라서 이 책에서는 기존의 기술 모델들을 검토하여 4차 산업혁명을 뒷받침할 기술 모델을 새롭게 제시하고자 한다.

독일의 Industry4.0 플랫폼 모델은 4차 산업혁명을 이끌어갈 주요 기술을 8개 분야로 나누어서 제시하고 있다. 독일은 이 모델을 적극적으로 활용해 제조업 혁신을 전 산업에 확산시키는 노력을 하고 있다. 그러나 스마트 팩토리에서 시작된 한계로 인하여 누락된 기술 요소와 기술 간의 관계 제시가 부족하다. 보스턴컨설팅그룹BCG은 '제조업의 생산성과 성장의 미래'라는 보고서에서 Industry4.0의 구현 모델로 9-Pillar라는 9가지 기반 기술을 제시했다. 그러나 이 모델에서도 현실과 가상의 융합과 순환 과정의 설명이 불가능하고 전체 기술들 간의 상호 관계 제시도 미흡하다. 또한 누락된 주요 기술들도 다수 존재하고 있다.

이런 기존의 4차 산업혁명 기술 모델의 한계를 극복할 수 있는 것이 바로 'AI+12 Tech' 모델이다. 현실세계는 시간, 공간, 인간이라는 3대 요소로 구성되어 있다. 언제, 어디서, 누가 무엇을 하고 있는가를 데이터화하면 현실과 1:1 대응되는 평행모델이 만들어진다. 시공간과 인간은 각각 요소 기술과 관계 기술로 구성된다. 예를 들어 웨어러블은 인간의 요소 데이터를, 연결망은 관계 데이터를 나타낸다. 결국 '3(시간·공간·인간) X 2(요소 기술·관계 기술) = 6개 기술'로 현실을 데이터화할 수 있게 된다. 공간 데이터화 기술인 IoT 및 LBS위치 기반 기술와 인간 데이터화 기술인 IoB웨어러블와 SNS연결망가 시간을 데이터화한 클라우드에서 빅 데이터로 구현되면 현실과 가상이 1:1로 대응된다. 이로서 현실과 가상이 대응한 평행모델이 데이터로 만들어 지게 되는 것이다. 이처럼 현실을 가상화하는 6개 기술이 바로 '6대 디지털화Digital transformation 기술'이다.

[그림] 'AI+12 Tech' 모델

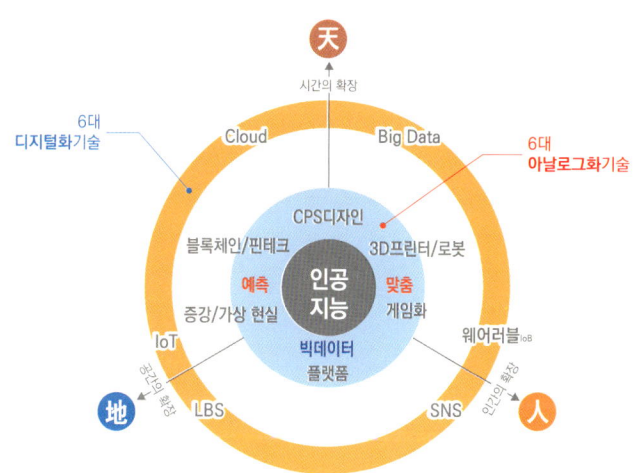

데이터화된 가상의 세계에서는 시공간과 인간의 제약을 벗어날 수 있다. 인공지능이 클라우드의 빅 데이터를 편집하여 시간을 최적화(예측)하고 인간과 공간을 최적화(맞춤)하는 가치를 창출한다. 4차 산업혁명의 핵심 가치는 예측과 맞춤이라는 최적화다. 인공지능은 '시간의 예측과 공간의 맞춤'이라는 4차 산업혁명의 가장 핵심적인 가치를 창출하는 기술인 셈이다. 그런데 인공지능이 창출한 예측과 맞춤은 가상의 데이터 세계에 존재하므로 인간이 만질 수도 없고,

느낄 수도 없다.

 그렇다면 인공지능이 제공한 예측과 맞춤의 가치를 현실세계로 어떻게 가져올 수 있을까? 이를 가능하게 해 주는 것이 가상을 현실화하는 '아날로그화Analog transformation 기술'들이다. 그리고 디지털화 기술들과 마찬가지로 아날로그화 기술도 6개가 존재하게 된다.

 '6대 디지털화 기술'과 '6대 아날로그화 기술', 이 12개의 기술들은 현실세계와 가상세계를 순환하여 인간에게 최적화 가치를 제공한다.

 12개 기술의 역할과 기능 등을 그림으로 정리해 보면, 3차 산업혁명과 4차 산업혁명의 차이점을 한눈에 확인할 수 있다. 3차 산업혁명에서는 디지털화 기술들이 가상세계를 만들었다면 4차 산업혁명에서는 아날로그화 기술들이 현실과 가상의 융합을 완성한다. '양방향 순환'이라는 근본적 차이가 있는 것이다.

02

일자리 없는 미래에 대한 공포와 논란

기계의 등장으로 인한 노동 종말론은 끊임없이 제기되어왔다. 노벨 경제학상 수상자인 경제학자 바실리 레온티에프Wassily Leontief, 1905~1999는 "보다 정교한 컴퓨터의 도입으로 인하여 마치 농경시대에 있어서 말의 역할이 트랙터의 도입에 의해서 감소되고 제거된 것처럼, 보다 정교한 컴퓨터의 도입으로 인하여 가장 중요한 생산요소로서의 인간의 역할이 감소하게 될 것이다."라고 예측했다. 프랑스 미테랑 정부에서 장관을 지낸 자크 아탈리Jacques Attali, 1943~는 "기계가 새로운 프롤레타리아이다. 노동계급에게는 해고 통지서가 발부되고 있다."라고 경고했다.

미국의 제레미 리프킨Jeremy Rifkin, 1945~은 "노동의 종말은 문명화에 사형 선고를 내릴 수도 있으며, 동시에 새로운 사회 변혁과 인간 정신의 재탄생의 신호일 수도 있다. 미래는 우리의 손에 달려있다."라고 말하기도 했다.[1]

---

1) The Economist(2014.1.25.), "How quickly can people learn new skills?"

4차 산업혁명을 말하는 많은 기관들은 앞으로 대다수의 일자리가 사라질 것이라 말하고 있다. 지난 2016년 1월 다보스 포럼에서도 향후 5년간 719만 개의 일자리가 사라지고, 210만 개의 새로운 일자리가 생길 것이라고 발표했다. 결국 500만 개의 일자리가 사라질 것이라는 말이다. 옥스퍼드 대학은 미국 일자리의 47%가 20년 내 사라질 것이라 경고했다. 이러한 일련의 연구결과들은 전세계 일반인들에게 충격을 안겨주고 있다. 4차 산업혁명이 필연적으로 일자리의 감소를 가져온다고 하니 당연한 결과다. 그렇다면 과연 4차 산업혁명은 일자리를 소멸시킬까?

일자리에 대한 위기감은 인공지능이 인간을 대체하면서 사라지는 직업의 수 만큼 새로운 일자리가 만들어지지는 않을 것이라는 데서 기인한다. '노동총량 불변의 법칙'에 근거하고 있는 것이다. 노동총량이론Lump of labor theory은 세계에 필요한 노동총량이 정해져 있으며 미국인, 인도인, 혹은 한국인이든 관계없이 일단 그 양이 채워진 후에는 남는 일자리가 없어진다는 주장이다. 현재 미국에서 미국인이 가장 큰 일자리 비중을 차지하고 있지만, 인도인들이 적은 임금으로 똑같은 일을 하겠다고 나서면 미국인의 일자리는 점점 더 줄어들게 된다는 것이다.

노동총량이론에서 경쟁이란 주어진 몫을 놓고 다투는 제로섬 게임이라는 가정에 기초한다. 이는 기계가 인간의 노동을 대체하면 인간의 일자리가 줄어들거나, 일의 시간이 줄어든다는 주장과도 일맥상통하다. 지금까지 제기된 숱한 일자리 소멸론들의 근거는 바로 노동총량불변의 법칙에 바탕을 두고 있다. 그런데, 노동총량불변의 법칙에는 오류가 있다.

노동총량불변의 법칙이 가진 오류

영국 칼 베네딕트 프레이Carl Benedikt Frey 교수와 PwC 컨설팅 영국 연구소의 존 호크스워스John Hawksworth 교수는 1990년대 디지털 혁명으로 생긴 직장과 일자리 성장 관계를 연구했다.[2] 당시 디지털 혁명은 영국의 근로자 직업 구조에 상당한 변화를 주고 있었다. 이러한 새로운 직군 가운데 열에 여덟은 컴퓨터와 관련되었으며, 이는 90년대 디지털 혁명에 많은 영향을 받았다고 분석했다.

이에 대하여 프레이 교수는 1990년에는 없었던 새로운 직군을 정의하고 연구를 진행했다. 새로운 직군에 대한 통계를 보면 영국의 근로자 가운데 새로운 직군에서 일하는 비중은 1990년 이후부터 2004년까지 14년간 5.5%까지 성장했다. 다만 2004년부터 2014년간 증가 추세가 높지는 않았다. 경제가 호황기였던 2004년부터 2007년까지는 새로운 직장에서 일하던 근로자 비슷의 증가세가 완만했다. 2008년 이후 세계금융위기로 성장세는 주춤하

---

2) Frey, Carl Benedikt, Hawksworth, John. 'New job creation in the UK: which regions will benefit most from the digital revolution?'. 2015.03. www.pwc.co.uk)

였다가 2013년에서 2014년 사이 직업 성장률이 회복됐다.

[그림] 2004년 - 2014년 10년간 영국 새로운 일자리 비중

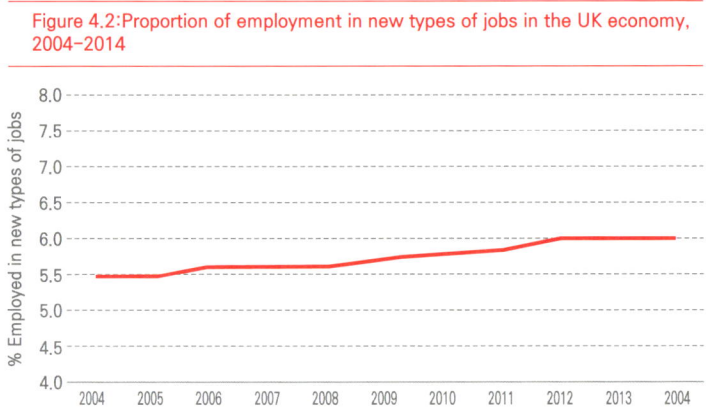

자료: ONS Labour Force Survey; analysis by Carl Frey

영국 통계청[3]은 2004년부터 2014년간 지역별 고용데이터를 활용하여 새로운 직군들의 비중을 설명변수로, 일자리의 성장률을 종속변수로 하는 선형회귀분석[OLS 4]을 실시했다. 회귀분석 결과 새로운 직군들의 비중과 일자리의 성장률은 매우 강하게 양(+)의 관계가 있음이 확인됐다($y= 6.1x + \varepsilon$). 즉, 새로운 직군에 일하는 비중이 1% 늘어날수록 고용 성장률은 통계적으로 6.1%가 상승한다는 것이다. 이러한 결과로 새로운 직군에서 일하는 비중이 높

---

3) ONS Labour Force Survey
4) Ordinary Least Squares Regression

을수록 일자리 성장률이 높다는 것이 실증적으로 증명된 것이다.

[그림] 새로운 직군의 비율(x축)과 고용 성장률(y축) 관계

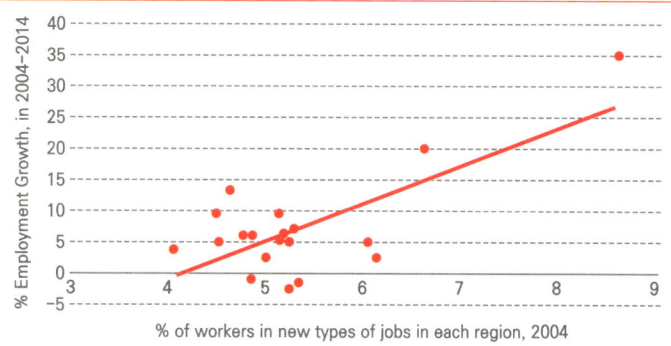

자료: ONS Labour Force Survey; analysis by Carl Frey

컨설팅사인 Deloitte는 1871년부터 140년 동안의 잉글랜드와 웨일즈의 센서스 데이터를 활용한 기술혁신과 일자리 관계에 대한 연구를 했다.[5]

그 결과, 기술혁신은 일자리를 파괴하는 것보다 새로운 일자리를 창출한다는 결론을 내렸다. 구체적으로 Deloitte는 실질 농업 인구가 오늘날 2%로 감소한 반면에 교육에서 580%, 복지 서비스에서 183% 등의 새로운 일자리가 창출했음을 발견했다. 또한 기술의 혁신으로 향상된 생산성과 업무시간의 감소가 새로운 수요

---

5) Deloitte(2015.8), Technology and people: The great job-creating machine

와 일자리를 창출하며,[6] 경제에서 일의 양은 고정되어 있지 않다고 결론 내리고 있다.[7] Deloitte는 노동총량불변의 법칙이 오류임을 설명하고 있는 것이다.

[그림] 농업인구의 변화

자료: Deloitte(2015.8)

미국 노동청도 노동인구[8]와 고용인구의 연도별(1947년~2016년) 전수 데이터를 기반으로 상관관계 분석을 시행한 적이 있는데 그 결과도 주목할 만하다. 미국의 노동인구(16세 이상 인구)는 인구 증가와 함께 1947년 5,935만 명에서 2016년 1억 5,919만 명으로 증가되었고 고용 인구는 5,704만 명에서 1억 5,144만 명으로 증가되었으며, 상관관계 계수는 1.00[9]으로 도출되어 절대적으로 상관이 있음을 확인할 수 있었다.

---

[6] 구체적으로 Deloitte는 농업과 제조업에서의 고용 감소가 돌봄 영역, 지식 집약적 영역, 첨단 기술 영역 및 비즈니스 영역에서의 더 많은 고용 창출로 상쇄됐다고 결론을 내린다.
[7] 이에 대하여 Deloitte는 "the stock of work in the economy is not fixed"라며, 노동 총량불변의 법칙에 대하여 반박하고 있다.
[8] 노동인구(Labor force)는 16세에서 60세까지의 인구 숫자이며 고용인구(Employed force)는 16세에서 60세까지 일자리에 고용된 인력을 지칭한다.
[9] Correlation(Number of Labor Force from 1947 to 2016, Number of Employed Force from 1947 to 2016) = 1.00

[그림] 기술혁신과 소비의 변화

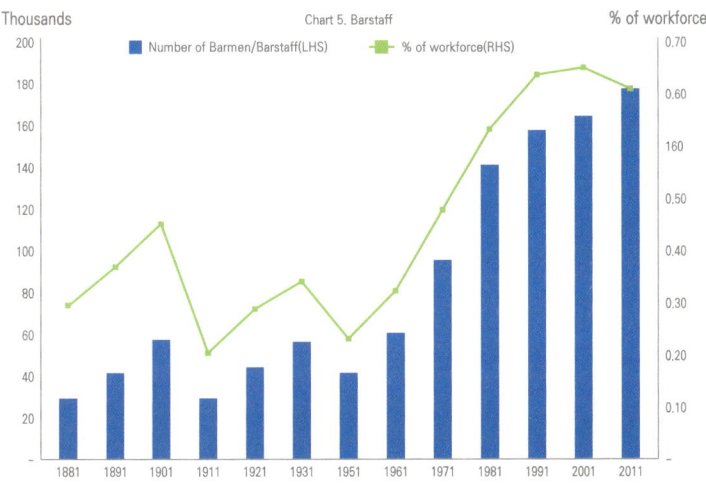

자료: https://www.theguardian.com/business/2015/aug/17/technology-created-more-jobs-than-destroy

이는 산업혁명으로 일자리 감소는 있었으나 새로운 일자리 창출로 전체 고용 감소 현상이 나타나지 않았음을 의미한다. 다시 말해 인구 증가에 따라 노동인구가 증가한 만큼 일자리 감소를 대체하고 보완하는 신규 일자리가 창출되는 현상이 성장과 번식으로 진화해 가는 고용생태계의 구조를 보여주는 것이다. 기술혁신이 일자리를 줄이나, 인간의 욕망이 새로운 일자리를 만들어 온 것이 산업혁명 250년 역사의 진실이었다.

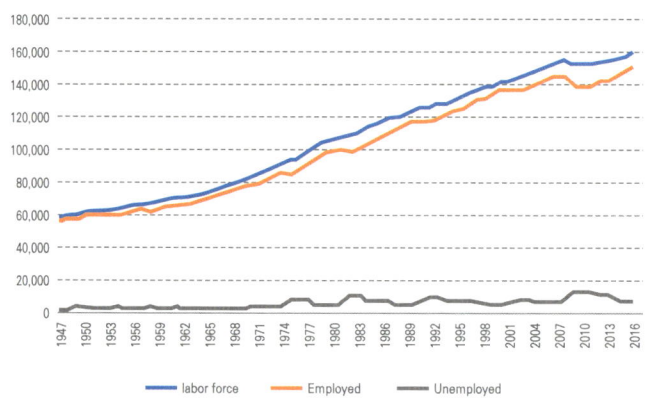

자료: Employment status of the civilian noninstitutional population, 1946 to date (미국노동청)

사라지는 일자리

4차 산업혁명 시대의 일자리는 사라지거나 새로 만들어지는 것, 이 두 가지 관점에서 주로 논의되어 왔다. 그리고 일자리 소멸을 주장하는 연구들은 기술-가능성Feasibility, 비용-지속성Viability, 제도-사회성Social impact이라는 3대 요소의 관점에서 살펴볼 수 있다.

사람들이 가장 먼저 주목하고 분석한 것은 '기술이 미래 일자리에 어떤 영향을 줄 것인가?'이다. 기술 측면에서 본다면 기술 및 산업 간 융합이 만들어낸 산업구조 변화는 기존의 일자리를 파괴할 것이다. 다보스 포럼에서도 사무행정직, 제조업생산, 건설 채광업을 꼽으며, 현재 초등학교에 입학하는 아이들의 65%가 기존에 존재하지 않는 새로운 직종에서 일하게 될 것으로 전망했다. 옥스퍼드 대학교의 프레이와 오스본Carl Frey & Michael Osborne 등은 702종의 일자리를 대상으로 자동화 가능성을 순위로 나열한 결과 10년 내 47% 정도의 일자리가 사라질 것이라고 전망했다. 미국의 정보기술 컨설팅업체 가트너Gartner는 인공지능이 지금과 같은 속도로 발전하면 2025년까지 일자리의 3분의 1이 소프트웨어와 로봇, 스마트기계에 의해 대체될 것으로 내다봤다. 미국 라이스대 컴퓨터 공학 교수인 Moshe Vardi는 기계가 모든 면에서 인간을 능가하는 시대가 다가오고 있다고 했다.[10] 그는 30년 안에 기계가 인간의 직업을 50% 대체할 것으로 전망했다.[11] Boston Consulting Group은 'Industry 4.0'의 연구를 통하여 기술적 측면의 변화 동인들이 일자리 지형에 직접적인 영향을 미칠 것으로 전망하고, 변화의 중심에는 빅 데이터, 로봇 및 지동화 등의 9대 핵심 기술이 자리할 것으로 예측하고 있다.

4차 산업혁명의 특성인 현실과 가상의 '초연결-지능화'는 스마트 공장과 같은 새로운 산업 생태계를 만들었고, 이미 제조업 분야에서 인간 노동력의 비중이 점차 낮아지고 있다. 이미 GE는 세탁기와 냉장고, 난방기 제조공징을 중국에서 퀜터키 주州로 이전하였

---

10) 미국과학진흥협회(2016), "Increasing Use of Autonomous Systems Could Threaten Jobs"
11) BCG(2015), BCG(2015), "Industry 4.0: The Future of Productivity and rowth in Manufacturing Industries"

고, 구글^{Google}도 미디어 플레이어인 넥서스Q를 캘리포니아 주州 세너제이에 만들고 있고, 아디다스는 중국에서 독일로 공장을 이전했다. 제조업을 넘어 지식 산업도 예외는 아니다. 투자 자문은 로봇 어드바이저와 경쟁하고 언론 기자는 로봇 저널리즘과 다투고 있다. 심지어 인공지능은 그림과 작곡과 같은 예술의 영역에도 발을 들여 놓고 있는 중이다.

인공지능 혁명을 주도하고 있는 딥 러닝$^{Deep\ Learning}$ 기술은 이미 알파고를 통해 널리 알려져 있다. 딥 러닝은 인간이 제공하는 규칙이 아니라 데이터를 통하여 인공지능 스스로 규칙을 배우는 것이다. 또 입력에 대한 출력 값들을 학습을 통하여 최적화하는 머신 러닝$^{Machine\ Learning}$ 기술도 발달해 있다. 예를 들어 의료 영상과 진단 결과를 충분히 많은 빅 데이터로 제공하면 인공지능이 이를 학습하여 진단까지 할 수 있는 것이다. 이미 페이스북과 구글, 텐센트의 얼굴 인식 역량은 인간의 수준을 뛰어넘고 있다.

기술은 데이터를 통하여 규칙을 도출할 수 있는 모든 영역에서 인간의 역할을 대체한다. 데이터를 수집하고, 수집된 데이터로부터 규칙만 도출되면 노동은 충분히 대체가 가능하다. 간단한 일은 소량의 데이터로도 규칙 도출이 가능하고, 복잡한 일은 대량의 데이터가 있어야 한다는 차이만 있을 뿐이다. 반복 업무일수록 대체 확률은 높아진다.

[그림] 기술적 요인 — 미국 일자리 대체 확률 연구

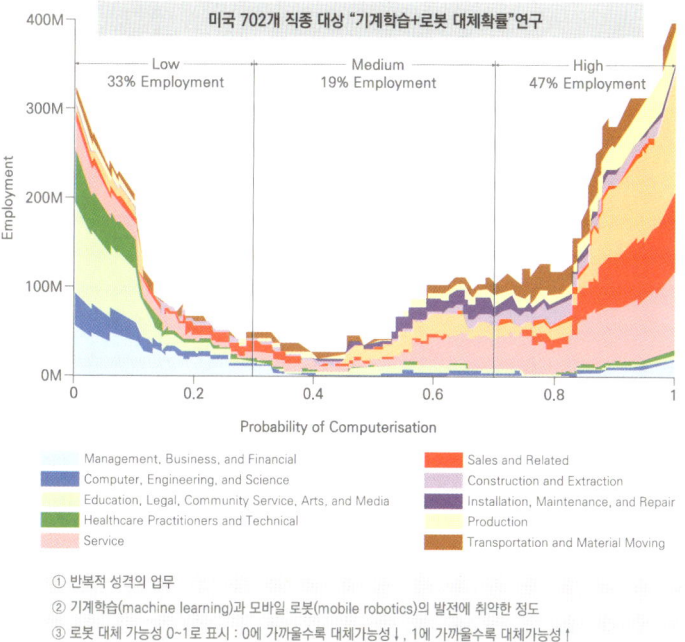

자료: Carl Benedikt Frey and Michael A. Osborne(2013.9.17.) 참고

    2015년 5월에 한국노동연구원은 Frey and Osborne(2013)의 방법론을 활용해 '기술진보에 따른 노동시장 변화와 대응'이라는 연구 결과를 발표했다. 분석 결과에 따르면, 한국의 경우 숙련된 지식인 등이 속하는 저위험군 일자리가 10%, 판매종사자 등이 속하는 고위험군 일자리가 57%였다. 반면 미국의 경우에는 각각 33%, 47%로 나타났다. 한국이 미국에 비해 4차 산업혁명에 더 취약한 일자리 구조를 갖고 있다는 것이다.

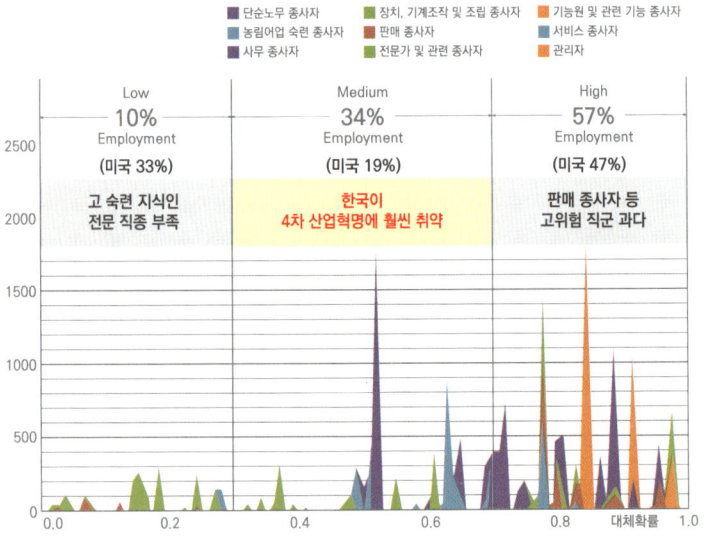

McKinsey는 보고서[12]를 통해 일자리가 아닌 직무, 작업의 형태, 특성 분석과 기술적 변화 추세를 적용해 자동화가 일자리를 얼마나 대체할지를 예측해서 소개한 적이 있다. McKinsey는 미국 내 800개 직업을 대상으로 업무활동의 자동화 가능성을 분석 했는데, 그 결과 800개 중 5%만이 자동화 기술로 대체되고, 2,000개 업무 활동 중 45%만이 자동화 될 것으로 분석했다.

또 인간이 수행하는 업무 중 창의력을 요구하는 업무와 감정을 인지하는 업무는 자동화되기 어려울 것으로 보았는데, 창의력을 요구

---

12) McKinsey(2017), "The technical potential for automation in the US"

하는 업무는 전체 업무의 4%, 감정을 인지하는 업무는 29%에 해당했다. McKinsey는 이를 통해 일자리가 사라지는 것이 아니라 일의 형태가 변경된다고 말하고 있다.

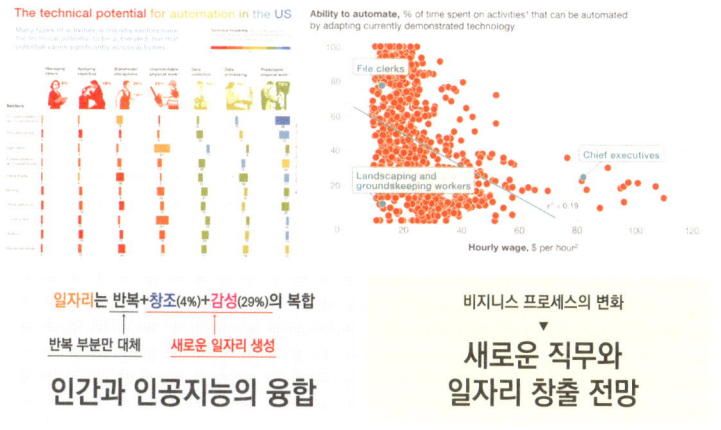

[그림] 비용적 요인 — 직업별 자동화 가능성 연구

자료: Mckinsey(2016; 2017)

연구 결과들을 종합해 보면, 지능을 대체하는 4차 산업혁명 시대의 일은 결국 인간과 그의 개인 비서 역할을 하는 인공지능이 협업하는 구조가 될 것이다. 그런데 여기에는 우리가 그동안 간과했던, 그러나 매우 중요한 사실이 있다. 인간의 노동은 육체노동과 정신노동으로 나뉜다는 것이나. 그것은 인간과 인공지능이 협업할 때 소요되는 비용, 즉 '협력 비용'과 연결된다. 그리고 '협력 비용'의 관점에서 보면, 일자리 대체에 대한 McKinscy와 Oxford의 예측을 뒤집을 수도 있다. McKinsey와 Oxford의 예측은 임금이 낮은 직종이 4차 산업혁명에서 더 위험하다는 것이지만, 이는 기술의 종류에 따른 비용을 고려하지 않은 것으로 보인다. 비용적 측면에서 호텔 청소부의 세심한 육체적 활동을 로봇이 대체하는 것이 판검사와 같은 지식업무의 대체보다 어려울 수 있다.

예를 한번 들어 보자. IoT, 클라우드 등 디지털화 기술들이 오픈 소스 되는 추세이므로 디지털화 비용은 문제가 되지 않는다. 관건은 3D 프린터와 로봇 등을 이용한 아날로그화 비용이다. 그런데 판결문, 기사, 투자 분석, 품질 보고서 등은 아날로그화 비용이 낮은 부류에 속한다. 반면 예측 지능을 육체적으로 구현하는 것은 아날로그화 비용이 크다. 지능형 로봇을 만들어야 하는데 로봇 팔, 로봇 다리 등은 만드는 비용이 기사와 투자 분석에 비하여 높다. 따라서 기술적으로 대체가 가능하더라도 비용적 측면에서 인간을 능가하기 어려울 수 있다. 비용 측면에서 보면 감성과 행동이 없는 반복되는 지식 전문가가 오히려 가장 위험한 직종이 될 수 있는 것이다.

한편 사회적 측면에서 일자리 변화를 살펴보면, 자격증을 가진 직업을 인공지능이 대체하는 것이 쉽지는 않을 거라는 흥미로운 연구도 있다. 이때 변호사, 의사, 세무사 등의 일자리는 능력 중심이 아니라 신분 중심으로 구성되기 때문이라는 것이다. 그런 맥락에서 리처드 서스킨드와 대니얼 서스킨드는 『The Future of the Professions(4차 산업혁명 시대 전문직의 미래, 2016)』에서 과거 길드와 같이 전문직을 인정하는 사회의 대타협 정신이 현재에도 적용 가능한지, 또 필요성이 있는지에 대해 논하고 있다. 이는 4차 산업혁명의 일자리 분석이 기술적 변화에서 한걸음 더 나아가 공정한 사회와 공익을 위한 측면에서 이루어져야 하며, 전문직의 구조도 이에 맞게 변화해야 한다는 것을 말하고 있다.

앞으로 고성능의 인공지능을 활용하게 되면, 상당수의 전문가들은 현재보다 전문지식을 덜 갖추어도 된다. 예를 들어 판사가 모든 판례를 숙지할 필요가 없이, 인공지능으로 과거의 판례를 참고해 1차 판결을 도출할 수 있다. 그렇다면 판사라는 일자리는 사라지는 것일까? 이들은 그렇지 않다고 말한다. 오히려 기존의 전문직 종사자들이 진입장벽을 통해 일자리 보호를 해 일자리가 쉽게 인공지능에 넘어가지 않을 것이라는 의견이다.

맥킨지 글로벌연구소 소장인 조나단 워첼은 2017년 '4차 산업혁명 시대: 자동화, 일자리 그리고 직업의 미래'라는 주제의 강연에서 "승자독식 구조의 디지털 시대에서는 기업과 가계 양극화가 심화되므로 소득분배 등 사회안전망이 중요하다."며, "한국은 OECD 국가 중 직업 훈련 지출이 가장 낮은 수준이므로 직업 교육 투자가 중요하다."고 조언하기도 했다.[13]

---

13) 한국일보(2017.4.13.), "2050년엔 인공지능·로봇이 일자리 100% 대체"

새로 만들어지는 일자리

그렇다면 새로 만들어지는 일자리에 대한 연구는 어떨까? 이 또한 기술적 관점에서 가장 활발하게 논의되고 있다. 2011년 9월 발표된 메릴랜드 대학의 'The Facebook App Economy[14]' 보고서는 7억 5천만 명 이상의 이용자를 보유한 페이스북이 최소 121억 9천 달러 이상의 경제효과와 18만 2,744개의 일자리를 창출한다고 보았다. 또한 2012년 2월 TechNet은 앱 경제가 최근 5년 간 미국에서 46만 6천개의 일자리를 창출했다고 분석했다.

2016년 1월 다보스 포럼은 'The Future of Job 일의 미래'을 통해 향후 5년간 새롭게 고용창출이 될 200만 개의 일자리 분야를 경영·재무(+49만), 관리 감독(+42만), 컴퓨터·수학 관련직(+41만), 건축·엔지니어 관련직(+34만), 영업 관련직(+30만), 교육·훈련 관련직(+6만)으로 전망했다. 전반적으로 단순한 노동력을 요구하는 일자리들은 없어지는 반면 하이테크가 요구되는 일자리는 더 만들어질 것으로 전망했다.

Katz & Margo(2013)는 새로운 기술혁신에 따라 인간은 새로운 역량을 필요로 하는 일자리를 만들어왔으며, 장기적으로 고용률은 상당히 안정적으로 유지됐다고 분석했다. 한 마디로 일자리

---

14) 스마트폰 활성화로 휴대폰 애플리케이션이 만들어내는 경제 생태계인 '앱 경제(App Economy)'는 애플리케이션 하나로 PC, 소비자, 생산자, 인터넷, 전통경제 등이 연결되면서 경제·고용을 포함한 개인의 일상생활에 큰 변화를 일으킨 것을 일컫는다.

가 사라진 적이 없다는 것이다. 다만 그는 새로운 일자리에 대해 전문성을 갖추기까지 시간은 걸릴 수 있다고 언급했다.

미국 보스턴대 법학 교수이자 경제학자인 James Bessen(2015)도 "기술 혁신이 일자리를 대체하고 없애는 것이 아니라, 새로운 기술역량을 필요로 하는 곳으로 기존 인력을 이동시키는 것이다. 과거와 다른 점은 변화가 빠르다는 것이지만, 그것이 기계가 인간을 더 많이 대체한다는 의미는 아니다. 다만, 새로운 역량을 취득하는데 시간은 더 걸릴 수 있어 새로운 좋은 정책이 필요하다."고 했다.

그렇다면 일자리의 원천은 기술 혁신이라는 뜻일까? 그렇지 않다. 일자리는 수요를 충족시키는 가치 창출 활동으로도 정의할 수 있다. 그런데 수요의 원천은 결국 인간의 욕구다. 먹는 욕구가 농업의 원천이고, 각종 생활용품의 소유욕이 제조업의 원천이다. 만약 인간의 욕구가 한정되어 있다면 일자리의 총량 또는 노동총량도 한정될 것이다. 그런데 인간의 욕구는 한정되어 있지 않다. 물질의 욕구에서 사회적 욕구를 거쳐 자기표현의 욕구에 이르기까지 다양한 욕구가 거의 무한하게 확장되고 있다. 다만, 구매력이 무한한 인간의 욕구를 제한할 뿐이다. 인간의 욕구와 구매력이 결국 유효수요를 결정하고, 유효수요가 일의 총량을 결정하게 된다.

프랑스 경제학자 Jean Baptiste Say가 제시한 '세이의 법칙Say's Law'에 따르면 공급은 스스로 수요를 창출해낸다. 공급이 이뤄지면 그만큼 수요가 자연스럽게 생겨나 유효수요 부족에 따른 공급 과잉이 발생하지 않기 때문에 시장은 언제나 균형상태를 유지하여 완전 고용상태도 가능하며 실업이 발생하지 않는다는 것이다. 하지만 세이의 법칙은 1930년대 발생한 세계 대공황 상태를 설명하지 못했다. 대공황으로 여러 기업이 도산하고 대량실업이 발생한 것은 결국 1, 2차 산업혁명이 공급으로 수요를 창출한 것이 아니라 미 충족된 수요를 공급해준 것이기 때문이다. 세이의 법칙은 J. M. Keynes의 유효수요이론Effective demand theory으로 보완됐다. 세이의 법칙과 대비되는 유효수요이론은 자본주의가 전체 노동을 흡수할 만큼의 유효수요가 부족하다는 논리로, 대공황을 잘 설명한다.

현대의 유효수요에 대한 이론은 클레이튼 크리스텐슨 교수의 『혁신기업의 딜레마』에서도 볼 수 있다. 크리스텐슨 교수는 "기술 공급은 시장의 요구와 일치하지 않을 수 있다."라는 원칙을 제시한 바 있다. 예를 들면, 디스크 드라이브 시장에서 제품의 성능이 시장이 요구하는 수준 이상으로 개선되었을 때 고객의 제품 선택 기준은 기능성에서 신뢰성, 그리고 편리성을 거쳐 가격으로 이동한다는 것이다. 그는 고성능·고이윤의 하이엔드 기술이 반드시 새로운 시장의 유효수요를 창출하지 않음을 역설적으로 설명했다.

인간의 욕망에서 비롯된 유효수요는 새로운 시장과 일자리를 만들어낸다.

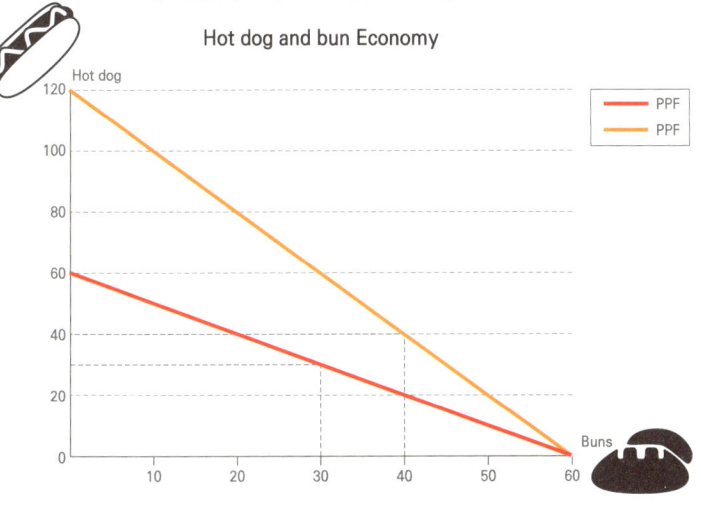

자료: 조중훈(2017.3), 4차 산업혁명과 일자리 증감

　MIT 경제학자이자 노벨상 수상자인 폴 크루그먼은 미국 경제를 핫도그Hot-dog-and-bun 미니 모델로 설명했다. 핫도그 모델의 주요 내용을 요약하면, 핫도그를 만들기 위해서는 소시지와 빵 두 분야의 산업이 필요하다. 이후 기술의 발전으로 소시지의 생산량이 2배로 증가하면 기존 근로자들의 실업이 발생하게 되는데, 증가하는 소시지의 생산량만큼 빵의 생산량도 증가할 것이므로 그들은 빵 공장에서 일을 할 수 있게 된다는 것이다. 다시 말하면 기술 혁신은 한 산업 분야의 일자리는 감소시키지만, 높아진 생산성으로 인해 다른 산업 분야의 일자리 수요를 높이므로 결과적으로 사람들의 일자리는 감소하지 않는다. 폴 크루그먼은 모델의 소시지 분야를 미국의 제조업, 빵 분야는 서비스업이라고 했다.

그러나 크루그먼 모델은 증가된 핫도그의 유효수요가 존재해야 한다는 전제조건이 필요하다. 만약 유효수요를 넘어서는 과잉 공급이 이뤄진다면 공황을 초래할 수 있다. 이 경우 질적으로 차원이 다른 유효수요가 등장하면 문제가 해결된다. 즉, 사람들이 핫도그를 충분히 공급받을 수 있게 되면 이제 핫도그가 아닌 피자가 먹고 싶어질 수 있다는 것이다.

여기서 중요한 사실 하나는 기술 혁신이 인간의 기존 욕구를 만족시키고, 새로운 욕구로 진입할 수 있는 길을 열어준다고도 볼 수 있다는 점이다. Mathew Burrows(2014)는 『Future, Declassified(미래의 역습, 낯선 세상이 온다)』에서 "3차 산업혁명이 물건의 생산과 유통과정을 변화시키고, 생산과 사람의 관계도 변화시키고 있다."면서도 "무엇보다 규격화된 품목을 대량생산하던 시기는 지나가고 이제는 개인적인 요구사항을 충족시키는 맞춤 제품으로 이동하고 있다."고 했다. 4차 산업혁명 시대의 일자리를 인간의 개인 맞춤 욕망에 주목한 필자는 전작인 『4차 산업혁명으로 가는 길』에서 "과거와 마찬가지로 일자리는 줄지 않고 형태만 바뀔 것이다. 개개인의 맞춤 경험을 제공하는 생산·소비가 새 일자리의 주역이 될 것"이라고 말한 바 있다.

03

진화하는 일자리

　1차 산업혁명 당시 기계가 인간의 육체노동을 대체해 일자리가 사라질 것이라는 두려움에 사람들은 기계를 파괴했다. 바로 '러다이트 운동Luddites Movement'이다.

　1961년 미국의 시사 잡지 〈Time〉은 컴퓨터가 인간의 계산 노동을 대신하여 일자리가 사라질 것이라 주장했다. 기술혁신이 일자리를 없애고 양극화를 심화시킬 것이라는 우려는 지난 1, 2, 3차 산업혁명의 전 과정에서 등장했다. 그러나 지난 250년간의 산업혁명 역사는 기술혁신으로 일자리가 사라지지 않음을 통계로 입증하고 있다. 일자리는 사라지지 않는다. 단지 진화할 뿐이다.

　1차 산업혁명기의 증기기관과 방적기와 방직기는 면직물 생산성을 극적으로 증대시켰다. 말이 아닌 증기 기관차 등을 이용하게 되면서 유통비용도 낮아졌다. 서민들도 면직물을 입게 되자 공장에는 더 많은 인력이 필요해졌다. 이뿐만이 아니었다. 지역별 식량수급 문제도 해소되고, 분업에 의한 생산성 증가로 주택비용도 낮아졌는데 이렇게 생존욕구를 충족시켜주는 수많은 제조업 분야에서 일자리들이 만들어졌다.

2차 산업혁명기에는 전기 발명과 대량생산으로 없어진 일자리보다 더 많은 일자리가 창출됐다. 기술발전은 세탁기나 냉장고와 같은 기존에 없던 수요를 만들어 내며 생산성을 폭발적으로 확대했다. 즉, 인간의 안전의 욕망을 충족하는 일자리가 창출된 것이다. 포드 자동차로 대표되는 대량 생산 기술은 제조업의 생산성을 극적으로 증대시키면서 기존의 생존의 욕구를 넘어 편리함을 추구하는 단계로 발전시켰다. 높은 제조업 생산성이 제품 그 자체를 넘어 새로운 서비스 산업으로 일자리를 확장하는 발판을 제공한 것이다.

3차 산업혁명기에는 컴퓨터와 인터넷이 등장하면서 타이피스트 같은 직업이 사라지고 정보 기술과 SNS를 통해 새로운 일자리가 만들어졌다. 인터넷으로 촉발된 온라인Online을 통해 인간의 사회적 연결 욕구가 충족되면서 새로운 사회적 현상들도 등장하게 됐다. 대표적으로 함께 밥을 먹는 '식구食口'의 의미가 이제는 '혼밥, 혼술' 등으로 변하면서 오프라인의 연결 강도가 낮아진 것이다. 이러한 현상들은 과거에는 존재하지 않았던 다양한 플랫폼 일자리들을 만들고 있다.

이렇듯 산업혁명은 일자리를 축소시키기보다 생산성을 증가시켜 삶의 질을 높이고 새로운 수요를 창출해왔다. 미국 노동부에 따르면 1960년부터 2014년 사이 공장에서 일하는 미국인의 비중은 2/3가 감소했지만, 제조업에서 일하던 인력이 서비스직종으로 옮겨가 생산성은 획기적으로 증가했다.[15] 또한 1973년부터 2014년 사이 기술 발달로 노동자들의 시간당 평균 생산성은 108%, 노동에 따른 시간당 평균 보상 역시 85% 늘었다.[16]

미국은 기술혁신이 일어날 때마다 생산성이 크게 늘고 고용도 함께 증가했다. 1970년에는 미국에만 3만 개의 직업 종류가 생겼고, 2013년이 되자 그 수가 폭발적으로 늘어 38만 종에 달했다.[17] 기술혁신과 함께 일자리는 더욱 다양해진 것이다. 다만 2000년 이후부터는 생산성 증가 속도가 고용 성장 속도보다 빠르게 진행되고 있다.[18]

그렇다면 새로운 일자리의 원천과 생산성 증가는 어떤 관계일까?

2014년 글로벌 맥킨지연구소는 1000년부터 2008년까지의 인구증가율이 GDP 성장률에 기여하는 비중을 분석했다. 1차 산업혁명기에는 인구증가율의 증가가 GDP 증가에 비례했다. 즉 1차 산업혁명으로 인한 생존 욕구의 충족이 인구 증가율과 GDP를 증가시켰다고 해석할 수 있다. 2차 산업혁명기에는 인구증가율의 증

---

[15] U.S. Department of Labor, Bureau of Labor Statistics and Haver Analytics,Establishment Survey, Table B-1, 1960-2014
[16] U.S. Department of Labor, Bureau of Labor Statistics, and Haver Analytics, "Labor Force Statistics from the Current Population Survey"
[17] 이대영·박노길·박성철(2015), "나만의 일자리를 찾아라"
[18] MIT Technology Review(2013.6.12.), "How Technology Is Destroying Jobs"

가가 GDP의 증가에 영향을 미쳤으나 1차 산업혁명기의 영향만큼은 아니었다. 이는 생존 욕구의 충족으로 인해 새로운 욕구가 등장했기 때문이다.

[그림] 미국 내 생산성과 고용 추이

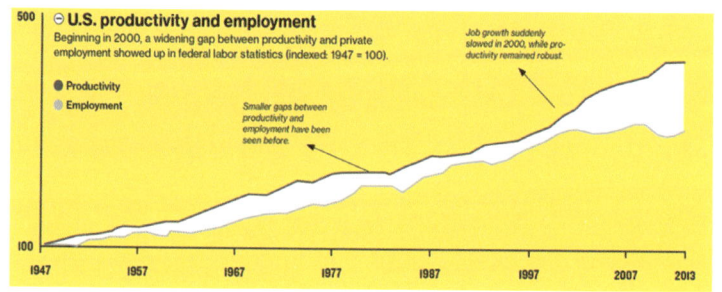

자료: MIT Technology Review(2013)

욕구에 대해서는 다시 상세히 설명하겠지만, 위에서 나타난 차이는 바로 물질적 여유인 안전의 욕구 충족으로 연결되었기 때문이다. 이후 3차 산업혁명기에는 인구증가율이 감소하였는데도 GDP는 오히려 증가함을 볼 수 있었다. 3차 산업혁명이 충족한 사회적 연결 욕구가 인구 증가율을 감소시킨 것이다.

이 연구결과가 주는 중요한 시사점은 인간의 욕구가 GDP 성장률에 주도적 영향을 미칠 수 있다는 것이다. 과거의 산업혁명들은 공급 관점의 기술 혁신이 생산성을 비약적으로 향상시켜 산업혁명을 이끌어왔다면, 4차 산업혁명은 수요 관점의 인간의 새로운 욕구가 유효수요를 증가시켜 산업혁명을 주도할 것으로 전망된다.

[그림] 욕구 충족과 인구증가율/GDP 증가율

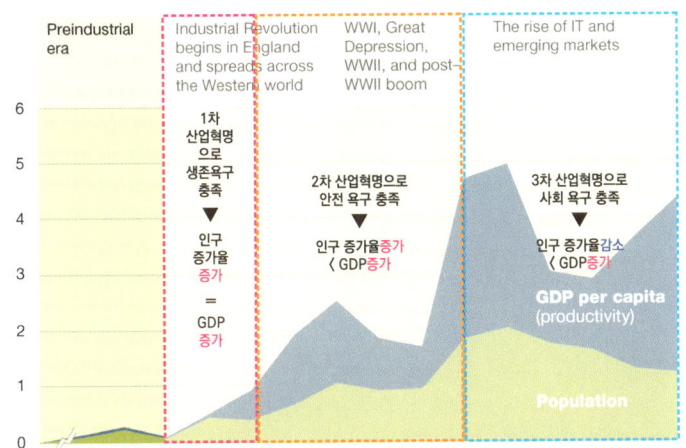

자료: McKinsey(2014), A productivity perspective on the future of growth

 이제 일자리의 원천은 신기술을 비롯한 인간의 잠재 욕망이라고 보아야 한다. 3차 산업혁명까지의 결핍의 시기에는 공급 주도의 기술이 일자리의 원천이었다면, 4차 산업혁명이 완성되는 풍요의 시기에서는 수요를 주도하는 욕망이 일자리를 만들어내는 셈이다.

HOMO FADENS

제 2 장

진화의 원천, 인간의 욕망

For the future of Job and Education

01

산업혁명과 인간의 욕망

    4차 산업혁명이 창출할 새로운 일자리는 어떤 모습일까? 그 답을 구하는 일은 인간의 욕구에 대해 먼저 이해하는 것부터 시작해야 한다. 인간의 욕구는 과거보다 더욱 고도화되어 가고 있다. 따라서 매슬로우 욕구 5단계 혹은 7단계의 관점에서 높은 수준의 욕구를 만족하는 일자리 창출이 예상된다.[19]

    인간의 동기를 설명하는 데 가장 보편적으로 이용되고 있는 욕구 단계 이론은 임상 실험에서 관찰된 대다수 사람들의 주요한 욕구들을 단계화한 것이다.

    매슬로우는 인간의 욕구는 우성 계층Hierarchy of prepotency의 순으로 배열되어 있다고 보았는데, 즉 어떤 욕구는 다른 욕구보다 우선되어야 한다는 것이다. 이러한 욕구의 위계적 계층은 고정되어 있기보다는 상대적으로 나타나는 것으로, 하위 계층의 욕구가 어느 정도 충

---

[19] 매슬로우의 욕구는 5단계로 시작하였으나 존중 욕구와 자아실현 욕구 사이에 인지적 욕구(Cognitive needs)와 심미적 욕구(Aesthetic needs)를 추가하여 7단계로 수정됐다.

족되면 상위 계층의 욕구가 나타난다. 욕구 피라미드의 하단에 위치한 4개 층은 가장 근본적이고 핵심적인 욕구로, 구체적으로는 생리적 욕구, 안전의 욕구, 애정과 소속의 욕구, 그리고 존중의 욕구이다. 인간에게 나타나는 가장 기본적이면서도 강력한 욕구이므로 다른 어느 욕구보다도 먼저 충족되어야 한다.

이러한 기본적인 욕구가 충족되고 나서야 사람들은 부차적인 혹은 상위 단계의 욕구에 대해 강한 열망을 가지게 된다.

[그림] 인간의 욕구와 산업혁명

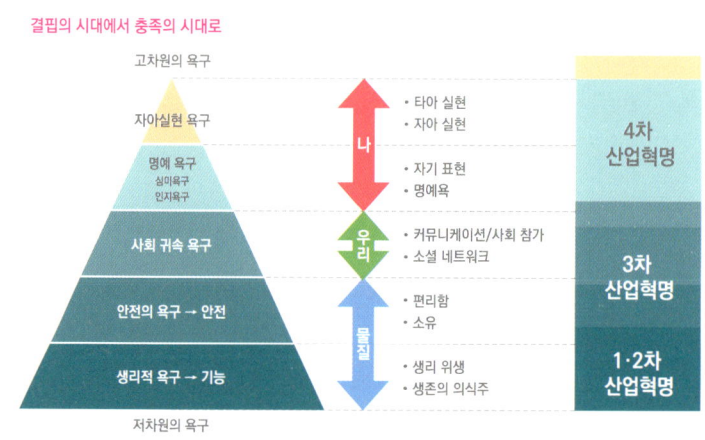

산업혁명과 연결시켜 보면, 1차 산업혁명을 통하여 생존의 욕구가 충족되면서 급격한 인구의 증가가 이루어졌다. 의식주의 공급이 확대되면서 인간의 최저 생활의 형태가 변화하기 시작한 것이다.

생리적 욕구가 어느 정도 충족되면 안전과 안정의 욕구 Safety needs가 나타난다. 안전과 안정의 욕구는 개인의 안정, 재정적인 안정, 건강과 안녕, 사고나 병으로부터의 안전망과 같은 영역을 포함하며, 기본적으로 편리성에 대한 추구로 나타난다. 2차 산업혁명은 냉장고와 세탁기와 같은 편리한 제품을 통하여 물질의 양적 공급을 확대했다. 이렇게 물질적 공급이 확대되면서 많은 사람들의 핵심 가치가 물질의 소유에서 인간의 관계로 이동하는 결과가 나타나기도 했다.

생리적 욕구와 안전의 욕구가 충족되면 대인 관계로부터 오는 애정과 소속의 욕구 Need for love and belonging가 나타난다. 애정과 소속의 욕구는 사회적으로 조직을 이루고 그곳에 소속되어 함께하려는 성향이다. 매슬로우에 의하면 인간은 누구나 규모가 크든 작든 사회 집단에 소속되고자 하는 욕구가 있다. 3차 산업혁명은 인터넷 기술을 통하여 인간의 관계성을 급격히 증가시켰다. 공간적 한계로 인해 쉽게 주고받을 수 없었던 일상적인 대화들이 카카오톡과 페이스북을 통하여 확산되었고, 그 결과 인간은 외로움을 극복하게 된 것이다.

4차 산업혁명을 맞아, 우리가 주목 해야 할 욕구는 애정과 소속의 욕구 상위에 나타나는 것들이다. 먼서 존중의 욕구 Need for esteem/respect를 살펴보면, 존중은 타인으로부터 가치 있는 존재가 되고 인정받고자 하는 욕구이다. 대부분의 사람들은 안정된 자아 존중감을 갖기를 원한다. 4차 산업혁명으로 인한 사회적 연결성은 자기표현의 한계 비용을 극적으로 낮추어 광범위하게 자신을 표현하고 주목받는 현상이 등장하고 있다. 자기표현과 명예와 심미에 대한 욕구를 잘 활용하는 것이 미래 일자리 설계에 중요한 요소가 될 것이다.

다음 [그림]은 산업혁명을 거치면서 인간의 단계별 욕구를 인간과 기술이 각각 어떻게 충족시켰는지를 보여주는데, 원의 크기는 욕구에 대한 수요의 크기다.

[그림] 산업혁명과 욕구 충족의 상관관계

1차 산업혁명기에는 인간의 노동력이 대부분의 욕구를 만족시켰다면, 지속적인 산업혁명을 거치면서 하위 단계의 욕구들이 점차 기계로 만족되고, 점점 산업의 크기가 커지며, 인간은 더욱 상위 욕구의 만족을 향해 나아가는 것을 확인할 수 있다. 즉 행복의 질적·양적 증가가 산업혁명의 결과라는 것이다.

그렇다면 4차 산업혁명에서 인간이 추구하게 될 미충족 욕구, 즉 인간의 새로운 욕망은 매슬로우의 욕구 4단계에 해당되는 자기표현의 욕구와 5단계인 자아실현의 욕구가 될 것이다. 또 이에 해당하는 다양한 일자리들이 4차 산업혁명에서 대거 등장하게 될 것이라는 결론에 도달하게 된다.

욕구 피라미드의 최상부에 위치한 자아실현 욕구Self-actualization needs는 각 개인의 타고난 능력 혹은 성장 잠재력을 실행하려는 욕구라 할 수 있다. 자아실현 욕구는 자신의 역량이 최고로 발휘되기를 바라며 창조적인 경지까지 자신을 성장시켜 완성함으로써 잠재력의 전부를 실현하려는 욕구이다. 또한 자신의 가능성과 잠재력을 발휘하고 자신뿐 아니라 타인의 행복에도 이바지함을 의미한다. 4차 산업혁명에서 혁신의 중심에 있는 기업가정신은 바로 5단계인 자아실현의 욕구 발현의 대표적인 사례다. 다양한 형태의 기업가들을 키워내야 하는 미래 교육이 기업가정신을 중심으로 재설계되어야 한다는 의미이기도 하다.

매슬로우의 욕구 이론은 여러 학자들에게 비판을 받기도 하였으나, 인간의 동기를 설명하는 가장 영향력 있는 이론으로 평가받고 있다. 여기 관해서는 상세히 다루지는 않고, 인간의 욕구와 관련한 다양한 동서양의 욕구 이론들을 아래 [표]를 통해 간단히 마무리하고자 한다.

[표] 인간본성에 대한 연구들

매슬로우	프로이트	大學	뇌과학	시·공간	엘더퍼(ERG)	이민화	기업경영
자기실현	초자아	平天下	전전두엽	후세·세상	성장욕구	Me 인문	자아실현
자기표현	자아	治國	전두엽	미래·조직			명예
사회귀속		齊家	신피질		관계욕구	We 경제사회	승진
안전	본능	修身	변연계	현재·나	존재욕구	Thing 과학기술	복지후생
생존			뇌간				급여

물질은 불행을 줄이고, 정신은 행복을 추구한다

기술의 발전과 인간의 욕구

과거 산업혁명 시기에서 가장 뼈아픈 경험은 경제 대공황과 대규모 실업이었다. 그 원인을 따져 보면 인간의 유효수요, 즉 구매력이 생산 총량을 다 흡수하지 못해 발생한 것이다. 그런데 4차 산업혁명 시대에는 로봇, 인공지능, 빅 데이터 등 기술 혁신으로 개인별 수요맞춤이 가능해졌다. 과거 충족되지 못한 인간의 욕구가 충족될 수 있고, 동시에 사회 전체의 파이가 커지면서 새로운 일자리가 창출될 것이다.

[그림] 기술과 인간 욕구간의 상관관계

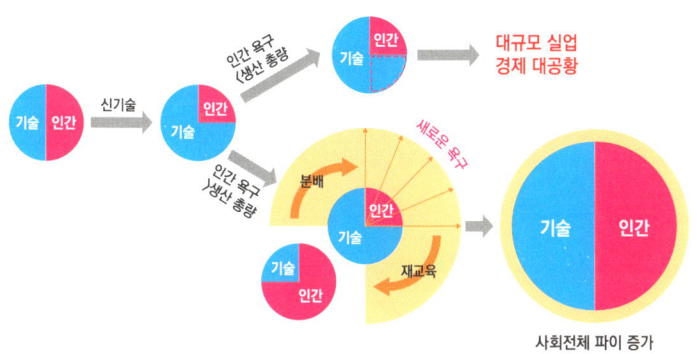

　기술 혁신으로 인간의 욕망이 충족되는 과정과 사회 전체의 파이 증가는 과거 산업혁명의 역사이기도 하다. 각 산업혁명 단계마다 기술 혁신은 기존 산업의 생산성을 증가시켜 잉여를 만들고, 새로운 욕구를 충족시키는 기술 혁신으로 새로운 수요를 만들어 왔다. 그 결과 일자리의 수는 1,000개 정도의 수준에서 40만 개로 폭발적으로 증가했다. 새로운 일자리의 창출은 바로 이러한 새로운 수요의 충족을 위해 과거에는 없던 일자리의 롱테일 분야에서 이루어졌고, 이를 주도한 것이 벤처 기업가들이었다.

　물론 신기술 등장으로 생산성이 높아져 잉여 노동력이 발생하고, 증가하는 생산량을 소비할 유효수요가 없는 경우에는 실업과 공황이 초래될 수도 있다. 일자리 나누기와 근로 시간 단축 등을 통하여 공급을 제한할 수 있으나, 사회 발전에는 한계로 작용하게 되니 그리 바람직하지는 않다. 그렇다면 바람직한 대안은 뭘까? 잉여 인력이 새로운 인간의 잠재 욕구 충족을 위한 새로운 혁신적 생산 활동을 하는 것이다. 물론 이를 위해서는 조건이 있다. 공급 측면에서의 재교육과 수요 측면에서의 분배 구조가 뒷받침해 주어야 한다.

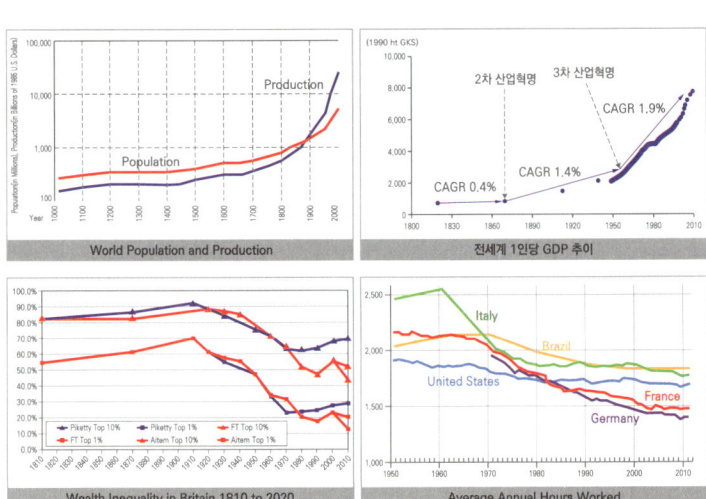

[그림] 사회의 부 증가, 일자리와 분배 유지

자료: 미국 Fed(미니애폴리스); www.quandl.com(피케티); Financialn Times; Federal Reserve Economic Data

다행히 지난 산업혁명의 결과는 매우 희망적이다. 미시적 관점에서 보면 일자리 소멸과 분배의 불균형이 발생했지만, 거시적 관점에서 보면 기술 혁신이 일자리를 진화시켜 생산성을 향상시키고 분배도 잘 유지해 왔다. 파이낸셜 타임즈에 따르면 영국의 경우 1800년대 전체의 50%에 달했던 상위 1%의 소득은 현재 10%대로 개선됐다. 불평등을 주장하는 피케티 지수도 20%[20] 수준이다.

---
20) 토마 피케티(2014), 21세기 자본론, 글항아리

02

소유보다 공유하는 사람들

자동차 공유 서비스 회사인 우버와 숙소 공유 서비스 회사 에어비앤비의 기업가치가 각각 제너럴모터스(GM)와 힐튼호텔을 넘어서고 있다. 거대 기업과 창업 기업의 과반수가 공유경제를 지향하고 있으니 공유경제가 이미 전 세계의 경제 흐름을 이끌고 있다고 해도 과언이 아니다.

통신기술의 발전은 연결의 속도를 향상시키고 비용을 낮추었고, 사람들은 쉽게 많은 것들을 공유할 수 있게 됐다. 사람들은 자동차를 소유하는 대신 Uber와 Lyft를 사용한다. 심지어 음식, 여행, 교육 등 다양한 분야에서 필요한 지식, 시간, 사람, 비용까지도 공유경제로 활용할 수 있게 됐다. 이런 추세 속에서 사람들은 스스로 새로운 욕구들을 발견하게 됐다. 바로 개인화된 소비 욕구다. 이들은 스스로 자신의 욕구를 충족한다. 한 마디로 생산자와 소비자의 1인 2역을 해내는 것이다. 일명 프로슈머[21] 혹은 크리슈머[22]다.

---

21) 앨빈 토플러 등 미래 학자들이 예견한 기업의 생산자(Producer)와 소비자(Consumer)를 합성한 말이다.
22) 창조(Creative)와 소비자(Consumer)의 합성어로 기존 제품을 자신에 맞게 새롭게 창조하는 소비자를 의미한다.

공유경제의 등장

　물질로 이루어진 소유의 세상과 정보로 이루어진 공유의 세상이 융합하는 확장된 공유경제가 4차 산업혁명의 중추 역할을 하고 있다. 그리고 일자리는 근원적으로 일거리로 변화하고 있고, 직업은 창업으로 전환되고 있다. 4차 산업혁명 시대의 일자리와 교육 정책을 위해서는 공유경제에 대한 이해가 선행될 필요가 있다.

　다보스 포럼은 2025년 공유경제의 시대가 열린다고 예측하고 있다. 이미 현실과 가상이 융합하는 O2O 플랫폼들이 등장하면서 공유경제의 영향력은 확장되고 있다. 유선 인터넷 시대에는 오프라인 경제의 5% 경제 규모의 온라인에서 머물던 공유경제가 무선 인터넷과 스마트폰의 등장으로 현실과 가상을 융합하는 O2O 융합 경제 영역으로 확대되면서 전체 시장의 60%까지 확대될 것으로 전망된다. 산업계에서 확인해 보아도 2017년 기준 미국 시가 총액 상위 10개 기업 중 6개가 공유경제 기업이며, 신생 거대 벤처인 유니콘 기업의 70%가 공유경제 기업들이다. 국내에도 카카오, 쿠팡, 티몬, 배달의 민족, 야놀자 등 공유경제 기업들이 대거 부상하고 있다.

　공유경제는 새롭지 않다. 우리의 전통 두레와 서구의 길드에서부터 현대의 공산주의와 협동조합에 이르기까지 다양한 형태로서 공유를 추구해 왔다. 그러나 물질의 세계에서는 복제의 한계로 인한 한계 효용 체감의 원리에 따라 소유가 지배적인 원칙이 되면서, 공유경제는 매우 제한적일 수밖에 없었다. 공유지는 비극이었던 것이다. 노벨상 수상자인 오스트롬은 그의 저서 『공유의 비극을 넘어』에서 이러한 문제 극복을 위한 다양한 분석을 제공하고 있다. 그러나 현실 세계에서는 여전히 공유보다는 소유가 일반적인 사회 원리로 통용되고 있다. 이는 원자로 이루어진 현실의 본질 때문이다.

그런데 정보의 세계에서는 한계 비용의 제로화로 한계 효용 체증의 법칙이 적용되면서 오히려 공유가 지배적인 원칙으로 등장하게 되었다. 위키피디아, 지식in, 오픈 소스 등 수많은 정보 공유 활동이 전개되고 있다. 온라인 플랫폼은 이러한 공유 활동의 한계 비용을 제로화하면서 공유경제를 촉진했다. 2001년 로렌스 레식 교수는 오픈 소스 운동을 주창하면서 지식의 공유는 혁신적 가치를 창출할 것이라 선언했다. 공유지가 비옥해진 것이다. 그러나 정보의 공유는 아직 오프라인 경제 규모의 5% 미만인 온라인 세상에 국한되고 있었다. 공유경제의 시작을 알린 오픈 소스 운동의 의미는 아무리 강조해도 지나치지 않을 것이나, 정보 세계의 공유 효과는 여전히 제한적이었다.

그런데 2008년 스마트폰의 등장 이후 현실과 가상이 융합하는 O2O 플랫폼들이 등장하면서 공유경제는 현실 세상으로 확장되기 시작했다. 옥스퍼드 대학은 미래 직업의 63%가 인공지능으로 변화할 것이라 예측한 바 있다. 이제 공유경제는 5% 경제 규모의 온라인 영역에서 60%가 넘는 거대 O2O 융합 경제 영역으로 확대되기 시작했다. 이러한 흐름에 선두에 서 있는 기업이 바로 우버와 에어비앤비와 같은 공유경제 기업들이다. 인터넷의 연결로 온라인 플랫폼이 만들어지고, 무선 인터넷과 스마트폰으로 O2O 플랫폼이 진화했다. 그리고 공유경제가 정보에서 물질세계로 확대되기 시작한 것이다. 그리고 현실을 디지털 트랜스폼하는 3차 산업혁명을 넘어 현실과 가상이 융합하는 4차 산업혁명이 시작되었다. 현실을 가상화하는 디지털화 기술들과 가상을 현실화하는 아날로그화 기술이 인공지능의 최적화를 통하여 현실 세계에 예측과 맞춤의 가치를 제공하기 시작한 것이다.

공유경제의 본질적 속성

완전 공유에서 비영리 공유까지 창작과 활용의 균형을 위한 다양한 스펙트럼의 오픈소스 운동에 이어 온라인 플랫폼이 등장하면서 공유비용 제로의 사회로 진화하기 시작했다.

온라인의 정보를 공유하는 오픈소스와 온라인 플랫폼은 사회적 가치Value를 증대시키는 역할을 해 왔다. 그런데 오프라인의 물질을 공유하는 온 디맨드On Demand와 O2O 플랫폼은 물질의 소비를 줄여 원가Cost를 절감하는 역할을 수행하게 되었다. 에어비앤비Airbnb는 호텔의 건립을 줄이고 우버Uber는 자동차의 생산을 줄인다. 결과적으로 원가 절감은 물론 매출^{Price}이 줄어드는 결과가 초래되었다. 사회적 가치는 증가하여 소비자의 후생은 향상되나, 기업의 매출은 줄고 국가의 GDP도 감소하게 된다. 이에 따라 공유경제 시대에 합당한 새로운 경제지표인 비욘드^{Beyond} GDP 등의 새로운 개념이 등장하고 있다. 산업경제 시대에 생산의 역량에 최적화된 GDP를 공유경제 시대에 소비자의 후생 가치중심적 개념으로 진화시켜야 한다는 것이다. 이제는 물질에서 정신으로 가치가 이동하고 있는 것이다.

[그림] 공유경제 시대, GDP의 재정의

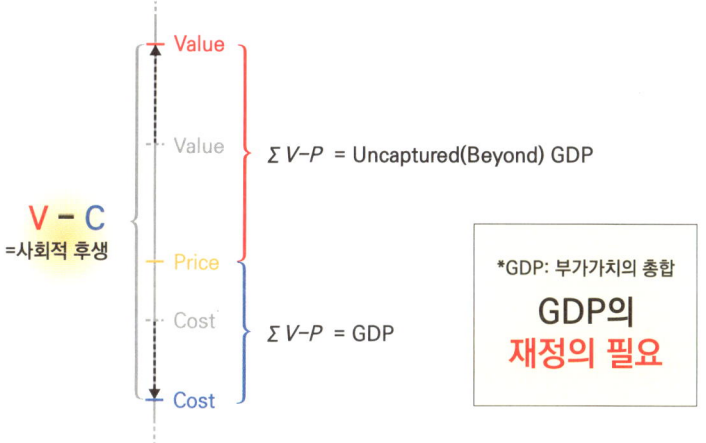

자료: KCERN(2015)

그렇다고 공유경제가 GDP를 감소시키는 역할만 하지는 않는다. 공유경제의 인프라인 플랫폼은 반복되는 요소를 공유함으로써, 혁신을 가속화하는 역할을 한다. 개발 장비를 공유하는 팹랩^{Fablab}은 장비의 매출은 줄이나, 장비 구입의 부담이 줄어든 스타트업들은 증가한다. 결과적으로 공유를 통한 장비의 매출 감소는 GDP를 줄이나, 공유를 통한 혁신의 증가는 GDP를 늘인다. 공유 자체로도 사회적 후생이 증가하나, 공유를 통한 혁신의 가속화로 GDP와 더불어 일자리도 증가한다.

공유경제의 새로운 정의

이처럼 공유경제가 빠르게 성장하면서 많은 학자들이 "공유경제는 무엇인가?"라는 질문을 하였다. 이에 대하여 레이첼 보츠만은 "공유경제는 공유된 정의가 없다."고 하였고, Schor는 공유경제는 '정의 불가능'이라 정의했다. 그리고 다양한 주체들이 오픈소스와 CC$^{Creative\ Commons}$, 온 디맨드$^{On\text{-}Demand}$, 협력적 소비, 프로슈머^{Prosumer}, O2O 경제, 개방혁신, 플랫폼 경제, 비영리 소셜 경제, Gig Economy 등의 다양한 정의를 하고 있다.

이 책에서는 '공유경제는 경제 주체와 객체들의 공유'라고 포괄적인 정의를 하고자 한다. 공유의 객체는 정보, 물질, 인간으로 경제의 주체는 생산, 소비, 시장으로 분류하면 총 3X3의 9개의 공유경제 영역들이 정의될 것이다. 기존의 수많은 공유경제 정의들은 모두 이 범주에 들어가게 된다. 공유경제에 대한 3X3의 9가지의 분류 체계를 '공유경제 큐브 매트릭스'라고 명명하고자 한다.

[그림] 공유경제 큐브 매트릭스

	공급	시장	수요
시간 정보	(오픈소스) CC	온라인 플랫폼	(오픈소스) CC
공간 물질	협력적 생산 (Gig Economy)	O2O 플랫폼	협력적 소비 (On-Demand)
인간 관계	Prosumer Social Innovation	Access economy SNS	Prosumer D.I.Y.

자료: KCERN(2015)

공유경제에서 가장 큰 부분은 소비다. 대다수의 사람들은 공유경제를 함께 소비한다는 것으로 인식하고 있다. 이러한 공유 소비는 무엇을 공유할 것인가에 따라서 정보^{오픈소스와 CC(Creative Commons)}, 물질^{협력적 소비의 On Demand}, 그리고 관계^{Prosumer와 SNS}로 분류할 수 있다. 정보를 공유하는 온라인 플랫폼을 통하여 지식은 공유되어 혁신이 촉발되었다. 창작과 활용^{Remix}의 지속가능한 동기부여를 위하여 다양한 형태의 CC^(Creative Commons)가 등장하게 된다. O2O 플랫폼의 등장으로 공유는 정보에서 물질로 확산된다. 즉 현실과 가상의 효율적 연결이 가속화되면서 온 디맨드^(On Demand) 경제가 확산되고 있는 것이다. 이어서 관계의 공유는 생산과 소비를 융합하는 프로슈머^(Prosumer) 혹은 크리슈머^(Creasumer)의 형태로 진화를 촉발하고 있다.

공급은 소비보다는 다소 중요도가 낮게 인식되고 있으나 경제는 생산과 소비의 순환이라는 점에서 여전히 중요하다. 오픈소스 운동을 통한 소프트웨어 개발 공유는 미국 소프트웨어 생산성 향상의 일등공신이다. 95%의 소프트웨어가 오픈소스인 실리콘 밸리에서는 5%의 소프트웨어만 개발하면 된다. 공유 개발을 통한 경쟁력이 미국의 경쟁력이다. 반면 한국은 90%의 소프트웨어는 개별적 내부 개발에 의존하고 있다. 결국 아무리 개인의 능력이 탁월해도 협력적 소프트웨어 개발의 효율을 당해낼 수는 없다. 개방혁신을 통한 협력적 생산은 효율을 극대화하여 혁신이 '쉬운' 사회로 이끌고 있다. 3D 프린터나 레이저 커터 등의 개발 장비를 공유하는 메이커 스페이스가 등장하면서 혁신적 창업이 가벼워지고 있다. 창업 활성화에 결정적 공헌을 하고 있다. 이제 개발과 생산은 분산 협력하는 개방 협력이 일반화되고 있다.

공유경제는 획일화가 아니라 공유를 통한 개인화다. 필자는 이러한 집단지능에 기반을 둔 개인화를 소셜^(Social)화라고 명명하고 있다. 소셜 커머스, 소셜 마케팅 등의 용어들이 갖는 의미는 부분과 전체가 홀론^Holon적 융합을 하는 현상을 나타내고 있다는 주장을 졸저 '호모 모빌리언스'에서 주창한 바 있다. 반복적으로 동일한 요소는 공유하여 대부분의 비용을 줄이고, 적은 비용으로 나만의 차별화를 이룩하는 것이다. 3D 프린터의 공유 사이트^Shapeway 등에서 취향에 맞는 디자인을 다운로드해 나만의 아이디어를 가미하여 제품이 아닌 작품을 만드는 것이다. 이렇게 집단지능을 공유하는 혁신을 소셜혁신^Social Innovation이라 부른다. 공유경제는 집단지능 기반의 개인화인 소셜^Social화인 것이다.

03

인간의 새로운 욕망

프로슈머와 크리슈머

프로슈머나 크리슈머가 자신이 원하는 것을 직접 만들어 쓴다고 해서 과거 가내수공업으로의 회귀를 의미하는 것은 아니다. 이들은 집단지능에 의한 개인맞춤이라는 새로운 현상으로 설명되어야 한다.

가내수공업 시대의 소량 맞춤이 산업혁명을 거치면서 대량 규격화 됐다면 이제는 디지털 기술로 소셜 맞춤의 시대로 진입하고 있다. 분리되었던 생산과 소비가 4차 산업혁명의 기술들로 다시 통합되는 과정에서 집단지능과 메타 기술에 기반을 둔 디지털 DIY가 확산하고 있다. 소셜 맞춤은 형상은 3D 프린터가, 지능은 오픈소스 하드웨어가, 기술은 인공지능과 가상현실이라는 기술의 혁신으로 뒷받침된다.

프로슈머들은 자신이 만든 제품을 스스로 사용할 뿐 아니라 예술품을 거래하듯이 시장에서 거래하기도 한다. 개인 수공업자들을 위한 미국의 온라인 장터 플랫폼인 엣시Etsy나 국내 수공업자 온라인 장터 플랫폼인 아이디어스IDus는 프로슈머의 대표적 사례이다.

이때 소셜맞춤의 영역은 광범위하다. 개개인 집에 태양열과 같은 재생산 가능 에너지가 설치되고, 가정마다 채소와 같이 유통이 문제가 되는 식량들이 도시농업Plant Factory으로 분산 재배되고 있다. 또 과거에는 음악, 미술, 문학 등 취미 생활을 하기 위해 많은 시간과 비용이 필요했으나, 이제는 인공지능과 로봇의 도움으로 악상이 있으면 음악을 만들고, 아이디어가 있으면 문학도 창작할 수 있게 됐다.

[그림] 프로슈머와 공유경제의 등장

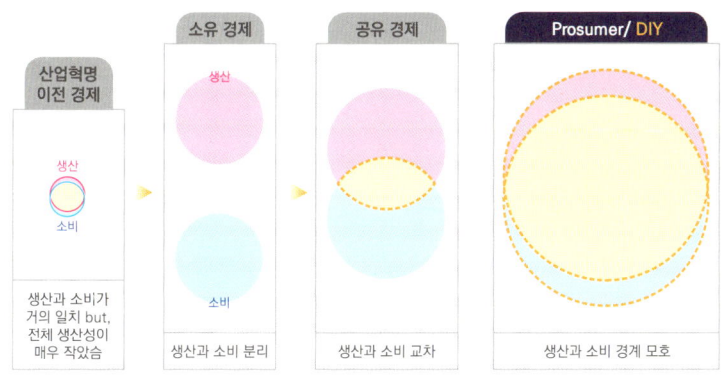

이렇게 개인화된 소비자들은 직접 놀이와 이익이 합쳐지는 구조의 일자리를 만들어가고 있으며, 이들의 생산 활동은 자기표현인 동시에 자아실현의 형태로 진화하고 있다.

최근에 YouTube 채널을 통해 나타난 MCN[Multi Channel Network][23])도 이렇게 나타난 새로운 직업군이다. 한국의 MCN은 게임, 뷰티, 푸드, 엔터테인먼트, 뮤직, 키즈 등의 크리에이터들이 YouTube, 아프리카TV[AfreecaTV] 등에서 활동하고 있다.

MCN 이외에도 최근에는 폭넓은 의미의 창작자들이 크리에이터라는 이름으로 등장하고 있다. 크리에이티브 디렉터, 카피라이터, 디자이너, 일러스트레이터, 아트디렉터, 포토그래퍼, 프로듀서, 세트나 소품 디자이너, 작가, 작곡가, 사운드 디자이너 등이 여기에 속한다. 무엇을 창작하는가에 따라 앞에 수식어가 달라진다. 유튜브 크리에이터, 게임 크리에이터, 뷰티 크리에이터, 창업 크리에이터, 인문학 크리에이터, 패션 크리에이터, 문화 크리에이터, 콘텐츠 크리에이터 등등. 그러나 본질은 자기표현 욕구의 발현으로 설명할 수 있다.

---

23) YouTube 홈페이지에서는 "다중 채널 네트워크(MCN)는 여러 개의 YouTube채널과 제휴한 조직으로서 제품, 프로그래밍, 자금 지원, 교차 프로모션, 파트너 관리, 디지털 저작권 관리, 수익 창출/판매, 잠재고객 확보와 같은 다양한 분야에서 도움을 제공합니다."고 설명하고 있다.

자아실현과 기업가정신

인간의 자아실현을 돕는 새로운 일자리도 있다. 바로 기업가정신의 창업이다. 대표적인 사례로 페이스북을 들 수 있다. 페이스북의 창업자인 마크 주커버그는 창업에 대해 "본인이 하고 있는 일을 진심으로 믿고, 그 일이 중요하고 세상에 도움이 되어야 한다."고 말했다.

이외에도 주목받는 많은 창업자들이 기업가정신을 강조하고 있다. 위워크WeWork의 공동창업자 미구엘 맥케비와 아담 노이만 역시 "생계가 아닌 삶을 위해 일하는 세상을 만들고 싶다."라고 창업 동기를 밝혔다. 에어비앤비의 공동창업자인 브라이언 체스키는 "나는 디자인이 형편없는 장난감을 기도했다. 그것을 다시 디자인하기 위해서다."라고 말했고, 드랍박스Dropbox의 공동창업자 드루 휴스턴은 "삶을 완벽하게 만들지 말고 재미있게 만들어라."라고 말했다.

능동적인 일자리의 중심에는 기업가정신이 있으며, 기업가정신은 신기술과 새로운 시각의 비즈니스 모델을 결합한 창조적인 일자리를 만든다. 미래 사회의 최종적인 일자리는 자신이 가장 좋아하는 일을 통하여 사회에 기여하고, 본인이 보상을 받는 자아실현을 위한 기업가적 창업일 것이다.

전문직의 미래[24]

반복되는 육체적·정신적 노동을 로봇과 인공지능이 대체하면 인간의 여가시간은 증가하게 된다. 이로 인해 인간은 창조적인 일에 더 매진할 수 있게 될 것이다. 법률과 의료 분야의 맞춤 서비스, 개인 비서 서비스, 무인 감시 서비스, 로봇 저널리즘 등 인간의 자아실현을 돕는 일자리가 무수히 창출될 것이다. 특히 새롭게 부상하는 인간의 욕구인 자기표현 욕구 등에 따라 표준화된 서비스가 아닌 개인화된 서비스의 수요가 증가할 것이다. 이러한 개인화 서비스와 다양한 맞춤수요는 새로운 일자리 창출의 원천이 될 것이다.

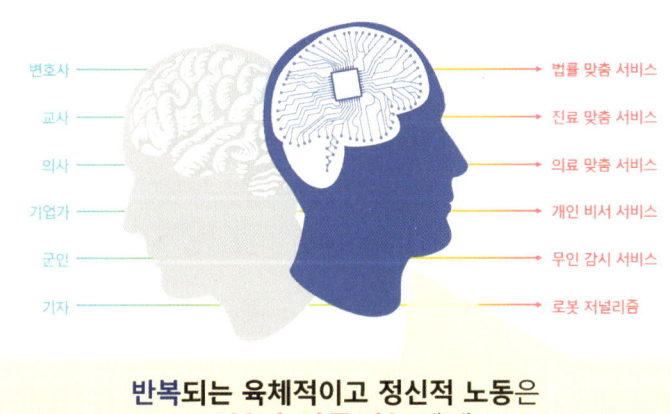

[그림] 인간의 자아실현을 돕는 인공지능

---

24) 리처드 서스킨드·대니얼 서스킨드(2016), "4차 산업혁명 시대, 전문직의 미래 (The Future of the Professions)", 와이즈베리

일자리의 소멸과 생성에 관한 논란에서 잠시 언급했던 리처드 서스킨드와 대니얼 서스킨드는 자격증을 가진 전문직 종사자들이 업무 방식을 바꾸는 대신 진입장벽을 구축할 것이므로 일자리가 결코 소멸되지 않을 것이라고 주장하기도 했다. 그렇다면 전문직 일자리의 미래 변화상은 어떤 모습일까?

의료

IBM의 인공지능인 왓슨Watson과 같은 시스템 덕분에 미래에 환자를 진찰하는 사람은 의사가 아니라 간호사가 될지도 모른다. 왓슨을 통해 진단 및 치료계획 수립 도구 등의 의료 전문성을 다양하고 깊이 있게 이용할 수 있기 때문이다. '의료보조인력'은 기존의 의사에 비해 적은 교육으로도 서비스가 가능하여, 새로운 의료전문가 계층이 될 수도 있다.

한걸음 더 나아가, 원격의료 플랫폼을 사용하면 전문가가 옆에 있지 않아도 긴급진단을 내리고 신속하게 조언할 수 있다. 의료 분야에서 디지털 기기 사용이 점차 확대되면서 자가 측정도 가능해지고 있다. 디지털 기기를 활용하여 맥박, 소화 운동, 수면 패턴, 행복도 등에 대한 데이터를 대량 수집해 임상의와 견줄 만큼 정교하게 분석하는 것이 가능하다. 또한 3D 프린팅 기술을 이용하면 석고붕대, 보철, 치과용 충전재나 크라운 등 수많은 의료용품을 개인에 맞춰 설계할 수 있다.

[그림] 의료 분야의 일자리 진화

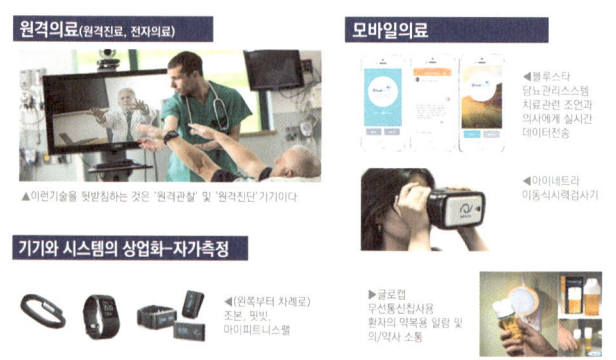

자료: 4차 산업혁명 시대, 전문직의 미래(2016) 참고

법률

여러 나라의 사법부는 현재 법전과 판례를 무료로 공개하고 있으며, 일반인들을 위한 일상용어로 실용적 조언을 해주는 정부 또는 재단 주도의 웹사이트도 있다. 사람들은 이것들을 통해 더 큰 도움을 받을 수도 있다. 앞으로는 온라인 도구로 무장한 일반인이 전통적 변호사보다 낮은 임금을 받으면서 그들을 대체할 것으로 보인다.

[그림] 법률 분야의 일자리 진화

자료: 4차 산업혁명 시대, 전문직의 미래(2016) 참고

언론

현재 많은 나라에서 종이 신문 대신 온라인 플랫폼이 떠오르고 있다. 언론사들은 대부분 디지털 플랫폼을 만들어 기존 지면 내용을 온라인으로 옮겨왔으며, 프리랜서, 행동가, 보통 사람 등 개인의 네트워크 역시 페이스북, 트위터, 유튜브 같은 소셜 미디어 플랫폼 시스템을 사용해 독자적으로 기사와 논평을 쓰고 공유한다. 특히 페이스북의 뉴스피드나 Flipboard의 개인 맞춤 잡지는 개인 맞춤 뉴스가 일상화된 현상을 보여준다.

[그림] 언론 분야의 일자리 진화

자료: 4차 산업혁명 시대, 전문직의 미래(2016) 참고

경영컨설팅

현재 전략컨설팅 회사가 제공하는 서비스에서 자료 및 정보 관련 업무가 차지하는 비중은 30% 이하로 떨어졌다. 인터넷을 통해 자료와 정보를 얻는 것이 쉬워졌기 때문이다. 컨설턴트가 아니어도 기본 분석 도구나 정교한 시스템을 활용해 데이터를 처리할 수 있게 됐다. 최근에는 컨설팅 서비스를 크라우드 소싱하는 플랫폼도 등장했다. 사회문제 해결을 위한 IDEO, 각 분야의 전문가 플랫폼인 WIKISTRAT, 100개국 통계학자로 이루어진 KAGGLE 등이 이에 포함된다.

[그림] 경영컨설팅 분야의 일자리 진화

자료: 4차 산업혁명 시대, 전문직의 미래(2016) 참고

아야스디, 비욘드코어 등은 '자동화' 데이터 분석을 제공하는 플랫폼이다. 인간이 질문할 때까지 기다리지 않고, 상관관계를 찾아내기 위해 스스로 자료집합을 분석해 추가 분석이 필요한 관계를 발견하거나 분석이 더 필요한 자료를 알려준다.

교육

하이브리드 수업 학교에서는 기술이 핵심이다. 개인별 성적 데이터를 토대로 학생 각각의 요구와 능력에 맞춰 수업 내용, 방법, 속도를 조절하는 것이 가능하다. 또 특별히 관심을 쏟아야 할 학생이 있으면 시스템이 교사에게 경고 메시지를 보낸다. 이런 학교들의 시스템을 적응력 또는 개인화 학습 시스템이라고 하며, 이러한 지능형 교습 시스템을 사용하는 목적은 일대일 지도의 성과가 뛰어나기 때문이다.

온라인에는 다양한 교육 네트워크가 존재하며, 교육 내용을 제공하는 온라인 플랫폼 또한 있다. 대표적인 온라인 플랫폼으로 칸 아카데미와 테드, 기존 교육기관과의 내용을 공유하는 MOOC와 EDX, 전문 지식 실무자들의 개설 및 운영이 가능한 UDEMY와 UDACITY 등이 있다. 이러한 디지털 플랫폼으로 학습하는 사람들이 늘어나면서 데이터의 역할은 점점 더 중요해지고 있다.

이러한 플랫폼 및 교육과 기술을 접목한 스타트업들을 에듀테크EdTech·EduTech라고 칭하며, 에듀테크 기업들에 대한 설명은 부록에서 하고자 한다.

[그림] 교육 분야의 일자리 진화

자료: 4차 산업혁명 시대, 전문직의 미래(2016) 참고

건축

요즘 화제인 3D 프린팅 기술은 반대로 '쌓아가는 방식'을 사용한다. 다시 말하면, 물질을 얇은 층으로 나눠 한 겹 한 겹 쌓아 서서히 최종 목적물을 만들어 낸다. 그래서 3D 프린팅을 '적층 가공'이라고도 한다. 덕분에 주문에 따라 제작할 수도 있으며, 대량 생산도 가능하게 되었다.

건설업에 활용되는 로봇들도 있다. 이를테면 재료를 천공, 재단, 절삭 등 가공하는 로봇, 재료를 운반하고 조립하는 로봇이다. 이러한 시스템 및 도구를 지원하는 온라인 커뮤니티도 상당히 존재한다.

설계도를 저장하고 서로 공유하는 대규모 온라인 디지털 저장소가 있으며, 서로 프로그램 코드를 공유하고, 프로그램 오류와 버그를 해결하여 서로의 전문성을 공유할 수 있다.

[그림] 건축 분야의 일자리 진화

자료: 4차 산업혁명 시대, 전문직의 미래(2016) 참고

종교

현대의 종교인과 종교단체는 독자적 신앙 해석을 전파하는 데 활자뿐 아니라 인터넷도 사용한다. 저명한 사람 혹은 단체일수록 추종자 수는 엄청나다.

인터넷은 많은 예배소가 종교의식과 행사를 온라인 동영상으로 생중계하며, 이동통신 기기를 '들고 다니는 경전'으로 바꿔주기도 하였다. 이러한 발전으로 이제 사람들은 몇몇 전통적 종교인의 생각을 수동적으로 받아들이는데 만족하지 않는다. 이제는 문헌에 기반을 둔 엄청난 양의 종교 지식과 분석에 접근할 수 있다.

[그림] 종교 분야의 일자리 진화

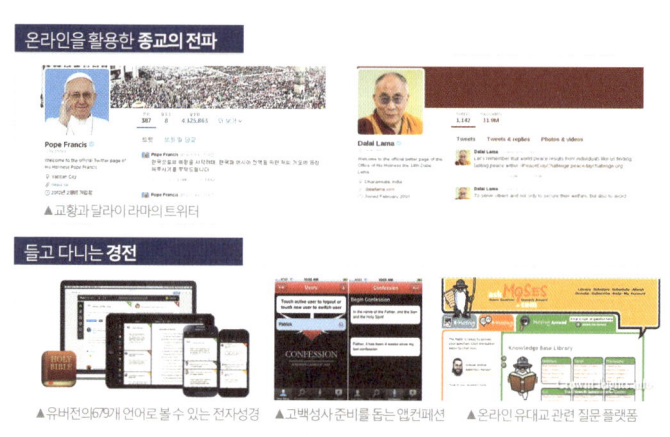

자료: 4차 산업혁명 시대, 전문직의 미래(2016) 참고

이제 전문가들의 성역이었던 분야별 서비스들이 인공지능과 다양한 기술들의 발전으로 쉽고 저렴하게 이용이 가능해졌다. 이러한 현상은 기술적 편리, 경제적 비용 절감을 뛰어넘어 개인 맞춤 최적화 서비스의 제공이 가능해지게 된 것을 의미한다. 이를 통해 서비스는 진화하고, 질 좋은 맞춤 서비스로 개인의 삶은 더욱 풍요로워질 것이다.

04

긱Gig과 프리에이전트

공유경제에서 직업職業은 업業으로 대체되고 있다. 쉽게 말해서 일자리가 일거리로 대체된다는 뜻이다. 따라서 기업에 소속된 직업이 전문적 기능을 갖춘 업의 프리랜서들로 대체된다는 긱 경제Gig economy25)가 등장하고 있다. 다양한 전문가들이 특정 목적에 따라 단기 협업체제에 쉽게 돌입할 수 있는 초연결 사회가 다가온 것이다.

긱 경제는 Amazon의 Mechanical Turk, TaskRabbit, Fiverr와 같은 온라인 서비스와 같은 형태로 나타나고 있다. 노동의 수요 측과 제공자가 단기간 이벤트로도 쉽게 이어지면서, 고용시장이 사람에게 직업으로 계약직 또는 정규직으로 계약을 맺는 방식이 아니라 일거리를 통해 서로 연결시켜주는 노동시장으로 변하고 있는 것이다.

---

25) 1920년 미국 재즈 공연장 주변에서 연주자를 그때그때 섭외해 단기공연 계약을 맺어 공연했던 '긱(gig)'에서 차용한 용어로 산업현장에서 필요에 따라 관련 있는 사람과 임시로 계약을 맺고 일을 맡기는 경제 형태를 뜻한다.

그렇다면 긱 경제와 아르바이트, 프리랜서의 차이는 뭘까? 김범수 카카오 의장은 먼저 아르바이트와의 차이점에 대해서 확실성과 불확실성이라고 설명한 바 있는데, 아르바이트는 다음 일자리를 구해야 한다는 불확실성이 있지만 긱 경제에서는 일자리가 조각 조각 나 있으므로 항상 접속할 수 있다는 것이다.26)

또 미국과학자연맹FAS·Federation of American Scientists의 2016년 2월 보고서27)는 긱 직업과 프리랜서는 다음과 같은 세 가지의 주요한 차이점이 있다고 설명했다.

> 1. 온 디맨드 회사들이 수임료의 일부를 받는다.
> 수수료Commission의 형태로 수임료의 일부를 받으며, 수임료의 일정 비율을 받거나 복잡한 모형을 적용하기도 한다. Lyft의 경우 몇몇 활발한 운전 서비스 종사자에게 20%의 수수료 중 일부를 돌려준다.
>
> 2. 온 디맨드 회사들이 브랜드를 관리한다.
> 회사의 기준에 따라 다르지만 계약자가 일정 기준 이상의 전문성과 품질의 서비스 제공을 해야 하며, 그러지 않을 경우 회사 측에서 계약을 파기할 수 있다.
>
> 3. 온 디맨드 회사들이 수요자-제공자 관계를 관리한다.
> Upwork의 경우 서비스 제공자는 고객과 우회적으로 만나서는 절대 안 된다는 조항non-circumvention clause을 서비스 계약서에 첨부했다.

---

26) 매일경제(2016), 김범수 카카오 의장 "O2O서비스 통해 골목상권도 살릴 것"
27) Federation of American Scientists(2016.2.5.), "What does the Gig Economy Mean for Workers?", https://www.fas.org/sgp/crs/misc/R44365.pdf

맥킨지는 긱 경제에 대해 '새로운 디지털 장터에서 거래되는 기간제 근로'라 정의 내리며, 긱 경제의 성장이 가속화되면서 2020년이면 프리랜서가 미국직업의 43% 정도를 차지할 것으로 예상했다. 이러한 긱 경제Gig Economy의 등장은 이제 일자리가 한정된 직장이라는 개념에서 업業으로 전환되는 현상을 보여준다. 또 쉽게 전문가를 찾을 수 있는 초연결의 작은 세상Small world에서 신뢰와 명성은 사회적 공유 자산으로서, 물적 소유 자산보다 중요해질 것임을 예고하고 있다.

기업은 시장과 경제의 변화에 따라 경영상황이 달라질 수 있으므로 고용하는 인력의 규모도 유연성 있게 가져가려 한다. 기업들이 고용을 꺼려하자, 구직자들이 능동적으로 움직이면서 긱 경제가 확장되고 있다.

긱 플랫폼에서 활동하는 모든 긱 직종 종사자들은 플랫폼 기업에 가입하여 자신의 능력과 경력을 마케팅하며 일거리를 획득하는 경제적 활동을 한다. 플랫폼을 이용하여 긱 종사자들은 상주하는 지역이라는 지리적 한계를 뛰어넘어 세계의 모든 수요자들에게 접근이 가능하게 된다. 때문에 개인들은 능동적으로 수요자에게 찾아가며 스스로 일거리를 창출해나가는 것이다. 능동적인 종사자들이 공동의 플랫폼에 모이고 단기 직업 수요자들도 그 플랫폼에서 쉽게 공급자를 찾으면서 시간과 비용을 아낄 수 있게 되었다. 그러자 긱 경제 효과는 점점 커지고 있다.

[그림] Gig Economy의 성장

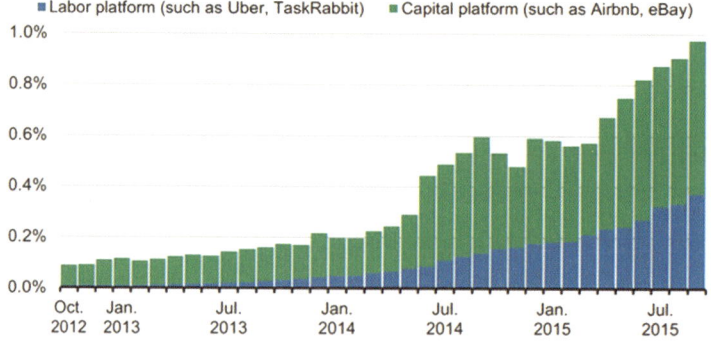

자료: WSJ.com; JPMorgan Chase Institute

우버와 아마존의 Mechanical Turk와 같은 긱 경제 플랫폼을 통해 소비자는 단기적으로 처리해야할 업무 담당할 근로자를 빠르게, 저비용으로 찾을 수 있게 됐다. 용역 제공자 역시 자신이 원하는 업무 조건에 맞게 계약하고 제공할 수 있다. 또 플랫폼을 통해 공유되는 단기업무 정보는 플랫폼 가입자인 긱 종사자들에게 공평한 기회를 제공한다.

뉴욕대의 아룬 순다라라잔Arun Sundararajan 교수는 이를 두고 '경제적 기회의 민주화Democratization of economic opportunity'[28]라고 표현했다. 또, "당신 스스로의 대표가 되는 것에 자율권이 주어진다. 올

---

[28] A16z. "An Economics Take on the Sharing Economy." Audio blog post. Soundcloud. A16z, 17 July 2016.

바른 마음가짐을 갖고 있다면, 워크-라이프 균형^{워라밸: 워크 라이프 밸런스} 성취를 더 잘 할 수 있다."며 긱 직업의 장점을 설명했다.[29]

[그림] 긱 이코노미와 놋워킹

'업業'이라는 일자리의 새로운 트랜드는 긱 경제의 핵심으로 떠오르고 있으며, 전문가들은 긱 경제와 함께 프리에이전트의 등장에 주목하고 있다.

프리에이전트는 야구와 축구, 농구 등 몸값 비싼 스포츠계의 자유계약선수만을 가리키는 것은 아니라 거대 조직체의 굴레로부터

---

29) The Guardian(2015.7.26.), "The 'gig economy' is coming. What will it mean for work?"

벗어나 자유롭게 자신의 미래를 스스로 책임지는 독립노동자 전체를 아우르는 말이다. 그들은 개인의 전문화된 지식·도구를 사용하여 조직에 얽매이지 않고 독창적이면서 창조적으로 일한다. 다니엘 핑크 Daniel Pink 는 『프리에이전트의 시대가 오고 있다』에서 새로운 유형의 노동시장을 프리에이전트를 통해 설명하고 있다.

프리랜서 전문가들을 위한 백오피스 서비스를 제공하는 MBO 파트너스는 프리랜서 수가 현재 3,000만 명에서 2019년에는 4,000만 명으로 증가할 것으로 예상했다. 특히 지난 4년 동안 프리랜서는 12.5% 증가하였으며 미국 전체 노동력 성장률인 1.1%를 크게 앞질렀다고 보고했다.[30]

긱 경제와 프리에이전트의 등장은 과거 팀 중심의 업무방식도 변화시키고 있다. 대표적인 사례가 위리외 엥게스트룀 Yrjö Engeström 의 『팀의 해체와 놋워킹』에서 말하는 놋워킹 Knotworking 이다. 놋 Knot 은 매듭이라는 뜻인데, 끊임없이 변화하는 목표를 중심으로 유연하게 움직이는 일의 방식을 지칭한다. 놋 워킹은 일의 대상과 목표를 중심으로 자발적이고 자유롭게 협력하는 것이며, 이는 창발적인 일과 확장적인 학습을 가능하게 한다.

긱 경제와 놋워킹은 특정 기술이나 능력에 대한 수급 불균형을 완화해 새로운 일자리를 창출한다. 특히 근로시간의 유연성이 확대되어 비경제활동인구는 노동시장에 재진입할 수 있는 기

---

[30] CIO(2014.10.20.), 'IT 분야에도 프리에이전트 시대가 온다 16가지 조언'

회를 얻고, 기존의 노동자도 부수입을 통해 소득 증대 효과를 얻을 수 있다.31)

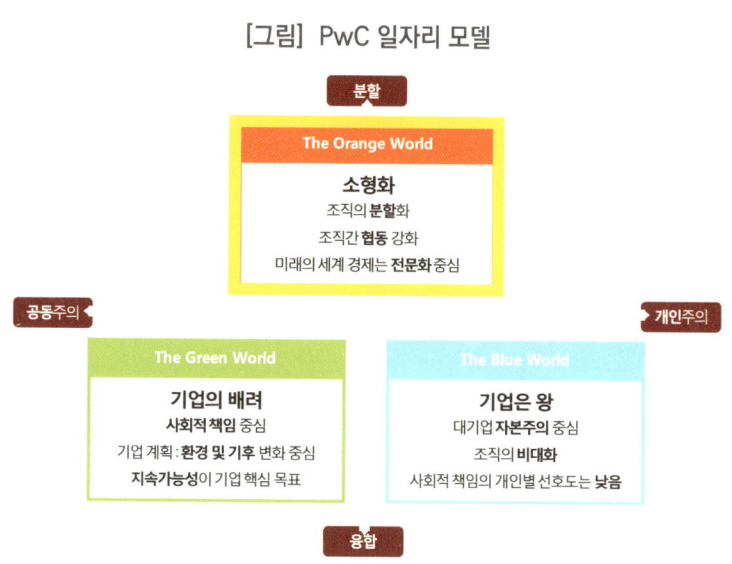

PwC^{Price waterhouse Coopers}는 기업이 미래에도 인재 관리, 인석 자원 및 분석을 통합하는 전략을 지속적으로 발전시킬 수 있도록 3가지 시나리오를 제시하였다. 우선 가로축은 조직의 가치 관점^{공동주의 vs 개인주의}, 세로축은 조직의 결속 형태 관점^{분할 vs 융합}으로 설정한 후, 조직 혹은 기업이 어떤 영역^{Blue World, Green World, Orange World}에 속하는지 가상 시나리오를 제시하였다.

---

31) 위리외 엥게스트룀(2014), 팀의 해체와 놋워킹, 학이시습

[표] PwC 일자리 모델

	기업은 왕 Blue World	기업은 배려 Green World	소형화 Orange World
조직의 인재 유치	최고의 인재 유치 경쟁 -미래의 스타인재 유치를 위한 막대한 검색 및 평가 방법 도입	비슷한 마음을 가진 인재 유치 올바른 인성과 자세를 가진 인재만 선택	주요 기술 공급을 하는 계약자 탐색 및 평가 솔루션 확충 개별 업무를 위한 계약조건
인재의 선택	고수입 가능성/ 안정성 및 직위 중심	브랜드, 가치관, 사내 문화 중심	네트워크 및 온라인에서의 기업평판의 핵심 역할
실적 및 보상	정교하게 짜여진 실적지표로 보상	전체적 보상에 집중 사내 충성도 및 가치관 평가와 함께 실적 기반	계약 기반 프로젝트 일상화 결과 기반 또는 매입 활성화, 협상 능력은 필수
배움과 성장의 역할	기업의 니즈에 따라 직원의 기술 및 경험 향상, 실적지표 연계	자원봉사 등을 통한 개인적/전문적 소양 향상	개인 스스로 역량강화 전문길드 재도래 및 온라인 레퍼런스를 통한 인증/실적 랭킹
HR 역할	분석을 통한 미래 인재 수요 측정 및 실적, 유지 이슈 관리	브랜드수호자 역할을 맡음 지속가능성 및 정의로운 문화 및 인식 보호인식이 가치사슬전체 확대	HR은 계약자 소싱 및 계약 협상력 중심 외주 프로젝트 실적관리 중심 프로젝트경제 중심
기술	센서와 데이터분석을 통한 실적 측정 및 최적화	환경피해 최소화 및 직원들의 직장에서 삶 강화	온라인 가상 협동 환경

자료 : PwC(2014), The future of work: A journey to 2022

그 중 Orange World 미래상은 긱 경제·놋워킹의 사례와 일치하는데, 조직이 분할되어 크기는 작지만 전문성을 기반으로 협동력이 강화된 미래 조직상을 보여주고 있다. 특히 Orange World는 미래 기업 및 조직이 전문성을 기반으로 개별 업무를 위한 계약조건으로 조직의 인재를 유치한다는 점 그리고 기업 선택을 기업평판을 참고하여 실행한다는 점, 기업 내 기술 환경이 온라인 가상

협동 환경으로 구축되었다는 점이 특징이다.

다양한 전문가들이 특정 목적에 맞추어 단기간 협업 체제에 쉽게 돌입할 수 있는 초연결 평판 사회가 열리고 있다. 초연결을 통해서 쉽게 전문가를 찾을 수 있는 작은 세상Small world이 구현되고, 입소문에 의한 평판이 공유되기 시작한다는 뜻이다. 평판 알고리즘이 라이센스라는 제도를 대체하게 된다. 어찌 보면 전문직의 해체인 셈이다. 신뢰와 명성이라는 사회적 공유 자산이 물적 소유 자산보다 중요해지고 있다. 인간의 연결을 공유하는 링크드인Linkedin이나 태스크래빗TaskRabbit과 업워크Upwork가 이를 뒷받침하고 있다.

공유경제에서는 업무 활동들도 공유된다. 과거의 이메일, 메신저와 오피스 프로그램 등 작업 후의 전달은 실시간 공유 작업으로 개념이 바뀐다. 웹하드는 드랍박스Dropbox로, 메신저는 슬랙Slack과 같은 형태로 바뀌고 있다. 기업의 조직 자체가 시간·공간·인간의 한계를 벗어나고 있다. 정보, 물질, 관계가 공급, 수요, 시장에서 결합하는 공유경제에서 우리 모두는 기업가가 된다.

물론 긱 경제에도 빛과 그림자가 존재하지만, 그림자를 극복하여 빛을 향해 가는 것이 미래로 가는 길일 것이다. 프리 에이전트, 긱 경제는 궁극적으로 자기조직화라는 현상을 만들어낸다. 미래 사회로 가는 현상 중 하나다.

05

일의 개념을 바꾸면 일자리가 보인다

모라벡의 패러독스에 따르면, 로봇에게 쉬운 문제는 인간에게 어렵고 로봇에게 어려운 문제는 인간에게 쉽다. 그러나 인간과 인공지능이 집단 융합지능으로 연결된다면 이것을 극복할 수 있다. 반복되는 효율은 인공지능과 로봇이, 반복되지 않는 혁신은 인간이 담당하는 것이다.

인간은 인공지능과 로봇보다 잘하는 일에 매진해야 한다. 바로 의미 있는 일에 도전하고 재미있게 일하는 것이다. 그런 의미에서 미래 일자리 문제를 노동Labor, 업Mission, 놀이Play의 관점에서 얘기해 보려 한다.

노동과 업과 놀이는 엄연히 다르다. 네덜란드의 철학자 호이징어는 저서인 '호모 루덴스Homo Ludens'에서 노동과 놀이의 차이는 수단과 목적의 분할과 통합에 있다고 말한다. 목적과 분리된 수단인 노동은 소위 '반복되는 삽질'이고 재미가 없다. 산업혁명 이전에는 목적과 수단이 통합되어 있었지만, 산업혁명을 거치면서 목적과 수단은 분리됐다. 인간은 생산성 극대화를 위한, 분업화된 반복 노동의 객체로 전락했다. 즉 현재의 고통을 참는 대가로 임금을 받아 미래의 생활과 놀이에 소비하는 것이 1, 2차 산업혁명 시대 노동자의 삶이었다. 그러나 목적과 수단이 분리된 반복 노동은 인공지능의 등장으로 급격히 감소하게 될 것으로 보인다. 3차 산업혁명 시대에서 나타난 '놀이가 직업화되는 프로화 현상'은 4차 산업혁명에서 일반화 될 것이다.

앞으로 일은 재미와 의미가 재결합하는 형태로 등장할 것이다. 의미 없이 재미만 탐닉하면 사회와 유리될 것이며, 재미없이 의미만 추구하면 개인은 탈진하기 때문이다. 따라서 재미와 의미가 융합된 업Mission을 4차 산업혁명 시대의 일Work로 정의하고자 한다.

[그림] 일의 재정의

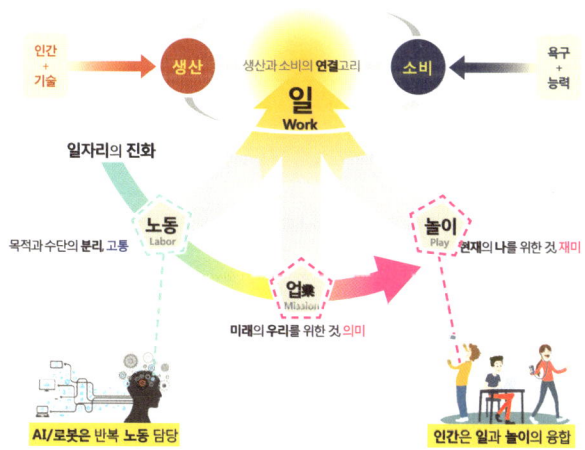

로봇과 인공지능 덕분에 인간은 저녁이 있는 삶이 가능해지고 더욱 창조적이며 감성적인 일에 집중할 수 있게 될 것이다. 인간은 인공지능 비서를 활용하여 업무를 진화시키며 융합지능의 새로운 시대를 열 것이다.

[그림] 호모 파덴스와 로봇·인공지능

인간의 역할은 의미를 추구하는 베르그송의 호모 파베르와 재미를 추구하는 하위징아의 호모 루덴스의 영역에서 창출될 것이다. 이를 조합하여 '의미 있는 목표에 재미있게 도전하는 인간'이라는 의미의 '호모 파덴스Homo Fadens'라는 신조어로 미래 인재상을 정의하고자 한다. 이는 현재의 고통을 즐기면서 미래를 향하여 도전하는 기업가정신으로, 가치 있는 목표에 도전하여 형성되는 마음의 근육이라 할 수 있다. 재미있고 의미 있는 일은 사회에 가치 있는 성과를 제공하며, 개인에게는 자아성취를 제공할 것이다. 이

러한 개인과 사회의 공진화Co-evolution는 인간을 더 나은 세상으로 이끌 것이다.

06

복잡계와 일자리

　기술의 발전이 기하급수적 성장 곡선을 따르듯 일자리의 종류 또한 기하급수적으로 증가하고 있다. 지난 1969년 최초의 한국직업사전이 발간됐을 때만 해도 우리나라의 직업은 3,260개였다. 하지만 2016년에는 11,927개까지 증가했다. 기술의 발전은 생산성을 비약적으로 증가시켰고 경제 발전과 새로운 일자리를 창출했다. 일자리는 GDP와도 관계가 있는데, GDP가 성장세를 보이면 새로운 일자리가 창출되고 고용이 증가했다.

　갤럽 CEO인 짐 클리프턴은 『일자리 전쟁』에서 일자리와 GDP 성장은 닭과 달걀의 관계라고 설명했다. 다시 말해 경기가 악화되면 구직환경이 나빠져 구직에 실패하면 GDP가 감소하고, GDP가 나빠지면 세수가 줄어들어 정부와 기관들, 사회생산기반이 약화되는 등 상호작용이 있는 모든 시스템이 복잡계 현상으로 나타나게 된다.

　복잡계 현상이란 여러 구성 요소로 이루어진 집단에서 각 요소가 다른 요소와 끊임없이 상호작용을 하는 체계를 말하며, 이 체계는 비선형성, 비가역성, 복합적 상호작용, 불확실성, 확률론, 우연성 등의 지배를 받는다. 1984년 미국 샌타페이 연구소^{SFI·Santa Fe Institute}가 본격적인 연구를 시작하였으며, 미국의 대기학자 에드워드 로렌즈의 나비효과가 전형적인 복잡계 현상이다.

[그림] 일자리 종류의 기하급수적 증가

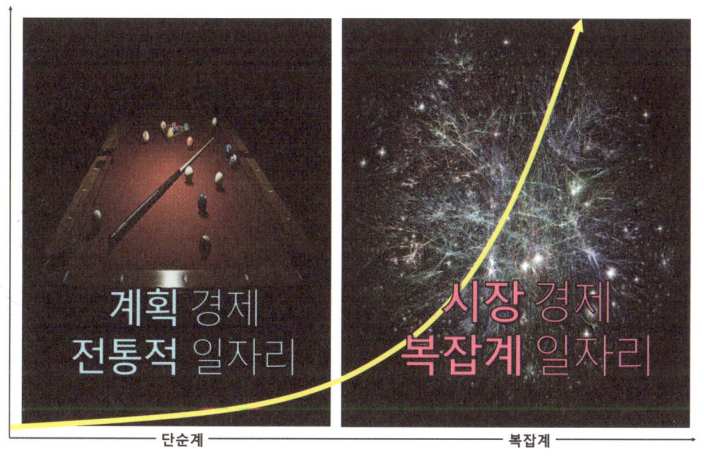

지난 계획 경제시대에서는 국가가 경제개발계획을 주도하여 기술과 산업을 발전시키고 일자리를 창출하여 국가경제를 성장시키는 것이 가능했다. 이는 전통적 경제발전 패러다임이 기계론적이고 요소 환원주의^{Reductionism}적인 단순계였기 때문이다. 그러니 이러한 성장 공식은 이제 한계에 직면했다. 혁신의 창출은 어렵고 부의 잉여는 반드시 구매로 이어지지 않기 때문이다. 더욱이 인공지능, 로봇, 블록체인, 공유경제, 긱 경제의 등장은 전통적 비즈니스

와 일자리 공식을 파괴하고있다. 따라서 일자리 역시 단순계의 경제발전원리에서 복잡계의 경제발전원리[32]로 패러다임을 전환해야 한다. 일자리 종류 역시 단순계에서 복잡계로 진화하여 기하급수적으로 나타나게 될 것이다.

복잡계 일자리가 단순계 일자리와 가장 차별화된 점은 열린 불균형 속에서 스스로 질서를 만드는 자생적 자기조직화를 한다는 것이다. 다시 말해, 수많은 구성요소들이 상호작용을 통해 조직화된 질서를 스스로 만들어내듯이 일자리 역시 자기조직화로 진화한다.

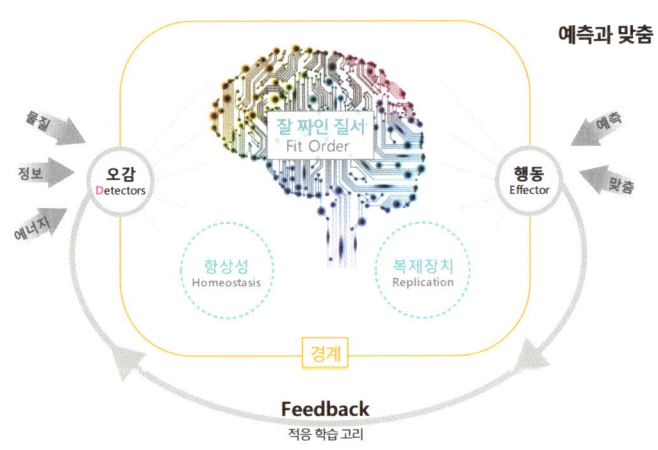

[그림] 기계의 자동화에서 생명의 자기조직화로

대표적인 자생적 자기조직화 사례는 미국의 실리콘밸리이다. 실리콘밸리에서는 끊임없이 자본이 흐르며, 수많은 스타트업들이 생

---

32) 복잡계 경제발전원리는 좌승희(2006)가 새로운 발전이론으로 제시한 개념으로, 그는 '발전은 경제 진화의 실패를 교정하는 과정이며, 방향과 목적의식을 갖는 차별화 과정'이라고 설명했다.

졌다 사라지는 불균형한 시스템이지만 내부적으로 관련 기업들 간에 다양한 경쟁과 협력구조를 통해 전체적으로 새로운 산업 변화를 선도하고 있다. 결국 4차 산업혁명을 선도하는 일자리는 요소론적인 기계의 자동화에서 창발33)적인 생명의 자기조직화로 진화할 것이다.

복잡계 패러독스

일자리에는 복잡계 패러독스라는 것이 존재한다. 일자리를 보호하면 일자리는 줄어들고 일자리를 보호하지 않으면 일자리가 늘어난다. 전형적인 부분과 전체의 패러독스다.

기계론적 닫힌 관점에서는 전체를 부분의 집합으로 간주하나, 복잡계적 열린 관점에서는 부분과 전체를 상호 패러독스 관계로 본다. 복잡계에서는 부분의 소멸과 생성을 통하여 전체가 혁신할 수 있다. 오스트리아 경제학자 조지프 슘페터Joseph A. Schumpeter는 이를 '창조적 파괴Creative destruction'라 불렀다.

일자리는 사회 발전에 따라서 진화하고 있다. 4차 산업혁명의 융·복합에 의하여 일자리가 복잡계 영역으로 진입하면서 일의 종류는 기하급수적 증가할 것이다. 그렇다면 복잡계 진입이 갖는 의미는 무엇일까?

---

33) 네트워크 복잡계 용어로, 각각의 구성요소들을 따로따로 떼어놓고 보았을 때는 전혀 일어날 법하지 않던 현상이 전체적으로 보면 나타나는 현상으로, 한 예로 개미나 꿀벌의 집단이 보여주는 사회적인 질서 현상이다.

산업 발전 단계 초기에는 계획경제가 큰 역할을 했다. 단순 경제에서는 농작물 파종과 트랙터 제조 등이 국가주도계획 하에 가능했다. 우리나라도 경제개발 5개년 계획을 통하여 압축 성장한 경험이 있다. 단순 경제에서는 정부가 일일이 제품 생산과 제조 공장 건설을 지시하는 기계론적 관점의 계획경제가 효율적으로 작동할 수 있었다. 그러나 복잡계로 진입하면 계획경제는 붕괴하기 시작한다. 모든 기업을 살리려 했던 계획 경제 국가 소련의 붕괴가 그 예다. 복잡계에서 잘못된 정부의 개입은 생태계 왜곡을 초래하게 되므로 신중해야 한다.

미국 옐로스톤 국립공원의 사슴 예를 들어 보자. 사슴의 개체 수를 늘리기 위하여 늑대를 사냥했더니, 사슴이 늘어나 식물의 뿌리까지 먹어 치울 정도가 됐다. 그리고 3년 후에는 오히려 사슴 개체 수가 감소했다. 복잡한 생태계에 섣부른 외부 개입은 시장 왜곡을 초래한다. 정부가 개별 제품의 가격을 통제하려는 시도는 결국 시장의 복수에 직면하게 된 사례는 너무나도 많다.

복잡계에 접어들면, 모든 시스템 관리는 창발적 간접 통제를 하는 것이 원칙이다. 그리고 창발적 통제를 위한 수단이 바로 시장이다. 시장을 통한 성공적 혁신을 확산하는 것이 시장 경제의 원리다. 기업의 혁신은 시장을 통하여 선택된다. 혁신-선택-확산-복제의 과정을 통하여 경제가 진화하게 되는 것이다. 정부가 모든 제품 가격을 직접 통제하려는 유혹에 빠져 들면 경제는 망가진다. 현명한 지도자들은 이런 유혹을 뿌리치고 시장의 질서 정립에 주력한다. 시장질서는 공정거래라는 과정과 사회 안전망이라는 안전장치에 의하여 유지된다. 공정한 경쟁을 통하여 합리적 혁신을 하는 기업에게 더 큰 보상을 주어 더 많은 일자리를 만들도록 해야 한다. 다만, 혁신의 결과 불평등이 심화되는 시장 실패 영역에서 사회 안전망과 재도전의 사다리를 제공하는 것이 정부의 역할이다.

과거 복잡계 시장 경제에서 일어난 현상들이 이제 일자리에서도 벌어지고 있다. 정부가 직접 일자리를 통제하려는 시도는 생태계 교란에 해당된다. 일자리는 합리적 혁신을 하는 기업이 만들고 정부는 시장 질서 확립에 주력해야 한다. 복잡한 일자리 시장에 공정한 시장 질서와 정보의 비대칭을 해소하는 시장 인프라를 구축하면 된다.

일자리의 창발적 관리

일자리의 본질은 생산과 수요를 연결시켜주는 것이다. 또한 일을 통한 가치 창출과 가치 분배가 순환되는 연결고리다. 일자리는 개인의 가치와 분배의 순환이다. 즉 자신이 만든 가치의 일부분을 분배받는 것이 급여인 것이다. 또 기업이 창출한 가치의 일부를 분배받는 것이 기업의 부가가치다. 사회전체의 생산과 분배의 룰이 전체 일자리를 결정하게 되므로, 일자리는 개별 일자리가 아닌 전체를 보는 각도에서 관리되어야 한다. 이것이 일사리의 창발적 관리다.

창발적 관리에서 가장 먼저 살펴야 할 것은 교육 인프라다. 4차 산업혁명에서는 단순 노동을 하던 인력이 인간의 상위 욕구를 충족시키기 위한 혁신에 투입될 수 있어야 한다. 그리고 그것을 가능하게 하는 것이 바로 교육 인프라다. 교육 인프라는 평생교육과 재교육 두 가지로 구성된다. 평생교육은 전 생애 동안 점진적 교육을 통해 역량 향상을 뒷받침하는 것이며, 재교육은 일자리가 사라진 사람들에게 사회안전망으로 제공되는 것이다. 평생교육과 재교육을 통해서 사회는 지속가능한 확대를 할 수 있고, 더욱 다양한 인간의 욕구를 충족시킬 수 있게 된다.

두 번째로 살펴야 할 것은 분배 인프라다. 분배가 뒷받침되지 않으면 수요가 만들어 질 수 없기 때문이다. 인간의 잠재욕망과 구매력에 의해서 발현되는 수요를 뒷받침하기 위해서는 개인소득 중에서도 소비와 저축을 자유롭게 할 수 있는 가처분 소득이 있어야 한다. 가치 창출 과정에서 발생되는 시장소득과 가처분소득에는 격차가 있다. 그리고 이 차이를 메워주는 것이 바로 분배 인프라다.

분배 인프라는 기본적으로 사회안전망과 일자리 안전망으로 구성된다. 사회 안전망은 최소한의 생활을 유지할 수 있는 사회적 보장을 하는 것이다. 일자리 안전망은 재도전을 통한 사회적 향상을 지원하여 일자리의 유연성을 유지한다. 즉, 전체는 발전하면서 개인은 안전한 구조가 되는 것이다.

이러한 사회안전망이 일자리 안전망과 결합될 때 사회전체는 발전하고, 부분은 안정을 추구하게 된다. 복잡계에서는 부분과 전체의 패러독스가 존재하므로 전체의 안정적 성장을 위해서는 부분의 일자리는 유연성을 가져야 된다.

[그림] 일자리의 창발적 관리

일자리의 생산과 수요의 선순환

필자는 안상희(조선비즈 기자)와 함께 2016년 미국의 경제학자이자 미래학자인 Jeremy Rifkin과 스탠퍼드대학교 법정보학센터 교수인 Jerry Kaplan을 대상으로 4차 산업혁명과 일자리의 변화에 대한 전망, 자아실현 욕구 발현에 대한 분석, 대응방안 등에 대해 인터뷰를 실시했다. Jeremy Rifkin은 『노동의 종말(1995)』 집필을 통해 기술 발전으로 수많은 노동자가 일자리를 잃게 될 것을 경고했고, Jerry Kaplan은 인공지능 연구 초기인 1970년대에 인공지능의 핵심 기술 중 하나인 자연언어 처리를 연구한 학자다. 그 결과 Jeremy Rifkin는 앞으로 40년간 오히려 일자리가 많이 늘어날 것이며, 사물인터넷 인프라가 형성된 이후에는 일자리가 감소할 것으로 예측했다.

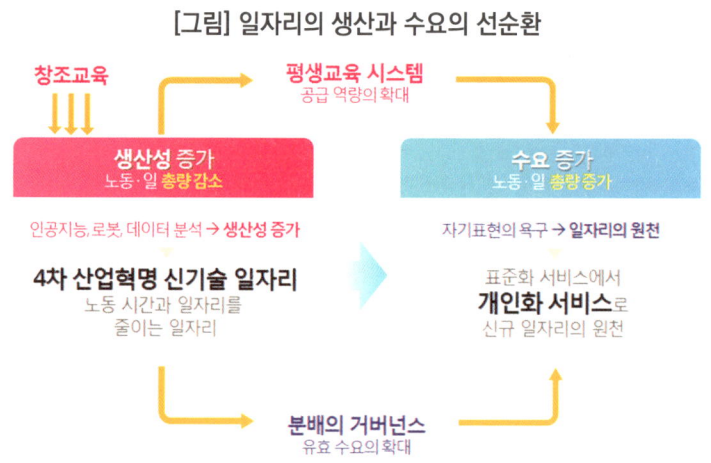

[그림] 일자리의 생산과 수요의 선순환

　Jerry Kaplan은 새로운 일자리가 만들어지는 데 시간이 걸릴 수 있지만, 신기술이 과거와 같이 새로운 일자리를 만들어낼 것이라 했다. 주목할 점은 이들이 대응 방안으로 기업가정신, 재교육, 공유경제를 제시하고 있다는 점이다.

　결국 일자리는 생산 기업가정신과 수요 공유경제, 그리고 순환의 관점 재교육에서 바라볼 필요가 있다. 일자리의 생산과 수요를 선순환하기 위해서는 창조인재를 육성하는 평생교육 및 재교육 시스템과 분배의 거버넌스가 반드시 요구된다. 이를 통해 사라지는 것은 일이 아니라 반복 노동이 되도록 우리가 만들어 가야 한다. 지속적인 교육을 통하여 일자리는 사라지지 않고 진화하게 될 것이다.

기술혁신과 더불어 교육혁신이 병행 발전하면 일자리는 지속가능하다는 것이 KCERN의 결론이다. 4차 산업혁명의 양대 인프라는 1) 평생교육 시스템인 일자리 안전망과 2) 분배 거버넌스인 사회안전망이라고 할 수 있다.

분배의 거버넌스

교육에 관련한 내용은 이후부터 다룰 예정이므로, 여기에서 분배 거버넌스에 대한 이야기를 간단히 언급하고자 한다.

모든 복지제도는 한번 시행되면 수정이나 번복이 어려우므로, 초기에 다양한 논의가 필요하다. 기본소득제에 관한 논의도 마찬가지이다. 그러나 지금의 기본소득제의 논의들은 필요성과 재원에 대한 담론들로, 기본소득이 실현되기 위한 선제적 조건과 적정 수준에 대한 연구는 미진한 편이다. 따라서 기본소득제가 실현되기 위한 선제조건과 기본소득제가 지속기능하기 위한 적정 수준에 대하여 논해보고자 한다.

기본소득제에 관한 논란

기본소득에 관련한 논의는 지속적으로 이루어져왔다. 16세기 인문주의자 모어와 비베스가 최소소득이란 형태로 기본소득에 대한 아이디어를 제시하였다. 이후에 공화주의자 콩도르세와 페인이 사회보험에 대한 개념을 제시하였으며, 20세기에는 들어오면서야 기본소득을 주제로 토론이 활성화되었다.

첫 번째로, 조건 없는 보편적 기본소득에 대한 제안은 사회 배당 혹은 국가 배당이란 이름으로 영국에서 전개되었다.[34]

두 번째는 1970~80년대에 밀턴 프리드먼이 부(-)의 소득세 개념을 제시하였고, 베르너 Werne와 알트하우스 Althaus가 '연대적 시민급여 Solidarisches Bürgergeld'라는 모델을 제시하였다.

이러한 논의를 바탕으로 미국의 알래스카주는 석유수출기금의 수익금을 활용한 주민배당을 실시하고 있으며, 아프리카 남쪽의 나미비아에서도 2008~2009년에 2년간 지역주민 930명에게 매달 100 나미비아 달러를 지급하였다. 이 때 기본소득제는 근로의욕을 저하시키고, 도덕적 해이를 유발한다는 비판과 기본소득제를 위한 재원의 한계로 국가차원의 정책으로는 확장되지는 못하였다.

그러나 경기 불황과 기술혁신으로 인한 불평등 문제와 일자리 부족이 사회적 이슈로 부상하면서, 세계는 기본소득 열풍이 불고 있

---

34) 기본소득 한국네트워크(http://basicincomekorea.org/all-about-bi-history/)

다. 이미 핀란드 정부는 2015년 12월에 발표한 선별적으로 기본소득 실험(2017년 계획)을 지난 1월부터 시작하였고,[35] 네덜란드의 위트레흐트시도 시민들에게 960 유로를 지급하기로 결정하였다. 캐나다 온타리온 주에서도 빈곤한 주민 4,000명을 우선 선발하여 연간 약 1,400만 원을 3년간 지급하는 기본소득 실험을 지난 4월부터 시작했다. 또한 스위스는 2016년 6월에 월 2,500 프랑(약 300만 원)을 지급하는 안건을 국민투표에 부쳐졌으며, 2017년 프랑스 대선에서는 전 국민에게 매달 750 유로(약 95만 원)를 지급하는 것을 핵심공약으로 하는 브누아 아몽 Benoit Hamon이 사회당 대통령 후보로 선출되었다. 그리고 이처럼 전국적으로 기본소득을 도입하려는 유럽의 시도를 전 세계가 집중하고 있다.

기본소득제 논란은 남의 나라 이야기가 아니다. 한국에서도 기본소득 관련 논의가 일고 있다. 이미 서울시와 성남시는 청년수당과 청년배당을 실시하고 있는데, 이는 국내에서 실시되고 있는 기본소득제라고 할 수 있다. 더불어 19대 대선의 유력주자들이 기본소득제를 언급하면서 이와 관련한 대중적 관심이 급격히 높아지고 있다.[36]

그렇다면 왜 지금 시점에서 기본소득제 논란이 부상하는지 고찰할 필요가 있을 것이다. 기본소득제가 부상한 원인은 기존의 사

---

[35] 핀란드 사회보장국(KELA)은 실업수당을 받는 이들 중 무작위로 2,000명을 선발하여 2년간 기본 소득 월 560유로(약 71만원)를 지급하기 시작하였으며, 4개월이 지난 현재 KELA 관계자는 "기본 소득이 빈곤을 퇴치할 뿐만 아니라, 사람들의 정신건강에도 긍정적인 영향을 미치고 있다."며, "560 유로가 큰 금액은 아닐지라도, 불안감을 해소해주기에는 충분한 금액"이라고 밝혔다. (중앙일보, 2017.05.19. "핀란드 기본소득 실험 4개월…AI 시대 대안 될 수 있을까" 인용)

[36] 국내 일간지에서 유력대선 후보들을 대상으로 한 자체조사 결과, 8명의 대선 주자 가운데 7명이 '한국 사회에 기본소득제를 단계별로 도입할 필요가 있다'는 의견을 밝혔다.

회분배 시스템에 대한 대중의 불만과 기술 혁신을 통한 산업구조의 재편으로 인한 일자리 불안정 증대로 요약할 수 있다. 그렇다면 지속가능한 성장을 위한 복지 인프라는 어떻게 구축되어야 할까?

선별적 복지와 일자리 안전망 구축

복지는 번복하기 어려우므로 지속가능성은 매우 중요하다. 따라서 복지서비스는 재원을 반드시 함께 고려해야 한다. 기본소득제는 과연 가능한가?

국회예산처에 따르면 2017년 정부의 예산은 400조 원이며, 보건·복지·고용 예산은 130조 원으로 전체 예산의 32%에 달한다. 그럼에도 불구하고 한국의 빈곤율은 16.5%, 노인빈곤율은 OECD 1위, 아동빈곤율은 6% 내외로 추정된다.[37] 즉, 지금의 예산으로는 복지의 사각지대를 해소하기 어렵다. 그런데 월 30만 원의 기본소득을 실시하기 위해서 연간 180조 원이 필요[38]하다는 연구결과를 고려한다면, 현재의 재정상황에서는 지속가능한 기본소득제를 실시하기 어렵다는 결론을 쉽게 도출할 수 있다.

기본소득제 관련 실험을 하고있는 국가들과 한국의 경제수준과 재정을 비교하면 좀 더 명확한 결론에 도달할 수 있다. 한국의 일인당 GDP는 2만 8천 달러 내외이며, 국민부담률은 약 25%으

---

37) 서울신문(2013.11.21.), "한국 빈곤율 OECD 6위"
38) 정원호 외(2017), "4차 산업혁명 시대 기본소득이 노동시장에 미치는 효과", 한국 직업 능력 개발원

로 저부담 중저복지 모델이다. 반면에 언론에서 주목하는 북구는 국민소득은 4만 달러 이상, 국민부담률은 45%를 넘는 고부담 고복지 시스템이다. 특히 최근에 기본소득제를 도입하는 핀란드의 GDP는 4만 2천 달러이며, 국민부담률은 44%이다.[39] 상대적으로 한국보다 재정이 여유로운 핀란드도 기본소득제는 전면적 시행에 앞서 사회적 실험을 우선하고 있다. 따라서 북구의 경제력과 조세 수준이 우리와 현격한 차이가 있다는 것을 고려하지 않고, 북구의 복지모델을 한국이 가야할 방향으로 제시한다는 것은 현실성 부족과 지속가능하지 않다는 비판을 피할 수 없다.

북구의 사례와 한국의 GDP 및 국민부담률을 고려한다면 한국에서 기본소득제가 실행되기 위한 전제조건을 다음과 같이 제시하고자 한다. 일인당 GDP 4만 달러 이상, 국민부담률은 50%라는 2가지 조건이 충족되어야 지속가능한 기본소득제가 가능할 것이다.[40] 이는 기본소득 모델을 제시한 베르너와 알트하우스도 40~50%의 조세율을 주장하고 있는 것과 궤를 같이한다.

이처럼 한정된 복지재원을 고려하여 최대의 효과가 나올 수 있는 복지정책을 설계해야 한다. 이를 위해서 현 단계에서 한국의 복지정책은 기본소득제와 같은 보편적 복지보다는 선택적 복지가 우선되어야 한다. 그 중에서도 복지의 사각지대에 놓여서 생존의 욕구에 미달

---

39) 국회예산정책처(http://www.nabo.go.kr/Sub/01Report/04_01_06 Contents.jsp)
40) GDP 4만불, 국민부담율 50%을 달성하고 복지예산 비율이 지금처럼 32%를 유지 한다면 복지 예산은 363.5조원으로 180조의 기본소득을 감당하고도 41%의 복지 예산이 증가한다.

하고 있는 최하층에 대한 복지 서비스가 우선적으로 시행되어야 한다. 동시에 1차 분배인 시장소득과 2차 분배인 가처분소득의 격차해소가 가장 적은 대한민국의 현실에 비추어 본다면 경제와 사회의 순환 시스템이 구축되어야 한다. 이를 통하여 지속가능한 생산과 복지의 순환을 위한 일자리 안전망 구축 등이 선행된 다음에서야 보편적 복지와 같은 기본소득을 논의해야 할 것이다.

[표] 한국과 북유럽의 GDP, 국민부담율 비교

국가	GDP[41]	국민부담율[42]
덴마크	53,104	49.6%
스웨덴	51,136	42.8%
핀란드	42,159	43.8%
벨기에	40,456	45.0%
네델란드	44,333	37.7%
한국	27,195	24.6%

특히 일자리 안전망 구축은 시급한 문제이다. 4차 산업혁명의 도래로 기업들의 혁신 경쟁은 가속화되고 이에 따라 노동시장도 급격한 변화를 맞이할 것으로 예측된다. 경쟁력 강화를 위한 기업들의 혁신활동이 일자리를 없애고, 새로운 일자리를 만들기 때문이다. 하지만 이러한 사회와 국가의 혁신을 위해 개인의 일방적인 희생이 요구된다면, 개인들의 조직화된 저항이 불가피하다. 따라

---

41) International Monetary Fund(2016년 4월 기준)
42) Revenue statistics: Comparative tables, OECD Tax Statistics(2014)

서 혁신에 의한 개인의 일자리 변화를 일자리 안전망을 통해 흡수하고, 재교육하여 사회에 복귀하는 선순환 일자리 구조가 우선되어야 한다.

생산적 복지, 기본소득제의 전제조건

지속가능성을 위한 충분한 복지재원을 확보할 수 있는 경제적 여건이 마련되고(GDP 4만 달러, 국민부담율 50%), 일자리 안전망과 사회 안전망이 구축되어 복지의 사각지대가 해소되었다면 기본소득을 논의할 수 있는 전제조건이 마련되었다고 할 수 있다. 기본소득제에 대한 기본적 여건이 마련되었다면, 기본소득제 토의는 기본소득제의 방향과 어느 정도가 적절한 수준인가에 대한 질문으로 귀결된다. 따라서 이번에는 이와 관련한 논의를 해보고자 한다.

첫째, 기본소득제의 방향은 지속가능한 성장의 관점에서 고려되어야 한다. 기본소득제의 모델로 주목받는 핀란드도 시민들에게 시혜적 복지가 아님을 명시하고 있다. 핀란드의 기본소득은 기존의 사회보장급여보다 20%나 감액되었으나, 취·창업의 여부에 관계없이 2년간 무조건적으로 지급하였다. 그 결과, 실험집단은 기본적인 삶을 보장받아서 새로운 도전을 할 수 있는 혁신의 안전망을 확보할 수 있었다. 즉 기본소득은 생산경제과 복지사회가 연계되는 고리로서 시행되어야 한다.

둘째, 기본소득의 적정 수준에 대한 논의가 필요하다. 기본소득은 개인들의 생계유지를 넘어 사회·문화적 활동이 가능한 '완전 기본소득Full basic income'과 기본적 생계만을 보장하는 '부분 기본소득Partial basic income'으로 구분된다. 완전 기본소득은 기존의 사회보장 제도와 연계하여 재정 문제가 대두되며, 역사적으로도 시민들의 근로 의욕을 저하시킨다는 것이 증명되었다.[43] 반면에 부분 기본소득은 기존 사회보장을 유지하면서도 도입이 가능하고, 설계여부에 따라 시민들의 혁신활동을 지원할 수 있다. 그렇다면 해외의 사례를 통하여 적정한 수준의 기본소득을 제시해보고자 한다.

나미비아의 BIGthe Basic Income Grant pilot project 프로젝트는 가장 이상적인 기본소득 제도로 손꼽히고 있다. 나미비아의 시민단체는 다른 국가의 원조를 받아서 2008년 1월부터 Omitara와 Otjivero 지역에서 60세 미만의 모든 주민에게 100 나미비아 달러(한화 15,000원)의 기본소득을 지급하였다. 당시 나미비아는 자원 수출로 1인당 GDP는 4,000 달러이나 대부분의 국민들은 경제적 빈곤을 겪고 있었다. BIG 프로젝트가 지급한 100 나미비아 달러는 나미비아의 빈곤선이 262 나미비아 달러임을 고려했을 때 기본적인 삶을 살아가는 데 도움을 주는 수준이었다.[44]

---

43) 세계제국이었던 로마의 시민들은 매월 무상으로 지급되었던 밀로 식량이 해결되었으며, 경기장과 콜로세움의 무료입장으로 문화적 욕구가 충족되었다. 이러한 시혜적 복지는 로마의 멸망을 이끈 주요 원인으로 손꼽히고 있다.
44) Haarmann, C., Haarmann, D. Jauch, H., Shindondola-Mote, H., Nattrass, N.,Samson, M., & Standing, G.(2009). Towards a Basic Income Grant for All. Basic Income Grant Pilot Project ssessment Report, September 2008

또 다른 사례로 핀란드가 있다. 핀란드는 기존의 실업급여나 노동시장 보조금보다 20%나 낮은 월 560 유로를 기본소득을 제공하였다. 2016년 핀란드의 1인당 GDP가 42,159 달러임을 고려한다면 기본소득은 GDP의 20%정도이다. 한국에서도 현대경제연구원이 실시한 설문조사에 따르면 적정한 기본소득은 50만 원이라는 응답결과가 나왔는데, 이는 한국의 월 평균급여는 19%에 해당한다.[45] 이러한 사례들을 종합해본다면, 기본소득은 기본적 삶이 보장되는 수준이 적절한 것으로 판단되며, 구체적 수치는 약 GDP의 20~30%가 적정할 것으로 보인다.

[그림] 생산적 복지, 기본소득제

북유럽 국가
▼
기본소득이 혁신자원으로

남유럽 국가
▼
기본소득이 음성소득으로

기본소득은 오직 새로운 도전을 위해 제공
→ 혁신의 안전망으로써 기본소득제 시행

항상 **생산**과 **복지**가 **순환**되는 구조로

---

45) 2015년 국세청의 연말정산 자료에 따르면 직장인 월 평균급여는 264만원이다.

디지털 거버넌스[46]

4차 산업혁명에 대한 우려는 생산이 아니라 분배에 있다. 4차 산업혁명으로 초생산성 사회가 도래하고 있는 반면에 분배구조는 악화되고 있기 때문이다. 구체적으로 생산성을 보면 지난 50년간 내구재에 비하여 의료, 법률 등 고급 서비스의 생산성 향상은 크게 밑돌았다. 그러나 소로우Solow의 역설이라 일컫는 서비스 생산성의 한계가 인공지능 혁명으로 돌파되어 초생산성 사회의 도래가 예고된다. 혁신의 성과는 본질적으로 균등하게 돌아갈 수 없기 때문에 지속가능한 사회발전을 위한 2차 분배가 필요하다.

분배의 과정을 살펴보면, 1차 분배 과정에서 초래된 양극화는 국가가 개입하는 2차 분배 과정을 통하여 조정해야 지속가능한 성장이 가능해진다. 지나친 양극화는 소비 시장을 위축시키고 사회적 신뢰를 붕괴시킨다. 신뢰라는 사회적 자산의 축적 없이 1류 국가 부상은 불가능하다. 2차 분배 과정은 조세와 기부로 구성된다. 전 세계 일류 국가의 특징은 사회 안전망을 통한 혁신을 다시 촉발하는 생산적 복지를 추구한다는 것이다. 그런데 OECD 통계에 의하면 한국의 2차 분배 개선 효과는 최저 수준이다. 세계 최악의 노인 빈곤과 사회 통합의 문제의 원인인 것이다.

경제는 생산과 소비의 순환으로 이루어진다. 생산을 확대하는 혁신의 보상과 소비를 순환하는 양극화 해소의 대안은 결국 하나

---

46) KCERN(2016), "블록체인과 거버넌스 혁신", 30차 포럼보고서

의 길로 축약된다. 우선 혁신을 촉진하여 성장을 극대화하되, 2차 분배 과정에서 양극화의 간격을 좁히는 것이다. 이러한 국가 복지는 반드시 국가 경쟁력 강화를 위한 혁신의 촉발로 이어져야 하며, 이것이 바로 생산적 복지이다.

일류 국가는 1차 분배가 평준화된 국가가 아니다. 1차 분배가 양극화되나, 2차 분배에서 조정하는 국가다. 한국은 불행히도 두 가지 모두 왜곡된 구조다. 그리고 이것이 사회 문제의 근간이다. 혁신을 저해하는 각종 진입장벽을 없애고 혁신의 안전망을 구축해야 한다. 분배를 왜곡하는 과도한 노동운동을 개혁하고 생산성 비례 분배 원칙을 만들어야 한다. 지속가능한 발전을 뒷받침할 국가 역할 축소와 공정 조세 제도를 만들어야 할 것이다. 그런데 지금까지의 정치권은 조직화된 힘에 의지해 이러한 개혁을 제대로 해내지 못했다.

새로운 국가 거버넌스는 시민참여의 직접 민주제를 디지털 거버넌스로 구현하는 것이다. 여기에 정책 싱크탱크들이 활발하게 참여하면 바람직한 숙의민주제가 블록체인을 기반으로 한 디지털 거버넌스로 탄생할 것이다. 이를 통해 절감된 사회적 비용을 선별적 복지를 확대하는 데 사용하면 사회적 안전망을 구축하고 혁신을 지원하는 토대를 마련할 수 있을 것이다. 결과적으로 디지털 거버넌스는 4차 산업혁명으로 나아가기 위한 사회적 신뢰를 제공한다.

HOMO FADENS

―
제 3 장
―

4차 산업혁명 시대의 인재상

For the future of Job and Education

01

지수적으로 변화하는 4차 산업혁명 시대

지식의 폭발

산업혁명 이전에는 과거 지식들이 미래에도 그대로 적용되었고, 지식을 보유한 노학자는 존경의 대상이었다. 산업혁명을 거치면서 세상은 변화하기 시작했지만, 여전히 과거의 지식을 가공해 미래 예측이 가능했고, 학문을 연구하는 상아탑은 존중받았다. 그러나 4차 산업혁명 시대는 과거와 다르다. 변화의 속도는 가속화되어 인류의 지식은 18개월 마다 2배로 증가한다. EMC 발표에 의하면 2020년에는 44ZB까지 늘어날 것이라고 한다. 44ZB는 전 세계 해변에 있는 모래알의 수의 60배에 해당하는 숫자이며, 디스크로 만들어 쌓으면 달을 20번 왕복하게 된다. 초고속으로 변화하는 기하급수 사회에서 적자생존 전략의 핵심은 지식을 다루는 방법의 변화이다.

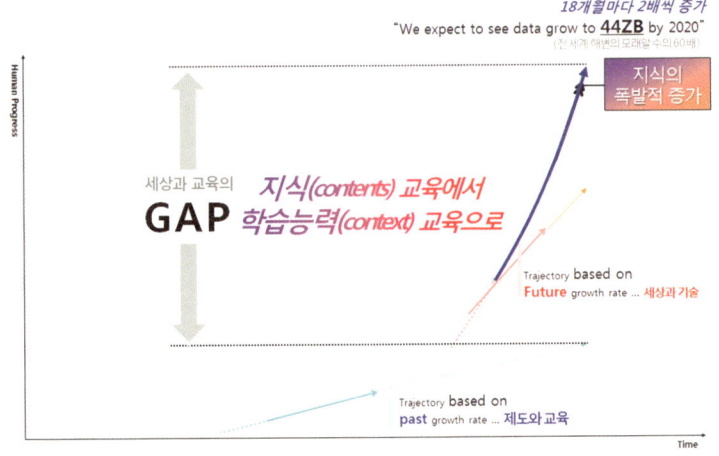

[그림] 지수적으로 변화하는 4차 산업혁명

　지식의 양적 폭증은 질적 변화를 가져온다. 도로와 건물의 이름을 외워서 찾아가는 방식에서 내비게이터 활용으로 진화한다. 지식의 분류에서 지식의 검색으로 진화하게 된다. 지식 자체를 배우는 방식으로는 급변하는 사회 변화에 적응할 수가 없다. 정답을 외우는 기존의 교육 역시 종말을 맞고 있다. 지식은 네이버 혹은 구글 검색으로 1분 내에 얻을 수 있다. 스마트폰만 있으면 즉시 원하는 지식을 찾을 수 있는 세상에서 기존 지식을 배우는 교육에 막대한 시간과 돈을 투입해야 할 이유가 없다. 이것은 마치 내비게이터를 두고 아직도 시내 건물과 도로를 모두 외우는 교육을 하는 것과 같기 때문이다.

인공지능의 성과

지식의 양은 인간이 다루기에는 너무나 방대해졌다. 그러나 인간은 인공지능을 통해 지식의 폭발을 감당할 수 있게 됐다.

인공지능은 사람의 지능을 인공으로 구현하는 기술이다. 기존의 연구들은 주목할 만한 성과를 내지 못하였으나, 딥 러닝Deep Learning으로 대표되는 인공지능 기술의 발전으로 영상과 음성인식, 자동번역, 무인 주행 등 다양한 분야에서 두각을 드러내고 있다.

[그림] 딥 러닝 인공지능

인간은 충실한 조력자인 인공지능을 활용해서 더 창조적이고 인간만이 할 수 있는 일을 해야 할 때에 이르렀다. 그런데 우리의 교육은 어떤가. 아직도 구글, 네이버, 알렉사가 당장 찾아 줄 수 있는 지식 교육을 하고 있다.

시대적 역량을 함양한 인재를 키우기 위해서 이제 교육의 목표는 지식Contents 교육에서 학습능력Context 교육으로 전환되어야 한다. 2010년 발간된 Murnane의 보고서에 따르면 전 세계의 시대적 요구 역량이 Routine Task에서 Non-routine Task로 이동하고 있다. 지식의 소유, 즉 지식 자체에서 지식을 다루는 방법으로, 효율에서 창조적 도전으로 교육 목표가 수정되어야 하는 이유다.

[그림] 시대적 요구 역량의 변화

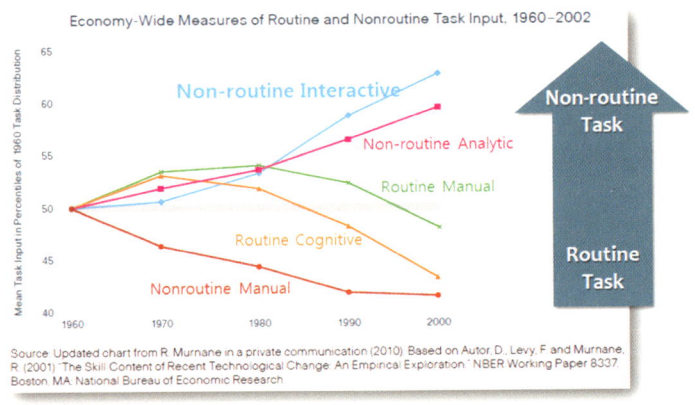

자료: Murnane 보고서(2010)

지을 다루는 학습능력 교육의 구체적 목표는 '창조적 지식 창출'과 '편리한 지식 활용'이란 두 가지로 구성된다. 이러한 교육은 어떻게 해야 하는지 지금부터 찬찬히 살펴보자.

02

협력하는 괴짜

일자리, 즉 직업^{Job}을 나누어 보면 크게 세 그룹의 직무^{Task}로 나누어진다. 첫 번째는 반복되는 직무로, 목적과 수단이 분리된 일이다. 이 직무는 지루하고 고통스러운 속성을 갖고 있으므로 보상이 필요하고, 이 보상으로 즐거움을 얻는 것이 산업혁명 이후 삶의 표본이었다. 두 번째는 창조적인 직무이다. 남들과 다르게 생각하는 일은 이 창조성이 뒷받침 돼야 한다. 세 번째는 감성적인 직무다. 이는 인간이 서로 협력하는 기반이 된다. 맥킨지에서는 이 직무의 비중을 각각 67%, 4%, 29%로 분석하고 있다.

4차 산업혁명 시대는 반복되는 노동은 로봇이, 창조적 일은 인간이 나눠 인간과 로봇이 공존하는 시대가 될 것이므로 교육의 방향은 명확해 진다. 창조성과 감성을 바탕으로 협력하는 인간상, '협력하는 괴짜^{Cooperative Geeks}'다.

대한민국이 이룩했던 한강의 기적은 빠른 추격자 전략이었다. 예측 가능한 목표에 매진하는 효율로 달성됐다. 이를 위해서 정해진 목표에 도달하는 능력을 양성하는 정답 위주의 교육으로 스펙형 인재를 양성했다. 목표에 도달하지 못하는 실패는 무능력 혹은 불성실로 간주하여 응징했다. 그러나 4차 산업혁명 시대에서는 열심히 하는 효율과는 달리 혁신을 결합한 국가들이 선두권에 포진하고 있다. 과거 추격 전략의 핵심 역량들이 탈 추격 혹은 선도전략에서는 핵심 걸림돌이 된 것이다.

탈 추격 전략은 불확실한 목표에 도전하는 혁신 전략이다. 혁신은 본질적으로 실패를 내포하고 있으므로 정직한 실패를 지원하는 혁신의 안전망과 불확실한 목표에 도전하는 기업가정신이 탈 추격 전략의 핵심이 된다. 4차 산업혁명은 탈 추격 패러다임의 전환 없이는 불가능하며, 시대적 역량을 함양한 인재를 기르는 것이 기반이 되어야 한다. 창조형 인재는 각자의 핵심역량을 키우고 또 협력을 통해 새로운 가치를 창출한다.

스펙형 인재와 창조형 인재에 대한 예를 하나 들어 보자. 모든 과목이 80점인 학생들과 90점인 한 과목을 제외하고 나머지는 낙제점인 학생들의 그룹이 있다. 과연 어느 쪽이 우수한 그룹일까? 기존의 교육 구조 하에서는 모든 과목이 80점인 학생 그룹이 우수한 그룹이라고 생각할 것이다. 그러나 협력구조에서는 상황이 바뀌게 된다. 핵심역량을 초연결하면 오히려 문제아라 여겨지던 그룹이 더 높은 점수를 내게 되기 때문이다.

이러한 관점에서 KCERN이 2013년 초 200개 기업들을 대상으로 한 연구는 매우 유의미하다. 연구의 결과, 성공파워 지수가 높은 집단들은 핵심역량에 집중하고 있었다. 반면 성공파워 지수가 낮은 기업은 핵심역량 이외의 분야를 직접 하려고 하는 경향이 있었으며, 그 결과 협력을 줄이는 모습을 볼 수 있었다. 즉 성공의 핵심은 내가 모든 것을 다 하는 것이 아니라 남들과 협력하는, 소위 핵심역량을 개발하는 차별화가 핵심이 될 것이다. 결론적으로 Cooperative Geeks, 협력하는 괴짜가 성공하게 된다.

[그림] 미래의 인재상, 협력하는 괴짜

초연결 사회에서 창조성은 더욱 쉽게 발현된다. 스티브 잡스가 말했듯이 '창조성은 연결'이기 때문이다. 애플의 스마트폰, 구글의 인공지능 시미스, 아마존의 웹서비스 등이 세상에 창조적 가치를 만들어 낼 수 있었던 힘도 '연결'에 있다.

창조성이 발현되려면 첫째, 다르게 생각하는Think different 훈련이 필요하다. 교육은 이제 '정답 가르치기'에서 '다르게 질문하기'로 변화해야 한다. 두 번째로는 실패를 찬양할 줄 알아야 한다. 실패를 응징하는 사회는 창조성의 무덤이다. 창조성은 실패를 통하여 성공으로 가는 역량이다. 마지막으로 기업가적 열정이 필요하다. 마크 주커버그가 하버드 졸업식 축사에서 강조한 목적의식도 바로 혁신의 리더십인 기업가정신이었다.

남들과 다르게 생각하는 창조적 인간들은 대체로 괴짜다. 그런데, 융합과 협력이 중요한 4차 산업혁명 시대에서는 아무리 창조적인 인간이라 해도 혼자 뛰어난 결과물을 창출할 수 없다. 그러므로 이러한 괴짜들이 협력할 수 있도록 교육해야 한다. '협력하는 괴짜'를 만들어야 한다는 말이다.

협력하는 괴짜는 사회와 교육이 융합한 팀 프로젝트 교육을 통하여 육성된다. 때문에 기존의 교육에서 팀으로 문제를 찾고 풀어가는 학습으로 방향 전환을 해야 한다 Less teaching, more learning. 미래 교육은 교육과 사회가 프로젝트로서 결합하는 형태로 진화하게 된다. 급변하는 사회를 상아탑에 고립된 학교가 쫓아 갈 수 없다는 것은 미국의 백악관 보고서에도 이미 명시되어 있다. 또 교육 혁신은 학교만의 문제가 아니라 학교와 기업과 사회 전반의 융합의 문제인 만큼 자율적 학습을 기업가정신 기반 행동으로 옮기는 액티브 러닝 Active Learning이 필요하다. 이것이 미래 사회에 대비하는 협력하는 괴짜들의 육성 방안이다.

/ 03 /

괴짜를 길러내는 해외 교육 정책

에듀테크EdTech의 확산

WEFWorld Economic Forum 보고서에 따르면 현재 초등학생이 갖게 될 일자리의 65%가 현재 존재하지 않는 전혀 새로운 일자리가 될 것이다. 이제 지식의 시대는 지나고 학습능력Learn How To Learn의 시대가 다가오고 있다. 그렇다면 이에 따른 해외 교육 정책의 변화와 추세는 어떠할까?

미국은 오래 전부터 교육의 평등을 강조해왔다. 2001년에는 낙오학생 방지법을 제정했고, 2009년에는 공통학습기준을 K-12에 적용했으며, 2012년에는 미국 전역에 인터넷과 소프트웨어 등을 보급하는 미국 교육부의 EETTEnhancing Education Through Technology 프로그램으로 주, 지역, 학교 간의 교육격차를 해소시켰다. 또 교육의 자율성을 위해 각 주 및 지역에 다양한 교육방식을 허용하도록 2014년에 개정안을 발표하기도 했다.

최근 4차 산업혁명에 따른 미국의 교육 정책의 변화들 중 우리가 최우선적으로 주목해야 할 것은 바로 에듀테크EdTech의 도래와 확산이다. 특히, 미국 교육부에서는 초·중·고등학교 학생들의 성취도를 향상시키는 목적으로 교육과 기술의 융합을 적극 지원하며 EdTech의 전망을 밝게 내다보고 있다. 실제로, 캘리포니아 주에서는 학교에서 인터넷 접속이 가능한 개인 EdTech를 설치해 'One-to-One' 프로그램을 활성화시켰다. 또 지방 학생들이 최소의 교사와 온라인 수업을 이수할 수 있도록 만든 'School2Home' 프로그램은 현재 12개 지역, 31개 학교에서 적극적으로 활용되고 있다.

영국의 교육 전반에 걸친 화두 또한 EdTech이다. 영국 정부의 각 부처와 교육 재단, EdTech UK, 등이 협력해서 주최한 2016 영국 에듀테크 세계 정상 회담EdTech UK Global Summit 2016에서는 정부 고위 관료들과 장관들이 교육과 학습 기술의 발달에 대응한 영국 정부의 교육 정책들의 변화에 대해 심층 논의하기도 했다. 또 여기에서 EdTech로 향한 국가 비전을 상호 제시했다. 영국교육재단에서 영국 교육과 학습 기술 분야의 성장을 가속화시키기 위한 목적으로 설립한 EdTechUK에서는 'EdTech Vision 2020 보고서'를 통해 교육 기술이 영국에서 가장 빠르게 성장하는 디지털 분야가 될 것이라며, EdTech의 글로벌 시장 가치가 2020년에 220조 원에 육박하고 교육 분야 내에서의 가치는 매년 5조 달러에 육박할 것이라고 내다봤다.

2015년 기준, 영국에는 1,000개 이상의 EdTech 벤처 기업들이 들어서있는데 영국 내에서 급성장 중인 기업 20개 중 절반을 차지한다. 영국 정부는 EdTech UK를 앞장서서 지원하여 자국의 EdTech 교육 시장 점유율을 2020년까지 1,290억 파운드, 즉 5년 동안 약 3배 가량 높이겠다는 파격적인 계획을 하고 있다. 이러한 변화에 발맞추기 위해 영국의 학교들은 교육 기술에 연 9억 파운드씩을 사용한다.

영국 증강현실기술회사 'Blippar'의 엘리엇 켈리^{Colum Elliott-Kelly} 이사장은 "교육 기술 회사의 성공여부에 있어 가장 중요한 요소 중 하나는 기업이 학교에 얼마나 잘 접근할 수 있는가인데, 미국의 기술 공급자들이 각 학군을 담당하는 교육당국의 까다로운 승인 절차들을 밟아야 하는 것과는 달리 영국은 자율성이 보장되어 최초 판매가 쉽고 사업 진행이 보다 수월하다."라고 말했다. 실제로, 영국 주립 학교들의 자율성 덕분에 기업들이 교실 내에서 장치들을 직접 활용하고 실험하는 기회를 가질 수 있었고 이를 통해 더욱 성장할 수 있었다.

한 예로, 케임브리지 대학 학자들이 모여 개발한 라즈베리 파이(Raspberry pi)라는 오픈소스 하드웨어는 코딩 교육을 더욱 쉽게 만들었다. 그 외에도 'FutureLearn', 'Code Club', 'Open University-backed online teaching start-up' 등 여러 시도들로 컴퓨터 프로그래머들과 초등학교를 연결해 방과 후 수업을 가능하게 했다. 마지막으로, 영국은 2015년부터 영국의 교육 과정에 컴퓨팅 커리큘럼Computing Curriculum을 도입해 어린 나이부터 코딩을 배우도록 하는 등 EdTech에 활력을 불어넣었다. 에듀테크에 대한 사례들은 부록에 첨부했다.

기업가정신 교육Entrepreneurship Education

기업가정신 교육Entrepreneurship Education은 전 세계적으로 여러 고등교육 기관들에서 기하급수적인 성장을 보였다. 2001년 미국에만 1,200개 이상의 경영 학교들에서 제공됐다. 또 세계 각국의 교육 기관들에 정부 정책과 방침에 따른 영향으로 이하 초중고 교육 기관들에서도 발전이 지속되어 왔다. 현재, 기업가정신 교육은 다양한 국가들에서 교육 정책뿐만 아니라 산업 정책의 필수불가결한 부분으로써 자리매김했다.

대다수의 전문가들과 연구자들이 입을 모아 말하기를, 기업가정신 교육은 경제 성장과 일자리 창출에 이바지하는데 핵심 엔진Major Engine의 역할을 수행한다고 한다. 이와 더불어, 기업가정신적인 활동Entrepreneurial Activity들이 교육과 직장생활에 있어 학생들과 회사원들의 직무 연관성, 참여도, 그리고 동기 부여를 증진시키는데 굉장히 효과적이라고 강조했다. 마지막으로, 기업가정신 교육은 사람들과 조직들로 하여금 중요한 사회 문제들을 다루고 공공의 이익을 위한 사회적 가치를 창출하도록 육성하는 역할을 한다.

새로이 대두되는 교육학적 방법론들인 문제해결 중심 학습

Problem-Based Learning, 팀 프로젝트 기반 학습Project-Based Learning, 사회 학습Social Learning이 실제 문제에 대한 연구와 토론, 그리고 해결방안과 방향성 제시에 그친다면, 기업가정신 교육은 프로토타입이나 완성 제품을 개발하여 시장에 실제로 출시하는 것까지의 실전적인 경험을 할 수 있다. 기업가정신 교육은 새로움과 혁신에 대한 갈망을 고취시키고, 비록 그 과정 속에서 실패의 위험이 존재하나 반복적 실험과 실제 사회와의 소통Real World Interaction을 통해 가치 창출을 할 수 있도록 장려하며, 무한한 기회의 창Window of Opportunity을 열어주는 것이다.

[표] 기업가정신 교육과 타 교육학적 방법론 비교

Major focus on...	Entrepreneurial education	Problem-based learning	Project-based learning	Service-learning
...problems	X	X	X	X
...opportunities	X			
...authenticity	X	X	X	X
...artifact creation	X		X	
...iterative experimentation	X			
...real world (inter-)action	X			X
...value creation to external stakeholders	X			X
...team-work	X	X	X	
...work across extended periods of time	X		X	X
...newness / innovativeness	X			
...risk of failure	X			

자료: "Entrepreneurship in Education What, Why, When, How", Martin Lackeus(2015)

그렇다면 기업가정신 교육은 어떻게 이루어지는 것이 이상적일까? 이 물음에 수많은 학자들은 하나같이 "경험을 통한 학습Learning Through Own Experience만이 진정한 기업가정신을 배양하는 방법"이라고 대답한다. 이에 덧붙여 "기업가정신은 행동에 의한 학습Learning by Doing과 직접 관측Direct Observation을 통해서 습득되며, 그러한 일련의 과정을 거치지 않고 단번에 습득할 수 있는 지름길은 존재하지 않다."고 입을 모았다.

 기업가정신을 체득할 수 있는 구체적인 과정과 활동은 무엇일까? 'Learn-by-Doing-What?'의 관점에서 살펴보자. 먼저, 선생님들의 역할은 학생들이 스스로 책임감을 갖고 사회에 존재하는 문제점이나 기회들을 찾아내 혁신적 가치를 창출해나가도록 교육적 과제를 주는 것이다. 과제를 받은 학생들은 불확실성Uncertainty, 애매모호함Ambiguity, 혼돈Confusion으로 가득 찬 바깥세상과 반복된 상호 작용을 해야 하는데, 이것이 많은 학자들이 긍정적으로 여기는 결과이자 창조적 학습의 근원이다. 갑자기 높아진 프로젝트 강도, 불확실성의 정도를 어느 정도 완화하기 위해서는 팀워크Teamwork가 뒤따른다. 이러한 과정 속에서 학생들은 창의적인 사고를 기르고, 동료 간 학습Peer Learning 기회를 갖는다.

메이커 교육

 미국 오바마 전 대통령은 2014년 6월 백악관에서 주최한 메이커 페어The White House Maker Faire에서 "오늘의 DIYDo It Yourself는 내일의 '메이드 인 아메리카Made in America'가 될 것"이라고 말했다. 이로써 기업가정신Entrepreneurship 교육과 행동에 의한 학습Learn By Doing의 중요성이 다시금 대두됐다.

또 2017년 5월에는 미국 캘리포니아주 산 마테오에서는 아홉 번째 메이커 페어Maker Faire 연례행사를 열렸다. 가정에서 개발한 기술 프로젝트Home-Baked Technology Project와 DIYDo It Yourself의 성장을 장려하기 위한 것이었다. 이 행사의 방문자만 125,000명이 넘었는데 특히 인텔, 구글, 마이크로소프트 등 거대 기술 업체들이 참여해 스스로 만들고자 하는 메이커 정신을 함양시키고 기업가정신을 고취시켰다.

04

한국의 교육은 어디로 향해야 하나

협력을 촉발하는 국가

한국의 교육이 어디로 가야할지를 논하기 전에 먼저 조성되야 할 '협력을 촉발하는 국가'와 '문화'에 대한 이야기가 필요하다. 먼저 개인의 혁신을 존중하고 협력을 칭송할 줄 알아야 한다. 그리고 그들이 노블리스 오블리주를 실행할 때 더욱더 존경하는 문화가 필요하다. 협력을 통해서 혁신을 이루는 수단을 제공하라. 사회적 공유는 수단의 핵심이다. 데이터 플랫폼, 아이디어 플랫폼, 생산 플랫폼, 개발 플랫폼 등 지식과 자원을 공유하는 사회가 경쟁 우위의 사회가 된다. 소프트웨어를 공유하고, 디자인을 공유하라. 공유하는 사회는 더 큰 혁신을 향해서 발전하게 된다. 지식재산권의 개념도 많은 측면에서 재검토 되어야한다. 창출과 활용의 측면에서 적절한 균형은 맞춰져야 한다.

협력을 통해 사회가 발전하기 위해서는 협력을 깨뜨리는 행위, 즉 은밀한 술책 행위는 강력히 엄벌해야 한다. 공정하지 않은 룰을 강요하는 불공정 거래, 상대방을 속이는 거짓 행위 등이 사회적 신뢰를 깨뜨린다. 잘못된 것보다 잘못된 것을 숨기는 것이 더 나쁘다는 사회적 인식이 확립되어야 한다. 징벌적 배상이 필요한 이론적 근거다. 신뢰를 손상시키는 행위가 소중한 국가 자산을 망가뜨리는 행위다. 투명하고 공개된 사회가 협력을 통해 국가 발전을 촉발한다. 협력을 손상시키는 행위를 사전에 규제할 경우, 사회는 경직된다. 사전 규제는 최소화하고 사후 가중 징벌을 최대화하는 것이 신뢰 사회로 가는 길이다.

이러한 협력을 배양하는 교육이 바로 팀 프로젝트 교육이다. 팀 프로젝트에서는 리더, 팔로워, 비난자, 무관심자 등으로 나뉜다. 이를 개별적으로 코칭하여 건전한 사회인으로 키워 나가는 것이 미래 교육 과정이다.

승객들에게 감동적인 서비스를 제공한다는 사우스웨스트 항공은 팀 프로젝트 과정에서 리더와 팔로워만 판단하고 선발한다는 인사 원칙을 가지고 있다. 우리는 본질적으로 소수의 리더, 다수의 팔로워, 그리고 극소수의 비판자를 키우고, 방관자의 참여 유도를 교육의 목표로 해야 한다. 인류는 경쟁과 협력의 두 원심력과 구심력의 순환과정으로 발전해 왔다. 이제 대한민국은 경쟁에 협력의 순화을 더하는 시대를 열어야 한다. '협력하는 괴짜 교육'이 이를 여는 관문이 될 것이다.

4차 산업혁명에서 교육은 투 트랙으로 구성되어야 한다. 하나가 창조성으로 세상을 바꿀 '협력하는 괴짜 교육'이라면 다른 하나는 빠른 속도로 변화하는 일자리의 변화에 대응할 수 있는 일자리 안전망인 '지속적 평생교육 시스템'이다. 평생교육은 우선 가벼운 교육이 되어야 한다. 교육에 사회가 융합하는 것이 아니라 사회에 교육이 융합해야 한다. 이를 위한 대안이 바로 에듀테크다.

미국의 경우, 2015년 에듀테크 스타트업에 투자된 금액은 18억 5천만 달러에 달한다. 게임과 IT와 사교육이 융합하는 에듀테크는 4차 산업혁명의 핵심 인프라인 동시에 대한민국의 미래 전략이 되어야 할 것이다.

KCERN은 다음 [그림]으로 대한민국의 전체 교육의 방향을 제시했다. 중요한 것은 모든 교육은 학습능력을 가르치는 "Learn how to learn"을 미션으로 하여 기업가정신 교육과 EdTech를 활용한 교육이 혁신의 방안이 되어야 한다는 것이다.

[그림] 대한민국의 교육 방향

HOMO FADENS

―
제 4 장
―

4차 산업혁명 시대의 대학 교육

For the future of Job and Education

01

대학의 혁신

일자리가 사라지는 것이 아니라 반복되는 직무가 사라지는 사회가 4차 산업혁명의 미래다. 이로 인해 발생하는 시간적 여유는 인간의 좀 더 창조적이고 감성적인 일을 위해서 활용해야 한다. 그렇다면 우리는 이런 미래 사회에 무엇을 할 수 있을까? 대학은 이를 어떻게 대비하고, 적합한 인재를 키워야 할 것인가?

미국 대학 졸업생 중 30만 명 이상은 최저 임금을 받고 있다. 세계가 주목하는 미래학자인 토머스 프레이는 "앞으로 15년 후 대학의 절반가량이 문을 닫을 것"이라고 말했다. 반면 미국 스탠퍼드 대학의 앤드류 응Andrew Ng 교수와 다프네 콜러Daphne Koller 박사가 2012년 공동으로 설립한 온라인 공개강좌MOOC Massive Online Open Courseware 사이트인 코세라는 등록 학생이 2,200만 명이 넘어서 페이스북보나 빠른 성장세들 보이고 있다. 온라인 공개강좌 확산을 위해 하버드, MIT가 설립한 비영리 온라인 교육기관 에덱스edX는 약 50개의 수업이 진행되었거나 현재 등록 학생을 받고 있으며 93만 명이 등록했다. MOOC와 대학의 경쟁력을 비교하면 졸업장을 주는 것을 제외하고는 전 분야에서 대학이 현격한 열세를 보이고 있다. 문제는 대학이 시대 변화에 부응하지 못하고 있다는 것이다. 그러므로 4차 산업혁명에서 대학의 혁신 방향을 이야기하지 않을 수 없다.

대학의 교육 현황

통계청에 따르면, 2016년 1분기 국내 전국 출생아 수는 1년 전 대비 5.2%로 감소했고, 대한민국은 OECD 최저의 출산율을 기록하면서 저출산이 심화되고 있다. 이는 향후 대학입학 정원의 감소로 이어질 것이며 결국 대부분의 대학들은 정원 부족 사태를 맞게 될 것이다. 생존경쟁에서 살아남기 위해서라도 체질개선이 시급하다.

지식정보사회에서는 모방형 인재에서 창조형 인재로 미래 인재 상이 변화했다(정운찬·김세직, 2007). 오헌석·유상옥(2015)은 21세기 미래사회 인재로 문제 해결형에서 창조형 인재, 전문지식형에서 융합형 인재, 개인성과형에서 관계성과형 인재로 변화해야한다고 지적했다.[47] WEF(2016)에 의하면 2020년 4차 산업혁명으로 인해 크게 요구될 직무역량이 복합문제해결능력 Complex Problem Solving Skills (36%)과 사회적 능력 Social Skills (19%)이라고 한다.[48] 그런데 맥

---
47) 백성기 외(2016), 4차 산업혁명 대비 대학의 혁신 방안

킨지는 "Skill Crisis"를 언급하면서 대학교육이 기업의 요구를 충족하는데 실패하고 있다는 동향을 발표[49]했다. 인재들이 기업에서 실무를 위해서는 훈련을 다시 받아야 한다는 것이다.

[그림] The Learning Pyramid

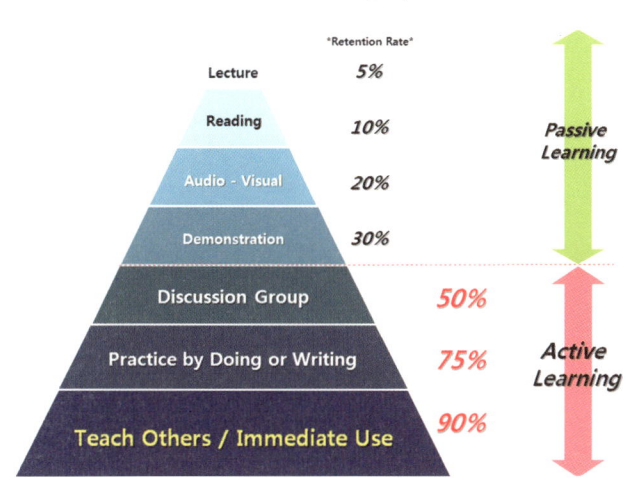

그렇다면 현재 대학교육은 무엇이 문제일까? NTL^{National Training Laboratories}의 학습 피라미드^{Learning Pyramid}에 의하면, 학생들이 평균적으로 학습을 지속적으로 유지하는 비율^{Retention Rate}은 강의를 듣는 것이 5%로, 가장 효과가 적은 것으로 나타났다.

기존 전통적인 학습에서 교사가 시범을 포함해 강의^{Demonstration}를 하는 것은 30%로 나타났으나, 학생들이 참가하는 학습부터는 큰 차이로 변화가 일어났다. 그룹 토론을 통해 학습하는 것은

---

48) WEF(2016), The Future of Jobs
49) McKinsey&Company(2012), Education to Employment

50%, 실제로 프로젝트를 해보았을 때 75%로 나타났으며, 놀라운 것은 실제 다른 사람을 가르쳤을 때 90%의 비율을 기록한 것이다. 이는 강의 중심의 수동적 학습이 아니라 학생 참여의 능동적 학습이 큰 학습효과를 보인다는 증거다.

또 실제 업무를 하기 위해서는 팀워크, 커뮤니케이션, 문제해결, 창의성 등의 능력이 필요하다. 전통적인 강의와 이러닝은 가장 도움이 되지 않는다. 그런데도 우리는 지금도 가장 비효율적인 학습 방법을 계속하고 있다. 지수적으로 변화하는 사회에서 기존의 교육 패러다임을 혁신하지 않는 대학은 더 이상 지속가능하지 않게 될 것이다.

가르치지 않고 돕는 교육

여러 번 강조했지만, 대학교육은 정답을 가르치는 콘텐츠Contents 교육에서 스스로 문제를 발견하는 컨텍스트Context 교육으로 전환되어야 한다. 지식교육은 인공지능의 영역이 될 것이므로, 인간 고유의 영역인 기업가정신을 키우는 학습능력Learn how to learn과 인성교육Humanity을 중심으로 대 전환해야 하는 것이다. 지식은 남이 가르치는 것이지만, 학습능력과 인성은 스스로 습득한다. 따라서 교육 방법은 현자가 가르치는 교육Teaching이 아니라 코디네이터가 도와주는 교육Learning으로 바뀌어야 한다(웨슬리 베이커).

[그림] 지식 Contents에서 학습능력 Context으로

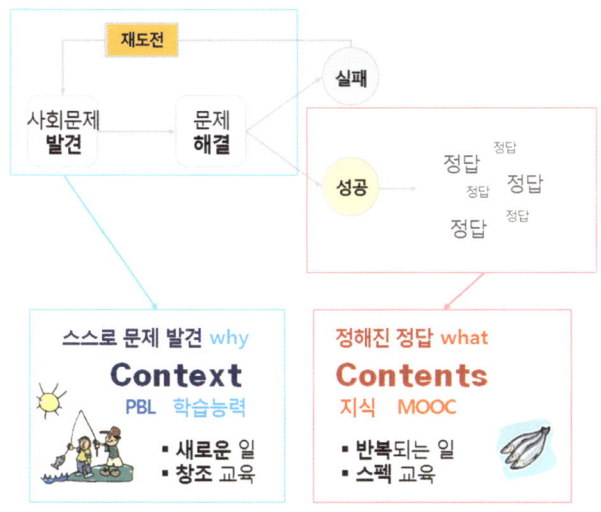

실제로 커리큘럼이 제대로 준비되지 않고 교수도 강의에 미흡한 각 학과 1기 졸업생들이 사회에서 큰 활약을 하는 사례들이 있는데, 이것은 적게 가르치고 참여하는 교육이 얼마나 중요한가를 역설적으로 입증하고 있다. 카이스트의 경우, 특정 전기과 연구실을 비롯하여 전산과와 화공과의 연구실에서 많은 탁월한 창업가들을 배출했다. 이런 연구실들의 공통점은 적게 가르치되 좋은 환경을 제공하고 자발적인 학습이 이루어졌다는 것이다. "Less teaching, more learning"을 통해 "Learn how to learn", 즉 학습능력의 육성이 미래교육의 미션이 되어야 한다는 것을 뒷받침하는 사례들이라고 할 수 있다.

대학과 사회의 융합

최근 대학과 순수 민간 협력 연구의 비중이 지속적으로 줄고 있다. 기업이 더 이상 대학에 기대할 것이 없다는 판단을 한 결과이다. 오직 정부가 제공하는 국가 연구 자금에 대학이 기대고 있는 것이 현실이다. 한국연구재단에 의하면, 전국 주요 대학의 전체 연구비 중 국고 연구비의 비중은 80% 이상을 차지하고 있었다.[50] 대학이 정부지원 연구비에 의존하게 되면 이론 위주의 연구에 치우칠 수밖에 없고, 이는 기업과 연결되기 어려워 연구자체로 끝나게 된다. 대학이 국가 연구비와 교육부 보조금의 온실 속에서 안주할수록 사회와의 격차는 커진다. 이렇게 분리된 교육 체계 속에서, 교육을 강화해도 사회적응도는 떨어질 것이다. 기하급수적으로 변하고 있는 사회를 현재의 분리된 교육 체계로는 따라잡을 수 없다.

앞으로 대학이 사회와 더불어 성장하는 유일한 방법은 사회와의 융합이다. 중세시대에는 선구자적인 수도원 교육이 사회를 이끌기 시작해, 결국 근대국가의 문을 열었다. 그러나 이제는 역으로 사회가 교육을 이끌게 될 것이다.

지식과 기술은 목적이 아니라 인간이 언제든 활용할 수 있는 도구가 됐다. 메타기술의 발달로 기술의 차별화도 사라지고 있다. 기술의 차별화가 사라지면서 기술은 개방혁신으로 전환됐다. 실리

---

[50] 한국연구재단(2014), 공과대학 혁신을 위한 정책방향에 관한 연구, NRF Issue report 2014-01호

콘 밸리만 보아도 소프트웨어의 95%를 오픈소스로 개방하고 있다. 개인이 주어진 시간 안에 혼자 끙끙거리며 답안지를 채우는 것이 아니라, 서로 자기 생각을 개방하면서 협력하여 문제를 푸는 새로운 평가 시대에 돌입한 것이다. 이런 변화들은 교육이 사회와 융합해야 하고, 창조와 협력을 강화하는 학습능력으로 전환되어야 한다는 것을 시사한다. 즉 '사회문제 해결형 프로젝트 중심 교육SPBL·Social Project Based Learning'이다.

학습능력이야말로 인성과 더불어 인공지능이 따라오지 못하는 인간 고유의 영역이다. 인공지능은 데이터가 없이는 스스로 배우지 못한다. 그러나 인간은 학습능력과 인성을 바탕으로 협력하여 데이터가 없는 상황에서도 신천지를 개척한다. 바로 새로운 미지 세계를 개척해 나가는 프론티어 정신, 즉 기업가정신Entrepreneurship이다. 이것이 4차 산업혁명을 이끌 인재의 근간이 되어야 한다. 이 인간 고유의 영역을 키우는 사회문제 해결형 프로젝트의 구현에 대해서 고민해야 할 때다.

02

'티칭'이 아닌 '러닝(SPBL)'

'협력하는 괴짜'들의 양성을 위해서는 창조와 협력을 중심으로 교육 과정의 전면적 개편이 필요하다. 바로 '사회문제 해결형 프로젝트 중심 교육SPBL·Social Project Based Learning'이다. 세계의 선도 대학들은 이미 프로젝트 중심 교육으로 전환하고 있다. 우리도 급변하는 사회를 선도할 수 있는 인재를 키우기 위해, 하루 빨리 사회문제 해결형 프로젝트 중심 교육을 중점적으로 추진해야 한다.

[그림] 사회문제 해결형 프로젝트 중심 교육

프로젝트 중심 교육 PBL·Project based learning

프로젝트 중심 교육은 1900년대 초반 미국의 진보주의 교육운동가인 킬패트릭 Kilpatrick을 시작으로 널리 논의됐다. 그는 프로젝트 학습법을 활용하면 학생들에게 높은 수준의 능력과 지식습득에 대한 동기를 부여할 수 있다고 주장했다. 또 학생들이 학교 활동에도 즐거움과 자신감을 갖고 참여 할 수 있다면서 학생 주도의 프로젝트 Student-initiated projects를 주장했다(Kilpatrick, 1918). 킬패트릭은 프로젝트 방법 Project method에 대해 네 가지 유형[51]의 광범위한 개념을 제시했다. 그는 특히 프로젝트 방법이 성공하기 위해서는 숙련된 교사의 역할을 강조했는데, 학생들이 각 단계마다 가능한 주도적으로 참여하고 그에 따라 건강한 수준의 스트레스를 얻을 수 있도록 해야 한다고 했다.[52]

또 철학자이자 교육학자였던 듀이 Dewey는 여기에 이론적 근거를 부여했다. 그는 킬패트릭이 정의한 프로젝트의 유형을 문제 정의에서 분석, 해결로 이어지는 일련의 과정을 통해 실행하도록 과학적 방법에 기초하여 논리적으로 제안했다. 듀이는 문제해결의 과정에서 사고가 작용함으로써 지식이나 기능을 습득할 수 있다며,

---

51) 유형1: 외부 아이디어 및 계획의 구현(보트 제작, 편지 쓰기, 연극 공연 등)
　유형2: 심미적 경험을 즐기는 것(enjoying)을 포함(시나 교향곡을 듣거나 그림을 감상)
　유형3: 문제 해결(전쟁의 영향이나 실험 결과의 해석과 같은 어려운 문제를 정의)
　유형4: 특정 기술 또는 지식의 획득을 포함(학습에 적합한 글쓰기 또는 동사 활용)

52) John L. Pecore, From Kilpatrick's Project Method to Project-Based Learning,University of West Florida(https://ir.uwf.edu/islandora/object/uwf%3A22741/datastream/PDF/view)

킬패트릭이 제시한 '유형 3 프로젝트'의 과정을 문제 식별 및 정의 Identify and define the problem, 가설 결정 Determine the hypothesis or reason why the problem exists, 데이터 수집 및 분석 Collect and analyze data, 결론 수립 (Formulate conclusions, 원래의 가설에 대한 결론 적용 Apply conclusion to the original hypothesis 등 다섯 가지로 정의했다.

프로젝트 중심 교육, 즉 PBL 교육은 전통적인 캡스톤 프로젝트와 새로운 형태의 해커톤 방식, 실전 결합의 Active Learning 방식 등으로 구분될 수 있다. 이 중 대표적인 방법이 캡스톤 프로젝트다.

캡스톤 프로젝트 Capstone Project

캡스톤 프로젝트 Capstone Project는 학생들의 학구적, 지적 능력을 궁극적으로 끌어올리고, 교육을 최종적으로 현실에 응용시키는 역할을 하는 다면적 Multifaceted이고 다차원적 Multidimensional인 과제이다. 캡스톤 프로젝트는 이제 중·고등학교부터 대학교 및 대학원까지 아울러 전 세계적으로 상용화되었으며, 통상적으로 마지막 한 학기 혹은 두 학기에 걸쳐 진행된다. 학생들은 이 프로젝트를 통해 이전까지 습득한 모든 지식과 경험을 총동원하여 사회에 실제 적용해볼 기회를 갖는다. 그들은 이러한 경험을 토대로 차후에 직업을 찾고 선택하는 과정에 있어 캡스톤이 핵심적 다리 역할을 한다고 평가하고 있다.

캡스톤 프로젝트는 학생들이 특정 분야에 초점을 두도록 해 지식의 깊이를 향상시키고, 동시에 다원적인 접근 방법을 통해 폭넓은 사고를 가능케 한다. 특히, 캡스톤을 수행하기 이전에는 각자의 전공 과정을 통해 다양한 이론 및 기능 중심적 지식을 쌓는 발산의 과정을 거쳤다면, 캡스톤을 수행하는 동안에는 실제 환경에 이론과 지식을 적용하고 전문성Specialty을 갖는 수렴의 과정을 거친다. 또, 캡스톤은 다양한 학문 분야Multidisciplinary의 전문가들과 지속적인 소통과 협업을 동반하기 때문에 개개인의 분야에 대한 전문성뿐만 아니라 다차원적인 관점을 키울 수 있는 기회를 제공한다.

사실 캡스톤 프로젝트는 고등교육에 있어 완전히 새로운 시도는 아니다(Connie J. Rowles 외, 2004). 지난 수십 년 동안 이와 유사한 시도들이 있었다. 학교로부터 실제 사회로의 전환을 돕는 다양한 코스, 프로그램, 활동들이 존재해왔기 때문이다. 다만, 그 중에서도 캡스톤이 규모, 중요성, 필요성 측면에서 독보적으로 성장했다. 미국, 영국, 캐나다, 호주, 홍콩, 한국 등 여러 국가들의 일류 대학들의 학과 과정에 도입됐다.

미국 하버드 대학에서는 캡스톤 프로젝트를 도입하는 예술과학부 FAS·Faculty of Arts and Science 과목들이 늘어났으며 전시회, 방영, 페어 등 다양한 공공 행사를 통해 여러 하버드 청중들과 공유하는 자리를 자주 마련했다. 이러한 추세는 UCLAUniversity of California, Los Angeles에서도 이어졌다. 2015년 기준, UCLA의 전공과목들 중 30%가 캡스톤 프로젝트를 제공 및 요구하였으며, 앞으로도 더 많은 수의 학부들에서 캡스톤을 도입할 것으로 전망된다. UCLA의 관계자는 캡스톤을 의무적 필수조건으로 만들고 싶지는 않지만, 그럼에도 불구하고 학생들 스스로의 이익을 위해 대학 과정 내 둘도 없는 기회이므로, 자발적인 참여를 통해 UCLA가 100주년을 맞이하는 2019년에 60% 이상의 학생들에게 캡스톤이 제공되도록 힘쓰고 있다고 말하기도 했다.

캡스톤은 필요에 따라 사례 연구, 프로그램 평가, 결과 기반 평가, 설문 조사, 표적 집단 면적 등 그 형태와 과정 그리고 요구 사항이 다르다. 때문에, 학생들은 방법론 측면에서 보다 자율성을 가진다는 장점이 있다. 캡스톤은 또 기존의 대학 논문과 유사한 점들이 많지만, 대부분이 장기적 연구 및 조사 프로젝트로 최종 산출물, 발표, 혹은 성과로 직결된다는 점에서 차이가 있다.

그 과정을 살펴보면, ① 학생들은 각자의 흥미를 끄는 주제, 전문 직종, 혹은 사회적 문제를 선정하여 ② 해당 분야에 대한 심층적 연구를 수행하고, ③ 단기 결과를 포트폴리오에 꾸준히 반영 및 유지하고, ④ 프로젝트를 수행하는 동안 배운 것들을 총체적으로 반영한 보고서, 영상 혹은 멀티미디어 발표 자료를 제작하거나 최종 산출물을 만들고, ⑤ 최종 결론 발표를 통해 다양한 전문가 집단으로부터 프로젝트 성과를 평가받는다. 그리고 개인 연구 논문 혹은 프로젝트와 달리 캡스톤 프로젝트는 대부분 팀 프로젝트 기반학습 PBL으로 진행되기 때문에 중간에 동료 평가 Peer Review가 수반

된다. 그리고 이 모든 과정을 통해 팀원들과 함께 하며 협업하는 능력과 문제 해결을 위한 창의적 사고력, 그리고 흥망성쇠Rise and Fall를 유연하게 대처할 기업가정신을 자연스레 고취시킬 수 있다.

[그림] 캡스톤 디자인 프로세스

자료: FCS Group(2017)

대부분의 MOOC가 오프라인의 캡스톤 프로젝트와 연계하여 실시되어 컨텐츠와 컨텍스트의 융합 교육을 추구하고 있는 이유이기도 하다.

세계 대학은 프로젝트 중심 교육으로

오하이오 주립대에서는 개별적인 학과를 폐지하고 사회적 문제를 해결하는 프로젝트 중심의 융합 문제해결 학과로 일대 재편을 했다. 매우 획기적인 일이었다. 그 결과, 학생들의 흥미는 높아졌고 사회의 수용도도 증가했다. PBL을 통하여 지금처럼 대학 졸업생이 적어도 3년은 기업에서 재교육을 받아야 사회생활을 할 수 있는 현상을 줄일 수 있을 거라는 희망적인 메시지다.

먼저 현재의 대학 교육은 지식 교육이고, 기업 교육은 학습능력 교육이라는 근본적 차이점을 인식해야 한다. 그리고 개인과 기업과 사회와 대학 모두를 위해서 이제는 사회문제를 해결하는 프로젝트 중심 교육SPBL으로 일대 전환이 필요하다. 사회문제 해결형 팀 프로젝트 교육은 사회와 대학의 격차를 줄이고, 개인에게 창조성과 협력성Creativity & Collaboration을 배양한다. SPBL의 적용을 위해 해외 대학들의 사례를 구체적으로 소개하고자 한다.

Arizona State University

애리조나 주립 대학교는 16대 총장 크로우Michael M. Crow의 취임 이후로부터 혁신 생태계의 중심지가 되기 위한 노력으로 대담한 시도들을 지속해왔다. 2002년부터 10년 동안 기존의 단과 대학 및 학과 중 69개의 학과를 통폐합하여 30개의 학제융합학과를 개설했다. 이를 통해 이전까지 이질적이라고 여겨졌던 분야들을 결합했다. 물 부족 혹은 태양계 탐사와 같은 사회적, 미래적으로 대두되는 핵심 문제들을 해결하기 위한 융합연구Interdisciplinary Studies 학과들을 대폭 늘리며 연구 대학으로의 도약을 추진한 것이다.

구체적인 예로, 지질학과, 천문학과, 인류학과, 사회학과 등을 대신하여 천문학과와 지질학과를 융합한 지구 및 우주 탐사 학부School of Earth and Exploration, 인간진화와 사회변화 학부School of Human Evolution and Social Transformation, 기술혁신대학The College of Technology and Innovation 등 각 분야의 전문성Expertise뿐만 아니라 각 분야 간의 협력성Collaboration을 요구하는 융합학과들이 창설됐다.

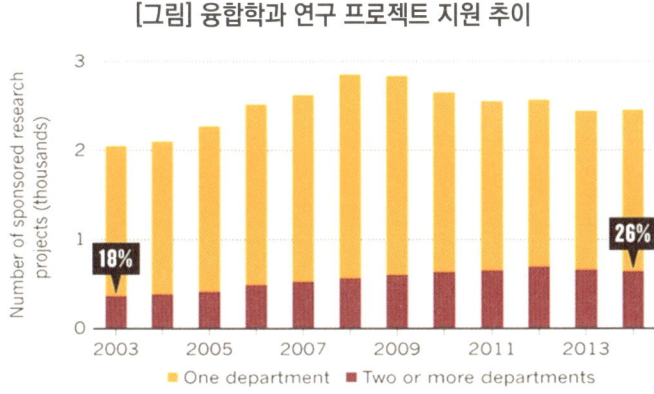

[그림] 융합학과 연구 프로젝트 지원 추이

자료: "Research project numbers from ASU", Publication data from Elsevier's SciVal(2014)

[그림]과 같이, 애리조나 주립 대학교의 연구 프로젝트들은 학제간 연구Interdisciplinary Studies의 방향으로 점진적으로 변화하고 있다. 2003년부터 2014년까지 단일 학과가 진행하는 프로젝트의 수는 8%의 증가만을 보인 반면에 둘 이상의 학과들이 융합하여 관여하는 프로젝트의 수는 75%나 증가했다 동시에, 애리조나 주립 대학교는 학제간 연구의 증설과 더불어 프로젝트 기반학습PBL의 활성화에 큰 노력을 기울이고 있다. 앞서 말한 기술혁신대학에서는 모든 학과목에 PBL을 필수적 전제조건으로 접목하여, 학생들이 지역사회 혹

은 산업체에 존재하는 문제들을 해결해나가며 학습하도록 기반을 마련했다.

MIT Sloan 경영대학원

MIT Sloan의 교육 근간의 시초는 1960년 에드 로버츠^{Ed Roberts} 교수가 '산업역학의 적용과 구현'이라는 선택 과목을 개설하면서부터였다. 이 수업에서는 학생들이 팀을 이루어 급변하는 산업계에서 문제를 찾고, 산·학·연 협력 체계를 통해 SPBL을 진행해야 했다.

MIT Sloan은 일찍이, 국내 기업들과 협력하여 고위 경영자들을 위해 시스템 역학 모델을 구성하고 제안하기도 했다. 1990년 초반에는, E-Lab^{Entrepreneurship Lab}이라는 이름으로 MIT Sloan의 최초 Action Learning Lab이 탄생하였고, 경영, 과학, 공학을 전공한 학생들이 보스톤 지역의 첨단기술의 신규 회사^{High-Tech Startups}들의 경영을 돕는 현장 경험에 적극적으로 참여했다. E-Lab의 뒤를 이어 2000년에는 G-Lab^{Global Entrepreneurship Lab}이 등장하였고, 이 혁신적 과정은 MIT Sloan의 교육 전반에 걸쳐 근본적인 변화를 가져다주었다. 그리고 G-Lab을 기점으로 현재에 이르기까지 다른 유사 프로그램들이 하나 둘 생겨나기 시작했다.

MIT Sloan 경영대학원의 Action Learning Labs는 학생들이 교실에서 얻은 지식과 이론을 전 세계의 실제 조직에 실용적인 해결방법으로 적용할 수 있도록 한다. 학생들은 다양한 실험실에서 제공되는 기회를 통해 문제해결 및 리더십 역량을 개발하고 강화하는 동시에, 자신들의 구체적인 관심분야나 새로운 것을 탐구할 수 있다. 각 실험실은 실제 프로젝트와 함께 강의 세션을 제공한다. 학생들은 이를 다른 코스나 Action Learning Project에 적용한다. 또한 MBA 학생과 학부, 기업이 공동 프로젝트를 통해 학습하는 'Learn by Doing'을 강조한다.

현재 MIT Sloan의 학생들은 선진 대기업부터, 중소벤처기업, 비정부기구NGO, 비영리단체까지 모든 기업을 망라하여 협력 프로젝트를 진행하고 있다. 프로젝트 대상은 새로운 기업 구조, 사업 아이디어, 전략적 운영 등이다. 다언어적, 다문화적 배경들과 결합한 폭 넓은 범위의 경영 관리와 사업 개발 전략을 요하는 과제들이다. 각 프로젝트는 경험적 학습Experiential Learning, 반사 학습Reflective Learning, 동료 학습Peer Learning을 기반으로 하며 교수진의 멘토링Faculty Mentoring을 수반하고, 실세계 문제 해결 중심으로 이뤄지고 있다.

Stanford의 P⁵BL Lab

스탠포드 대학교의 P⁵BL Lab은 1993년 토목환경공학과에서 시작되었고, 독창적이고 혁신적인 통합 연구 및 커리큘럼을 개발하는 곳이다. 여러 분야의 대학원생, 학부생, 교수 및 업계 종사자들이 협업하여 PBL에 참여한다. PBL은 고객을 위한 제품을 생산하는 문제 중심의 프로젝트로, 여러 분야의 사람들을 함께 모으는 리엔지니어링 프로세스를 기반으로 한다. 이를 통해 협업기술, 학습기술, 지식 포착, 공유 및 재사용 기술, 작업 공간, 학습 및 업무 프로세스, 지리적으로 분산된 팀워크 및 학습을 지원하고 있다.

[그림] P⁵BL Global Teamwork Ecosystem

People	Students		Vertical Maekets Faculty		Industry Practitioners
Place	Private Home Office	Local Coffee House Meeting Room	Regional Lab		Global PBL-Hubs-Network
Collaboration Technologies	INFORMAL Taliding Paper™ RECALL™ DIVAS™			FORMAL ThinkTank™ ProMem™ CoMem™	
Devices	XXS Cell	XS PDA	S Tablet	M Desktop	L SmartBoard	XL iRoom
Network Infrastructure	Fixed LAN/WAN Internet-2			Mobile WiFi GSM/GPRS	

자료: http://pbl.stanford.edu/Research/Research.html

P⁵BL라는 이름에서 다섯 개의 P는 문제Problem, 프로젝트Project, 산출물Product, 과정Process, 사람People 등을 뜻하며, 이는 우리가 제시하는 4차 산업혁명에 따른 교육 혁신에 필요로 하는 조건들과 밀접하게 부합한다.

P⁵BL Lab는 세 가지의 특징이 있다. 첫째, 보고들은 기존의 지식 함양 중심 교육이 아닌 문제를 도출하고 해결해나가는 일련의 실제 체험적인 과정을 통한 학습을 수반하는 학습 능력 중심 교육

이다. 둘째, 문제 해결 과정 속에서 사람들과의 협력성Collaboration, 그리고 산출물을 내놓기 위한 창조성Creativity이 요구된다. 마지막으로, 이 모든 과정 속에 불확실한 미래에 대한 실패를 두려워않고 미지에 대한 호기심을 안고 지속적으로 도전하는 기업가정신이 필수불가결한 근간이 된다.

Minnesota University

미네소타 대학교는 지역사회 연계 학습 센터Center for Community-Engaged Learning를 개설해 학생들이 교외 사회봉사를 통한 경험적 학습Experiential Learning을 할 수 있도록 했다.

봉사 학습Service Learning이라는 이름하에 지역사회 참여를 학과목 과정에 통합하였고 매 년 해당 학부 및 대학원 과목들이 증설되었다. 2017년 가을 하기 기준으로 69개의 과목이 제공되고 있으며, 20개 이상의 학부와 2,000명 이상의 학생들이 활발하게 참여하고 있다. 봉사 학습은 경험적 교육의 한 형태로 학생들로 하여금 실천을 통한 학습Learn by Doing을 강조하며, 지역사회는 살아있는 문맥Lived Text으로써 다른 강의 자료들을 대체할 강력한 정보의 원천으로 삼는다.

미네소타 대학교의 이러한 교육은 지역사회의 안녕과 학생들의 시민 의식 및 책임의식 향상에 기여하고 있다.

HongKong University of Science and Technology

홍콩과기대는 Service Learning^{S-L} Course에 타 정규과목들과 같은 1~4학점 부여하고, 학부별로 졸업 최소 요건으로 특정 S-L 과목들을 선택하는 것을 의무화했다. 목적은 학생들에게 수업을 통해 배운 학문적 지식을 적용 및 활용할 기회를 주는 동시에 지역 사회가 자발적이고 질 높은 서비스를 제공받을 수 있도록 하는 것이다. 홍콩과기대는 실세계의 문제Real-World Problems들을 체계적으로 해결하는 능력을 배양하기 위해서 PBL을 거듭 강조하며 석사 과정에도 적극 도입하려고 추진 중이다. PBL의 핵심은 지식을 단순히 받아들이는Receive 것이 아니라 구축하는Construct 하는 것인 만큼 교수들의 역할은 안내자Guide 혹은 학습 조력자Learning Facilitator로, 학생의 역할은 적극적 연구자Active Researcher로 나아가야한다고 제시했다. 학부생들의 능동 학습Active Learning과 비판적 사고Critical Thinking 능력이 배양하는 강의 수를 대폭 늘리고 있다.[53]

KAIST의 협력하는 괴짜 교육, IP-CEO

2009년 카이스트에서 획기적인 실험이 시행되었다. 카이스트 IP영재기업인교육원은 중학생들을 대상으로 연간 250시간 동안 실시한 '협력하는 괴짜 교육' 과정의 일부인 프로젝트 중심 교육PBL을

---

53) http://cei.ust.hk/teaching-resources/problem-based-learning

여기에 소개하고자 한다.

[그림] KAIST의 프로젝트 중심 교육 모델

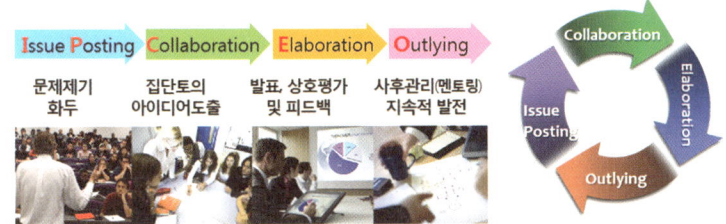

IP영재기업인교육원의 프로젝트 중심 교육은 크게 화두의 제시, 협력적 문제 발굴, 집단적 대안 도출, 평가 및 발전이라는 4단계로, 영재기업인의 약자인 IP-CEO를 인용하여 Issue Posting, Collaboration, Elaboration, Outlying으로 명명했다. 4단계 교육과정을 통하여 학생들은 지식을 획득하는 학습능력인 'Learn how to learn'을 배우게 된다. 이 과정에서 필요한 지식은 인터넷이라는 도구를, 이를 연결하는 역할은 멘토들이 담당했다.

Issue Posting 화두의 제시

사회문제를 포착하는 것이 PBL 교육의 첫 단계이다. 실제로 의미 있는 사회문제를 포착했을 때 동기부여가 강화된다. 필요한 지식은 인터넷 등을 통해서 획득하기가 용이해지고, 현실의 문제를 풀어가는 과정에서 복합적인 기술들을 이해하게 된다. 이때 사회

문제는 원칙적으로 한명이 아니라 2명의 강연자가 서로 다른 각도에서 문제를 제시해야 한다. 예를 들어서 지능형 로봇을 주제로 한다면, 기술적 관점과 사회적 관점의 두 부분에서 문제제기를 하면 학생들은 비판적으로 현안을 이해할 수 있다. 이 교육의 핵심은 현장의 문제를 도출하는 것이다. 이는 외부 초청강연, 외부 기업들의 개방 협력 혹은 학교의 커다란 Moonshot 프로젝트로부터 시작할 수 있다.

기존 교육 시스템이 해결하기 어려운 과제가 바로 가치 있는 사회문제 도출능력이다. 대부분의 초중고 및 대학의 선생님들은 현장 경력이 거의 없기 때문에 사회문제에 대한 다양하고 깊이 있는 문제의 도출을 위한 상황 제시는 기대하기 어렵다. 이에 대한 대안은 첫째, TED나 유튜브 등을 통한 최신 강연들을 활용하는 것이다. 둘째, 학교 주변의 기업체와 조직으로부터 문제를 도출할 수 있는 강연자를 개방협력으로 활용하는 것이다. 이제 문제의 도출을 위해서 학교들은 사회와 협력해야 하며, 협력을 통해서 다양한 문제에 대한 엣지 있는 현황요약으로 학생들은 자기 팀에 적절한 과제를 스스로 찾아낼 수 있을 것이다. SPBL의 가장 중요한 첫 번째 단계가 바로 문제의 도출에 대한 역량 배양이다. 결론적으로 외부와의 협력과 에듀테크의 활용이 현재 교육을 혁신하는 대안이다.

> **Issue Posting(예)**
>
> 1. 블록체인이란 무엇인가? (ETRI 허세영 연구원, 블록체인 기반의 IoT 설계 및 개발)
> 2. 블록체인 기술의 개념 및 활용 전망 (임명환 박사, 한국정보기술응용학회 부회장)

Collaboration _{집단지능의 학습}

학생들은 서로 다른 문제의 제시를 통해 화두를 얻거나 주변 기업 또는 사회단체로부터 문제를 제시 받거나 학교 자체에서 추진하는 등 어떤 형태로든 사회문제 방향을 도출할 수 있다. 예를 들어 노령화, 미세먼지, 에너지 등 여러 분야에 걸쳐서 엣지 있는 문제에서 각자의 해결과제를 찾아내는 단계이다. 문제는 복잡해졌지만 문제를 푸는 방법은 오히려 점점 쉬워지고 있다. 메타 기술 등이 발달되고 있기 때문이다. 이제 혁신의 중심은 문제해결에서 문제 발굴이 중요해졌다. 미국의 기업가정신의 정의가 사업기회 포착으로 이동하고 있는 것도 이와 무관하지 않다.

문제 도출은 한 번으로 끝나지 않는다. 막상 세부 문제를 도출하는 과정에 들어가 보면 꽝맥이 아닌 경우가 많다. 이때에는 빨리 실패하는 것이 필요하다. 여기서 린 스타트업이라는 가벼운 창업의 개념이 적용되는데, 문제를 찾은 것이 광맥이 아니라면 빠르게 포기하고 피보팅_{Pivoting}을 하라는 것이다. 대체로 학생들은 수차례의 피보팅을 통해서 더 나은 문제를 찾아간다. 이 과정에서 주변 팀들이 무엇을 하고 있는가를 확인하며 개방적 협력을 하게 된다.

문제 도출은 사회문제를 해결하여 비용Cost을 낮추는 것과 새로운 가치Value를 창출하는 두 방향으로 이루어진다. 여기에는 TRIZ와 Design thinking과 같은 많은 기법들이 요구된다. 문제는 현재 시점이 아니라 미래시점에서 바라보아야한다는 것인데 이것이 Back casting의 능력이다.

기하급수적으로 변하는 사회에서 현재 시점에서 미래를 바라보면 커다란 오류가 발생한다. 때문에 미래 시점에서 Back casting해서 보는 것이다. 예를 들어 자율주행차나 에너지의 태양광화가 확대되고, Reshoring이 확대되었을 때 전 세계 경제 사회구조는 어떻게 변화할 것인가, 이런 관점에서 문제를 도출하는 것이다. 영재기업인 교육과정에서는 미래학을 핵심 교육 과목으로 선정하고 있는 이유이기도 하다.

[그림] 영국 디자인카운슬의 더블 다이아몬드

문제 도출에 이어서 문제해결 단계에서는 협력을 유도한다. 혼자서 도저히 해결할 수 없었던 문제들이 4~5명의 팀 프로젝트를 통해서 해결될 수 있다. 스티브 잡스의 말처럼 창조적 아이디어란 연결을 통해서 나타난다. 이러한 집단지능의 힘은 디자인 싱킹Design thinking 과정의 Double diamond 토론을 통해서 느낄 수 있다. Discuss-Discover-Develop-Deliver의 단계를 거치며 수렴, 발산 과정을 반복하면서 의견이 폐기되기도 하고, 새롭게 나타나기도 하는데, 어느 순간 임계량에 도달하게 된다. 소위 '그분이 온다'고 표현되는 그 학문적 희열의 순간을 맛본 학생들은 크게 성장한다. 밤새워 토론하더라도 지치지 않고, 어려움 속에서 즐거움을 발견할 줄 안다. 자기주도적 학습과 미래지향적 문제의 결과이다.

학생들의 문제해결, 즉 과제는 남들이 풀지 못한 문제의 대안을 찾는 것이다. 그렇다면 여기서 다시 검증 단계에 들어가야 한다. 선행 기술과 선행 이론들은 어떤 것이 있었고, 자신들과 비교우위 및 차별화 역량 등을 비교한다. 여기에서 차별화 역량은 기술이라면 특허로, 시장이라면 플랫폼의 규모로 결정된다. 이런 일련의 과정을 거쳐 문제 도출에서 집단지능에 의한 해결 대안 제시 단계에 들어선다.

Collaboration(예)

주제: ETRI 허세영 연구원님과 임명환 박사님의 블록체인에 대한 강연을 바탕으로 현재 또는 가까운 미래기술에 블록체인을 활용하거나 관련 서비스 또는 제품을 위한 아이디어를 도출하세요.

팀 과제해결을 할 때, 다음 각 단계별 핵심사항에 대해 논의하고, 팀 발표 자료에 포함시켜야 합니다. 단계별 내용을 참고하세요.

단계	핵심사항
단계 1: 목표 설정 (문제상황 파악)	우리의 목표는 무엇인가?
단계 2: 사실 확인 (선행기술 및 서비스 현황 조사)	여러분의 목표와 관련하여, 현재 블록체인 기술 개발수준은 어떠하며, 유사한 서비스는 어떤 것이 있을까요?
단계 3: 문제 설정 (세부문제)	여러분의 목표 달성을 위해 구체적으로 해결해야 하는 문제는 무엇인가요?
단계 4: 아이디어 생성 (문제해결 아이디어 내기)	목표달성/문제해결을 위한 제품 또는 서비스 아이디어는 무엇인가요?
단계 5: 해결 방법 찾기 (최선의 해결책 선택)	여러 아이디어 중 우리 팀의 해결책은 무엇인가요?
단계 6: 해결 방법 상세화 (구체적 내용)	1~5단계 토론 내용을 활용하여, 팀 해결 방법의 구체적인 사항을 정리하세요.
단계 7: 향후 계획 — 선택사항	지금 학생인 우리는 향후 가까운 미래에 우리 팀의 아이디어를 실현하기 위해서 지금부터 어떻게 해야 할까요?

Elaboration

인간의 본성은 자기 주도적인 독창성을 추구한다. 그러나 이것은 경쟁이 없으면 오래 지속되지 않는다. 그러므로 경쟁이 항상 나쁜 것은 아니다. 폐쇄되고 파괴적인 경쟁이 나쁜 것이다. 개방적이고 건설적 경쟁은 전체의 혁신을 촉발하고 사회를 윤택하게 한다. 내가 밤 새한 것이 그것으로 끝난다면 의미는 반감된다. 많은 프로젝트 교육의 결과가 용두사미가 되는 이유가 여기에 있다. 한국의 방과후교육, 자유학기제도 일부에서 경쟁 자체를 없앤 결과, 과거 공산주의 경제가 몰락한 것과 동일한 과정을 밟고 있다. 일본의 유토리 교육이 실패로 드러난 것과 같다.

유토리 교육은 과도한 주입식 교육에 대한 반성으로 시작되어 창의성과 자율성 존중을 표방하며 학교 수업시간을 줄이는 방식으로 진행되었다. 2002년부터 공교육에 본격적으로 도입되었는데, 기초학력 저하현상 등 부작용이 심화되었다. 일본 교육 당국은 2007년 실패를 인정하고 다시 학력강화 교육방침으로 선회하였다. 경쟁은 그 자체로는 중립적이다. 경쟁의 문제점을 없애기 위해 경쟁 자체를 없애는 것은 구더기 있다고 장을 버리는 우를 범하는 것과 같다.

지속가능성을 위해서는 건설적 경쟁이 필요하다. 줄 세우기 경쟁이 아니라, 각자 자기 나름대로의 결과를 공유하는 공유의 장이 필요한 것이다. 이 공유의 장에서 상호 평가에 참여하는 것이 집단 학습과정이다.

프로젝트 교육을 위한 최적의 학습 규모는 70명으로, 5명 씩 14팀으로 구성된다. 14개 팀은 각각 7개의 팀으로 나누어서 전·후반으로 발표를 하기에 적절한 규모이다. 그보다 많으면 집단학습과정인 발표 학습이 길어진다. 70명일 때는 3시간이면 집단 학습을 할 수 있다. 이 발표 과정은 대단히 중요하다. 다른 팀들이 오랫동안 노력해온 과정을 10분 안에 압축적으로 볼 수 있기 때문이다.

이때 학생들이 그냥 보기만 하는 것이 아니라 직접 평가에 참여하여 더욱 집중할 수 있도록 해야 한다.

정답이 없는 팀 프로젝트 교육을 객관적으로 평가할 방법은 사실상 존재하지 않는다. 채점표는 물론, 가이드라인을 만드는 것도 어렵다. 교사가 혼자 전체를 평가하는 것은 편견이 개입되기 쉽다. 이를 극복하기 위해 외부의 평가 요원을 동원하는 것도 좋은 방법이겠으나, 이것은 재정적으로 지속가능하지 않다. 이를 극복하는 유일한 대안이 바로 학생들 간의 상호평가Peer review이다. 상호평가를 통해서 학생들은 짧은 시간 내 압축된 학습을 하고, 다른 친구들이 어떤 고민을 통해서 문제를 풀어 왔는가를 배울 수 있다. 이는 다음 과정에서 집단지능으로 작동하고, 평가가 이루어진다.

평가는 게임처럼 즐거워야 한다. 한 팀의 평가가 끝날 때마다 결과가 발표되면서 마치 쇼프로나 음악 프로와 같이 재미의 요소가 포함되면 이 자체가 자연스럽게 학생들에게 동기부여가 된다. 질의응답은 많은 시간이 필요하지 않다. 발표 스크린 외 다른 스크린을 통해 페이스북이나 SNS로 소통할 수 있기 때문이다. 그래서 듀얼스크린이 이런 팀 프로젝트 교육의 필수적인 장치 중 하나다. 학생들은 소통시스템을 통해 수업이 끝난 이후에도 지속적으로 의견을 주고받을 수 있다.

이러한 소셜 러닝 압축 교육의 핵심인 상호 평가에도 물론 문제는 있다. 친분관계에 따라 편향된 점수를 줄 수 있다는 것, 즉 공정성의 문제다. 그래서 평가를 평가하는 메타 평가가 필요하다. 메타 평가를 통해서 의도적으로 왜곡된 점수를 주는 경우를 경고하면 조직은 평가에 대한 문화를 갖추게 된다.

> **Elaboration(예)**
>
> 발표주제 사례: 상품에 대한 정확한 정보를 알려주는 Product DB Block Chain Network 아이디어는 정부와 연관된 아이디어 사이에 위조품을 구별하겠다는 아이디어로 참신하다는 평을 받았다.

Outlying 아웃라잉

화두 제시와 문제의 발굴, 해결 그리고 집단 평가에 이어서 자기주도적 발전이 필요하다. 자기 주도적으로 하는 것이 학습능력이고, 타인 주도로 전개되는 것은 지식 습득이다. 자기 주도적 학습의 핵심은 끝없는 질문을 하는 것이다. 그러나 혼자 하기는 어렵기 때문에 학습 커뮤니티가 필요하다. 온·오프라인으로 연결된 학습 커뮤니티와 자기 성장 노트라는 두 개의 축으로 개인은 지속 가능한 발전을 할 수 있다. 끝없는 자기 성장 노트를 통해서 자기를 발전하고 끝없이 도전하는 자세를 갖게 하는 것이다. 이를 통해 감사와 베풀 줄 아는 노블리스 오블리주가 발달한다. 이 사이클이 깨져서 하향평준화 되는 사회는 몰락해 왔다. 또 엘리트주의에 입각한 양극화 사회도 분열되어 갔다. 영재들이 국가를 위한 혁신을 이끌고, 수많은 사람들의 일자리를 제공하여 선순환되는 노블리스 오블리주의 사회로 가는 것이 SPBL의 궁극적 목표일 것이다.

> **Outlying**
>
> 이후 교육을 통한 사업계획서 작성 및 특허출원 진행
>
> 예시: 홍석현
>
> – 분산 네트워크 구조에서의 신원 확인을 위한 장치 및 방법
>
> – 블록체인 공개 장부 구조에서의 데이터 접근 시 보안 유지를 위한 장치및 방법

앞서 언급한 일련의 과정들을 다시 한 번 정리하면, 전문가 두 사람이 각자 다른 관점에서 바라본 쟁점을 제시하는 것 Issue Posting 에서 교육이 시작된다. 그 이후 협업 Collaboration 을 통해 학생들이 조별로 토론하고, 협력하고, 해결방안을 도출해내는 활동을 진행한다. 개략적인 아이디어가 잡히면 관련 분야의 전문가와 동료 학생들 앞에서 발표하는 기회를 가지게 되고, 이를 통해 아이디어를 구체화시키는 명확화 Elaboration 과정을 거치게 된다. 이렇게 구체화된 아이디어는 특허와 사업계획서 작성을 통해 구체적인 결과물로 완성되고, 특허를 출원하거나 관련된 대회에 참여하여 실적 등으로 이어져 남들과 차별화된 성취 Outlying 를 얻게 되는 것이다.

이 프로젝트를 시행할 때 가장 중요한 것은 평가 방법이다. IP-CEO 교육의 차별화 요소는 바로 상호평가(Peer Review)와 평가를 평가하는 메타평가 Meta Review 이다. 정답이 없고 문제가 모두 다른 프

로젝트 수업의 평가는 상호 평가 이외에 대안이 없다. 상호는 평가와 더불어 압축 학습의 효과를 가져 온다는 점에서 이 교육의 백미라고 할 수 있다. 명확화Elaboration 과정에서 학생들과 조교들이 같이 진행한 집단 토론의 결과는 동료 평가Peer Review로 완성된다. 다른 팀의 아이디어를 직접 들어보고 평가함으로써 다른 친구들이 문제를 해결한 과정을 학습할 수 있다.

발표 시 상호평가를 실시하여 발표 능력뿐 아니라 경쟁적 요소를 첨가하여 협업과 동기부여를 강화한다. 평가의 '공정성'을 평가하기 위해 평가 결과를 평가하는 메타 평가로 친밀도, 담합 등 평가의 외적 요소를 배제한다. 이 과정에서 동료 팀들뿐 아니라 멘토, 현장전문가, 교육전문가, 타 집단 등이 모두 참여하여 다양한 피드백을 받을 수 있고, 동료 팀의 프로젝트 결과를 평가함으로써 압축교육의 효과를 얻게 된다. 이 과정이 바로 Social Learning이다.

협업을 기반으로 팀에 의한 프로젝트 교육을 통하여 학습한다. 정답이 없고, 문제도 스스로 찾는다. 강의는 화두를 던져주고 학생들 스스로 팀 프로젝트를 통하여 문제를 발굴하고 협업으로 풀어기는 과정 자체가 바로 컨텍스트 중심의 학습인 것이나.

사회문제 해결형 프로젝트 중심 교육 SPBL

사회와 융합할 수 있는 인재를 키우기 위해, 깨어있다고 하는 대학들은 팀 프로젝트에서 캡스톤 디자인, 해커톤에 이르기까지 사회문제 중심 교육을 상당 부분 실시하고 있다. 그런데 정작 4차 산업혁명에서 요구하는 사회문제 해결형 프로젝트 교육은 제대로 구현되지 않고 있다. 그 이유는 무엇일까? 바로 사회와 융합하는 그 시작점을 찾지 못하고 있기 때문이다.

사회의 최첨단의 문제는 기업 혹은 사회조직으로부터 얻어야 한다. 그것도 신속하게 제공받아야 하다. 사회문제 해결형 프로젝트 중심 교육은 전반적인 윤곽을 설명할 수 있는 내공 있는 멘토가 필요하다. 때문에 대학은 대학 주변의 수많은 기관들과 협력해 교육을 위한 화두를 도출해 내야 한다. 대학 내에서는 얻을 수 없는 내공 있는 멘토들을 산학협력을 통해 구하려는 노력도 기울여야 한다.

[그림] SPBL의 화두 제공

프로젝트 진행 중에는 내부 팀만으로는 해결하기 어려운 과제들이 있다. 해커톤 수준의 팀 프로젝트는 내부 토론으로 끝날 수 있으나, 실제 문제 해결을 위해서는 외부의 도움이 필요하다. 이때 도움이 되는 것이 MIT나 스탠퍼드의 접근 방식이다. 팀 프로젝트 교육에 기업 혹은 외부 연구소의 연구원들이 공동으로 참여하는 것이다. 대학의 전임 교원들은 코디네이터 역할을 담당하고, 실제 프로젝트마다 전문 요원들이 외부에서 투입된다. 이를 통해 기업 혹은 연구소에서는 우수 인재를 발굴할 수 있고, 대학은 심도 있게 사회문제에 접근하고, 학생들은 제대로 된 학습능력을 배양할 수 있다. 1석 3조의 대안인 것이다. 이 과정에서 도출될 숱한 경쟁력 있는 지식재산권이 구성원들의 성과가 된다.

SPBL이 성공적으로 진행되기 위해서는 창조적 문제해결을 위한 생각의 도구들을 활용해야 한다. 지금부터는 실제 프로젝트 교육에서 활용되고 있는 대표적인 두 가지 모델을 간단히 소개하려 한다. 바로 디자인 싱킹Design Thinking과 트리즈TRIZ다. 디자인 싱킹이 미국을 중심으로 발전된 발산적 모델이라면, 트리즈는 소련을 중심으로 발전된 수렴적 모델이다. 디자인 싱킹으로 문제의 다양한 대안을 모색하고, 트리즈로 핵심적인 모순을 푸는 연습을 하면 창조력을 키울 수 있고, 이것이 팀 프로젝트를 통해 진행되면 협력의식을 함께 키워 '협력하는 괴짜' 교육을 할 수 있으리라고 믿는다.

디자인 싱킹 Design Thinking

우리는 '디자인'을 아이디어를 시각적으로 아름답게 표현하는 일 또는 제품 개발 과정의 마지막에 아이디어를 잘 포장하여 결과물의 가치를 높이는 것으로 여겨왔다. 그러나 이제 디자인에 대한 개념이 바뀌고 있다. 최근에는 소비자의 필요와 요구에 더 잘 부합하는 아이디어를 창출하는 단계에서 디자인의 역할이 강조되고 있고, 문제 해결의 방법으로서 디자인 과정에 대한 관심이 높아지고 있기 때문이다.

디자인 싱킹이 과학 분야에서 '생각의 방법'으로서 도입된 것은 꽤 오래 전의 일이다. 1969년 허버트 사이먼 Herbert A. Simon, 1973년 로버트 맥 킴 Robert McKim이 각각 과학 분야에 디자인의 개념을 도입하기 시작했다. 최근 들어 디자인 싱킹은 유럽의 대학 연구소와 미국 스탠포드대학, 캐나다 토론토 대학 등에서 중요하게 다루어지고 있다. 우리나라에서는 독일의 최대 기업용 S/W회사 SAP가 한국에 디자인 싱킹 혁신 센터를 건립하기로 하면서 관심이 매우 높아지고 있다.

세계적인 디자인 컨설팅사이면서 혁신적인 기업으로 꼽히는 IDEO의 CEO 팀 브라운 Tim Brown은 2008년 '하버드 비즈니스 리뷰'에서 디자인 싱킹의 개념을 '사람들의 요구를 기술적으로 실현 가능한 것에 부합하게 하고, 고객의 가치와 시장 기회로 전환될 수 있는 비즈니스 전략에 맞추는 데 디자이너의 감각과 작업 방식을 이용하는 방법'으로 정의하고 있다.

[그림] 디자인 싱킹 3요소

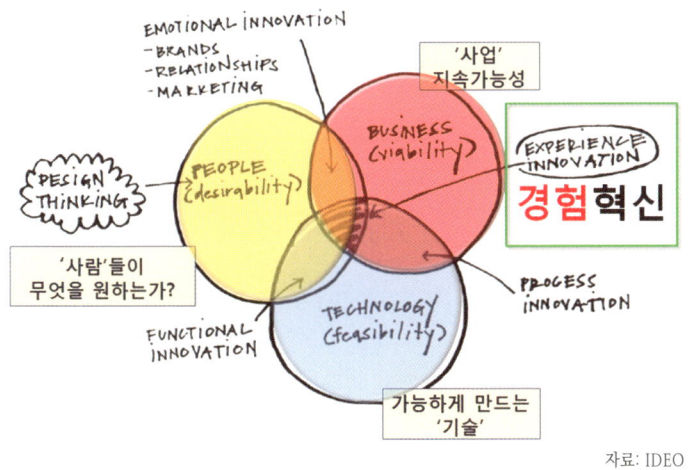

자료: IDEO

[그림]과 같이 혁신은 3가지 축에서 이루어진다. 기술은 가능성을 비즈니스는 지속성을 제공한다. 그리고 디자인이 인간의 니즈를 반영하는 혁신을 주도하게 된다.

디자인 싱킹은 제품 디자인을 넘어서 비즈니스, 경영 전반의 혁신 수단으로 까지 활용되고 있다. IDEO 설립자 데이비드 켈리는 '누구나 자신감을 갖고 꾸준히 노력하면 창의적인 사람이 될 수 있다. 스스로를 창의적이라고 생각하는 것이 핵심'이라고 강조했다. 팀 브라운은 자신의 경험으로 볼 때 디자인 전문가와는 거리가 먼 많은 사람들이 디자인 싱킹에 잔부적인 능력이 있다고 전세하면서, 디사인 싱커Design thinker들이 갖고 있는 몇 가지 특성들을 제시하기도 했다. 그가 제시한 특성은 공감Empathy, 통합적 사고Integrative thinking, 낙관주의Optimism, 실험정신Experimentalism, 공동 작업Collaboration이다.

첫 번째 특징인 '공감'이란 동료, 고객, 최종 사용자, 장래의 고객 등 다양한 관점에서 세상을 보는 것을 의미한다. 공감을 통해 사람들이 본질적으로 원하는 해결책을 그려내고, 확실한 또는 잠재적인 요구를 만족시킨다. 세상을 아주 꼼꼼하게 관찰하고 다른 사람들이 알아채지 못하는 것을 알아채며 이런 통찰력을 혁신에 이용한다. 두 번째 특징인 '통합적 사고'란 분석적 과정을 따를 뿐 아니라 복잡한 문제의 핵심적이고 때론 모순적인 모든 양상을 보는 능력이다. 또 기존의 대안을 능가하는 새로운 해결책을 창조해 내는 것을 말한다. 세 번째 특징인 '낙관주의'는 주어진 문제에 어떠한 제약이 있더라도 기존의 대안보다 나은 해결책이 최소한 한 가지는 있다고 생각하는 성향을 말한다. 또 네 번째 특징인 '실험정신'은 완전히 새로운 시각에서 창의적인 방법으로 질문을 제시하고 제약들을 탐험하는 것을 말한다. 마지막으로 디자인 싱커는 '공동 작업'을 통해 그 성과를 높인다. 상품과 서비스, 경험 등이 점점 복잡해짐에 따라 고객이나 사회의 요구를 충족시키려면 창의성이 높은 고독한 천재보다는 학문 간의 협업, 사람들 간의 협력이 중요하다는 의미이기도 하다.

달걀을 부화시키기 위해 품고 있었다는 괴짜, 발명왕 에디슨은 분명 천재였다. 그러나 고독한 나 홀로 천재였다고 생각한다면 큰 오산이다. 그가 4백 여 개의 특허를 내기까지 그의 곁에는 엔지니어, 물리학자, 실험가, 사상가 등으로 구성된 R&D 연구소가 있었다. 다양한 분야의 동료들과 팀을 이루어 연구하고 실험하여 얻은 것이 세상을 바꾸는 에디슨의 발명품이 된 것이다. 그래서 에디슨은 발명가이자 팀을 잘 운영하고 브랜드를 잘 구축한 기업가로 인정받고 있다. 다양한 분야의 팀원들로 구성하는 '공동 작업'은 디자인 싱킹 과정을 수행할 때 반드시 고려해야 할 조건이기도 하다. 창의성은 혼자일 때보다 팀으로 활동할 때 촉진되기 때문이다.

디자인 싱킹의 문제 해결 과정은 몇 가지가 있다. 앞서 언급한 바 있는 허버트 사이먼은 '문제 정의Define – 연구Research – 아이디어 도출Ideate – 시제작Prototype – 선택Choose – 실행Implement – 학습Learn'의 7단계로 나누었다. 7단계 안에서 문제들이 정의되고 올바른 질문이 제시되고 더 많은 아이디어가 창출되며, 가장 좋은 대답들이 선택된다. 각 단계는 반드시 순서대로 진행되지 않을 수도 있고 동시에 행해지거나 반복되기도 한다.

로버트 맥킴은 3단계로 단순화 시킨 '의사 표출Express – 테스트Test – 순환Cycle'을 디자인 싱킹 과정으로 제시했다.

스탠퍼드 대학이 d.school은 '공감Empathize – 문제 정의Define – 아이디어 도출Ideate – 시제작Prototype – 테스트Test'의 5단계로 나누고 있다.[54]

---

54) 각 단계에 대한 상세한 설명은 시중에 나온 디자인 싱킹 도서들을 참고 바란다.

[그림] d.school의 디자인 싱킹 프로세스

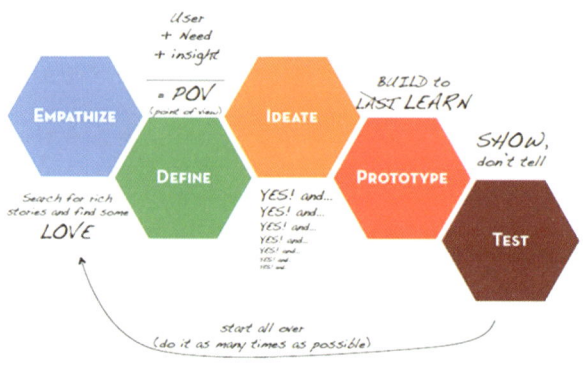

자료: d.school

트리즈 TRIZ

디자인 싱킹이 발산적 문제 접근이라면 트리즈는 수렴적 문제 해결 접근이다. 트리즈는 모순되는 문제를 푸는 창조성 훈련에 도움이 된다.

트리즈는 창의적 문제해결 Theory of Inventive Problem Solving 을 뜻하는 러시아어 약자로 옛 소련에서 개발된 것이다. 창시자인 알트 실러 Altshuller 와 그 동료들이 전 세계 200만 건의 특허 가운데 우수한 특허 4만 건을 추출해 그 공통점을 찾아 정리한 문제해결 방법론이다. 트리즈에서 정리된 우수한 특허들의 공통점은 문제마다 유형이 있고, 그 문제의 근본 모순을 해소했을 때 해결됐다는 점이었다. 한 마디로 혁신적인 발명이나 문제 해결에는 모순 상황을 극복한다는 공통점이 있다는 것이다. 변증법의 정正 반反이나 세상의 모든 일에 있는 장점, 단점과 같은 상반되는 모순을 합合의 형태로 해결하는 철학과 이론, 그리고 그 과정이 트리즈의 기저에 있다고 볼 수 있다.

트리즈의 예로, 물통을 상상해 보자. 물통 안의 물을 밖으로 튀지 않고 작은 컵에 따르기 위해서는 작은 지름의 주입구가 필요하다. 그러나 해당 물통에 물을 쉽게 넣기 위해선 큰 지름의 주입구가 필요하다. 두 가지 필요 사이에는 모순이 발생한다. 트리즈는 이러한 모순 상황을 극복하는 과정이다. 결과는 어떻게 되었을까? 크기가 다른 2개의 주입구를 하나의 물통 양측에 부착하는 획기적인 발명품이 탄생하는 것이다. 이로써 물을 쉽게 담고 쉽게 따를 수 있게 된 것이다. 트리즈에서는 또 모순을 기술적 모순Technical contradiction과 물리적 모순Physical contradiction으로 유형화했다. 기술적으로 불가능한 상황과 물리적으로 불가능한 상황을 구분하여 모순 개념을 설명하고, 문제를 해결하는데 있어서는 타협하거나 절충이 아닌 근본적인 해결을 통해 혁신을 추구한다.

[표] 모순 매트릭스의 예

	구분	악화되는 항목			
		움직이는 물체무게	움직이지 않는 물체무게	움직이는 물체길이	움직이지 않는 물체길이
개선이 필요한 항목	움직이는 물체무게	X		15, 6, 29, 34	
	움직이지 않는 물체무게		X		10, 1, 29, 35
	움직이는 물체길이	8, 15, 29, 34		X	
	움직이지 않는 물체길이		35, 28, 40, 29		X

※ 각 모순 사항에 대응하는 40가지의 'TRIZ 발명원리'의 번호

알트 실러는 모순 상황에 대한 해결 방법으로서 모순 매트릭스 Contradiction matrix를 제시했다. 각 행렬의 두 개의 축에는 대립되는 모순 상황을 나누어 '개선이 필요한 항목'과 이를 만족시키기 위해 희생되는 '악화되는 항목'을 기재하고, 각 축의 상황에 대표적인 파라미터 기술적 파라미터를 기재한다. 그 후 각 행렬의 공란에 대응되는 각축의 대립 파라미터에 대한 적용 가능한 '창조적 발명의 원칙'을 기재하면 된다.

위 [표]와 같이 행렬의 한 축은 개선이 필요한 항목을 기재하고 나머지 한 축은 악화되는 항목을 기재하여 대칭되는 모순관계를 표로 작성한다. 창조적 발명의 원칙은 40가지에 이르는 내용을 담고 있는데, 이들 원칙들을 단순히 나열하는 것이 아닌, 각축에 기재되는 39가지의 기술적 파라미터들 간의 모순 해결에 적합한 원칙들을 모순 매트릭스로 제시하여 분석자가 문제점을 파악하고 해결방안을 도출하는 것이 용이하도록 사고의 틀을 제시한다.

트리즈는 기술적인 분야에만 적용됐던 초기 단계를 넘어서 다른 분야에서 부가가치를 창출하는 도구로 확산되고 있다. 경영 혁신 사례와 창의적인 서비스, 생활 속의 아이디어들을 트리즈 관점에서 재해석하면 모순과 갈등을 해소하고 자원을 효과적으로 활용할 수 있다. 이러한 사실이 알려지면서 최근 '비즈니스 트리즈'라는 이름과 함께 창조 경영의 구체적인 방법으로도 관심 받고 있다. "유형이 보이면 수능이 보인다."라는 어느 광고와 같이 세상의 많은 문제들은 분야는 달라도, 문제와 해결방안 사이에는 같은 유형의 문제가 있다. 따라서 내가 고민하는 문제의 개념적인 해결안이 과거, 다른 분야에 같은 유형의 문제 해결안으로 제시되어 있는 경우가 매우 많다.

트리즈의 대표적인 특징은 '창의적인 유추사고'와 '모순 해소'의 개념이다. 우수한 특허에서만 아니라 최근의 수많은 경영 혁신 사례 및 생활 속의 좋은 아이디어의 내용을 분석해 보면 창의적인 문제 해결에는 같은 특징이 있다.

트리즈의 또 한 가지 중요한 특징인 '모순 해소'에 대해서 일반인들도 쉽게 이해할 수 있는 사례가 있다. 경영 분야의 딜레마와 모순 해소에 관한 것이다. 사회생활을 하면서 우리는 많은 회의를 하지만 모든 회의가 실질적으로 이롭거나 효율적인 결과를 가져오는 것은 아니다. 회의 주관자인 사장이나 팀장은 회의에서 창의적 아이디어가 나오지 않는다고 자주 불만을 얘기한다. 그런데 효율적으로 회의를 못하고, 창의적인 아이디어가 있어도 직원들이 회의에서 얘기를 하지 않는 근본적인 원인이 사장, 팀장 등 회의 리더의 존재 자체인 경우가 있다. 이 사람들의 존재로 인해 직원들이 다양한 아이디어를 꺼내거나 하고 싶은 얘기를 자유롭게 하지 못하는 것이다. 그렇다면 사장이나 팀장 없이 팀원들끼리 회의를 해 보면 어떨까? 덜 긴장되고 자유로운 분위기에서 많은 아이디어를 각자의 입장에서 편하게 제안하지만, 결정이 안 돼서 시간만 허비하는 경우가 많다. 이 상황을 갈등 분석도로 그려 보고 정확히 문제의 원인을 진단해 보도록 하자.

의사 결정을 하기 위해서는 어떻게 해야 할까? '사장을 있게 한다'가 해결 방법 혹은 수단일 것이다. 다시 정리하면, 직원들이 창의적인 아이디어를 많이 내게 하기 위해서는 '사장은 없어야 한다'와 최종 의사 결정을 위해서는 '사장이 있어야 된다'라는 문제 원인 및 상반된 1차 해결안으로 압축된다. 그렇다면 해결책은 '사장은 있기도 하고 없기도 해야 한다'는 바로 모순이다. 이런 것을 트리즈에서는 물리적으로 동시에 값을 얻을 수 없다는 의미에서 '물리적 모순'이라고 한다. 이런 모순에 대해서 트리즈는 '시간적으로 분리Separation in time'해서 두 개의 상반된 목적을 모두 충족시키면서 물리적인 모순을 해소하는 원리와 관련된 많은 사례들을 보여 준다. 이 '시간적 분리'의 개념을 유추 사고적으로 적용해 보면, 직원들이 아이디어를 낼 때는 없게 하고 의사 결정과 문제 상황을 설명할 때는 사장을 있게 하는 것이다.

처음에 회의에서 사장이 문제 상황을 설명한 다음, 팀원들에게 자유롭게 아이디어를 내어 안을 만들라고 하고 회의장을 떠난다. 그 뒤 남은 직원들은 그 주제에 대해서 자유롭게 아이디어를 내면서 토론을 통해 구체적인 해결안을 만든다. 다음날 사장과 임원들이 같이 정리 발표된 안들 가운데서 의사 결정을 현장에서 바로 한다. 이런 방법이 세계적인 기업 GE의 효과적인 회의, 문제 해결의

장인 '워크아웃Workout'의 기본 개념이다.

　디자인 싱킹과 트리즈는 문제도출에 활용되는 방법들로, 사회로부터 얻은 문제의 화두를 문제 도출까지 이어질 수 있도록 활용할 수 있다.

03

SPBL과 MOOC의 만남

팀 프로젝트를 통해 창조성과 협력성을 키워가는 컨텍스트^{Context} 중심의 학습이 미래 인재교육의 중심이다. 이때 교사는 프로젝트에 화두를 던져주고 학생들이 문제를 해결할 수 있도록 돕는 코디네이터의 역할을 하게 된다. 그러나 미래의 프로젝트 중심 교육에도 반복되는 컨텐츠는 필요하다. 그렇다면 이런 컨텐츠 교육은 누가 어떻게 담당할 것인가? 답은 온라인 교육, MOOC[Massive Open Online Course]에 있다. 기존 컨텐츠 위주의 학과 교육들은 온라인 MOOC로 전환하면 된다.

대학교육 역시 SPBL과 MOOC의 융합교육으로 진화해야 한다. 이 두 교육을 융합할 때 MOOC의 문제는 Flipped Learning[거꾸로 교육]으로 보완하고, Adaptive Learning을 적용하여 학생들 개개인에게 맞춤 교육을 제공할 수 있다. 결과적으로 학생들은 융합교육을 통해 실제 프로젝트를 진행하거나 업으로 발전시키는 Active Learning으로 확장될 수 있다. 즉, 미래 교육 인프라는 〈SPBL + daptive +

MOOC + Flipped + Active〉로 구축되어야 한다.

그럼 각 교육의 인프라를 하나 씩 살펴보도록 하자.

[그림] SPBL과 MOOC 융합교육

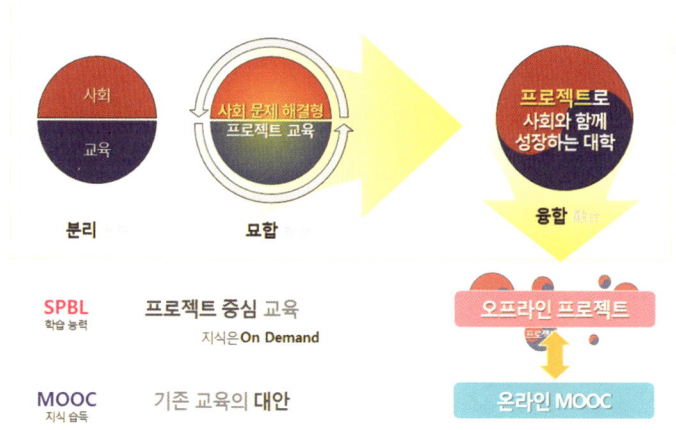

컨텐츠 교육은 온라인 MOOC로

MOOC^{Massive Open Online Course}는 전 세계 누구든 온라인 플랫폼에 올려진 강의를 무료로 수강할 수 있고, 학점이 필요한 경우 저렴한 비용으로 취득할 수 있는 온라인 컨텐츠 플랫폼이다. 기존의 일방향 온라인 강좌와는 달리, 인터넷 토론 게시판을 중심으로 학생과 교수 그리고 조교들 사이의 커뮤니티를 만들어 수업을 진행하는 상호 참여적인 교육이다.

MOOC는 시간과 장소의 제약을 벗어나 인터넷으로 편리하게 최신 지식을 습득할 수 있으며, 누구에게나 개방되어 있기 때문에 이미 미국의 유수한 대학들은 대학교육 발전방향의 새로운 한 축으로 여기고 있다.

교실의 혁명 MOOC

MOOC는 2001년 MIT의 OCW^{Open Course Ware} 프로그램과 양방향이라는 차별화된 모델로 등장했다. 이후 2006년 칸 아카데미^{Khan Academy}, 2009년 유데미^{Udemy}가 등장했고 2012년 유다시티^{Udacity}를 시작으로 코세라^{Coursera}, 하버드와 MIT가 각각 3,000만 달러를 출자해 만든 에드엑스^{edX}까지 출범했다. 이 MOOC의 대표 플랫폼들은 현재까지 각각 특색 있는 형태로 발전 중이다.

[그림] MOOC 온라인 강의 사이트

유다시티^{Udacity}

구글의 비밀연구소 '구글X' 초대 소장이자 스탠포드 대학교수이었던 세바스찬 스룬^{Sebastian Thrun}은 동료들과 함께 2012년 세계 최초의 MOOC 기업인 유다시티를 설립했다.

유다시티는 컴퓨터 공학 관련 강좌를 제공하며, 글로벌 IT기업이 참여하고 있다는 것이 가장 큰 특징이다. 구글, AT&T, 세일즈포스, 페이스북과 같은 글로벌 IT업체가 직접 수업을 제작하여, 유다시티를 통하여 소비자들에게 제공한다. 예를 들어 구글은 Tensor Flow를 개발자 및 연구자, 학생들이 쉽게 접근할 수 있도록 몇몇 교육, 지원 프로그램을 운영하고 있다. 구글의 교육 프로그램은 빈센트 반 호크 구글 수석 과학자가 유다시티를 통하여 운영하고 있다.55) 이러한 기업 클래스를 통하여 소비자들은 교육과 함께 기업이 중요하게 생각하는 역량이 무엇인지 알 수 있다는 추가적인 장점이 있다.

유다시티의 수업 방식은 강연을 듣고 이후에 연습문제나 퀴즈를 푸는 방식이다. 동시에 소비자는 피드백·개인 지도·수료증을 받을 수 있다. 그리고 소비자가 해당 과목의 프로젝트를 완료하면 수료증도 받을 수 있다. 수료증을 받으려면 구글 행아웃을 활용하여 유다시티 코치와 마지막 인터뷰를 진행하면서 수업 프로젝트를 설명할 수 있어야 한다.

최근에 유다시티는 지난 2014년 MOOCs로부터 나노학위 인증으로 전환했다. 전환당시에 AT&T, 클라우데라, 세일즈포스 등은 나노학위를 인턴 채용에 적극적으로 활용할 것이라 발표했다. 유다시디에 따르면 2014년 이후 7,800여 명에 달하는 나노학위 인력을 양성하였고, 이 중에 1,000여 명이 관련 업종에 취업했다.56)

---

55) http://blog.udacity.com/2016/01/putting-deep-learning-to-work.html
56) http://biz.chosun.com/site/data/html_dir/2014/09/24/2014092402377.html?Dep0=twitter

코세라 Coursera

인공지능의 석학으로 유명한 스탠포드의 앤드류 응Andrew Ng 박사와 다프네 콜러Daphne Koller 박사가 2012년 4월에 설립했다. 세계적인 대학들의 강의를 무료로 배포하여 균등한 교육기회를 제공하고자 했던 것이다. 현재 전 세계에서 100여 개 이상의 대학이 코세라에 참여하며, 영어 외에도 중국어, 일본어, 스페인어 등 다양한 언어로 강의가 제공되고 있다. 현재 코세라 가입자는 2,200만 명을 넘어섰으며, 투자자들에게 높은 관심을 받으면서 총 2.1억 달러의 투자금 유치에 성공했다.

코세라는 한 강의 당 5분에서 25분의 강의를 제공한다. 수강자는 매주 5~6개의 강의를 듣고 나서 주말평가Weekly Assignment를 받는다. 주말평가는 객관식과 주관식의 혼용으로 강의에 따라 다르다. 또한 동료들끼리 토론을 통하여 부족한 부분을 보완할 수 있다.

코세라는 시그니처 트랙, 전문가 과정을 통하여 교육의 차별화를 시행하고 있다. 시그니처 트랙은 강의는 무료지만, 수강을 한 후에 일정 요건을 갖춘 사람이 수수료를 내면 수료증을 발급해준다. 전문가 과정에서는 오프라인 교육 방식인 '캡스톤 디자인Capston Design'을 도입했다. 코세라는 10개 강좌를 캡스톤 디자인 방식으로 진행한다. 이러한 강의들은 실제와 유사한 환경을 가정하고 수업을 진행하며, 강의별로 성적이 우수한 학생들에게는 출판이나 비디오 컨퍼런스를 통해 자신의 프로젝트를 선보일 수 있는 기회도 제공한다.

에드엑스 edX

유다시티, 코세라와 함께 세계 3대 에듀테크로 불리는 에드엑스는 미국 매사추세츠공과대학 MIT과 하버드 대학교를 중심으로 시작된 온라인 강의이다. 현재 국내·외 34개 유명대학이 협력하여 강의를 제공하며, 서울대도 에드엑스에 합류했다. 에드엑스는 인문학, 사회학, 이학, 공학 등 다양한 분야의 강좌를 개설하고 있다. 이러한 에드엑스 강의 대부분은 무료로 제공되고 있으나, 일부 강의는 유료이다. 유료강의는 엑스 시리즈 X Series라고 불리며, 수강료는 50~100 달러 선이다.

에드엑스 강의 대부분은 영어로 제공되며 기타 언어는 영어 자막을 지원한다. 수강자는 강의를 마치고 나면 Self-Test를 치러야 하는데, 문제마다 자세한 해설이 제공된다. 그리고 다른 MOOC처럼 수강생 및 교수진들과 의견을 주고받을 수 있도록 토론 포럼 Discussion Forum을 운영하고 있다. 이러한 에드엑스는 다른 MOOC보다 난이도가 높다고 알려져 있다. 수강자는 주당 1~4시간씩 수강해야 하며, 중간고사 및 기말고사에서 상대평가에 따라 학점을 받는다.

유데미 Udemy

2010년에 설립된 유데미는 최근에는 주목받고 있는 온라인 강의 플랫폼으로, 스트라이프 그룹, 노스웨스트 벤처 파트너스, 인사이트 벤처 등으로부터 투자유치에 성공하면서 빠르게 성장하고 있다. 당신의 학원The academy of you이라는 뜻을 가진 유데미는 누구나 강사가 되어 자신의 수업을 등록하고, 누구나 배울 수 있다. 수강료 또한 저렴하다.

아직 한국에선 널리 알려지지 않았지만 전 세계적으로 1,200만 명의 학생이 유데미를 통하여 수업을 듣고 있다. 강사로 등록된 사람은 2만 명, 강의도 4만 개 정도 된다. 강의는 개발이나 마케팅 강좌가 많지만, 비즈니스, 요가, 퍼스널 브랜딩 등도 많은 편이다. 유데미에서 사용하는 언어는 80여 개로 이미 글로벌 기업으로 성장하고 있다.

유데미가 추구하는 목표는 누구든 자신이 상상하는 대로 삶을 설계할 수 있게 돕는 것이다. 따라서 개인 수강생은 스스로 진도를 설정하여 수강하며, 한 번 수강 신청하면 평생 들을 수 있다. 또한 기업용 유데미 서비스에서는 기업에서 필요한 강의를 쉽고 빠르고 제작 및 수강할 수 있는 플랫폼을 제공한다. 최근에 유데미는 개인들만이 아니라 전문적인 교육기관들과 연계하여 보다 다양한 강좌를 개설하고 있다.

칸 아카데미Khan Academy

비영리 교육단체 칸 아카데미Khan Academy는 펀드매니저였던 살만 칸Salman Khan이 멀리 떨어져 있는 조카에게 수학을 가르쳐주기 위해 유튜브에 동영상을 올리면서 시작됐다. 그의 유튜브 채널은

'칸 아카데미'라고 이름을 지었다. 칸의 동영상이 인기를 끌면서, 칸은 2009년에 헤지 펀드를 그만 두고 '칸 아카데미'를 발전시키는데 전념했다.

초기에 칸 아카데미는 1년 가까이 투자유치를 못하면서 많은 어려움을 겪었지만, 그의 생각에 공감한 엔젤투자자들이 지원하면서 칸 아카데미는 빛을 보기 시작했다. 빌 게이츠는 그의 아들이 강의를 듣고 효과를 보자 공식적으로 칸 아카데미를 후원하고 있다. 현재는 많은 사람들이 칸 아카데미의 가능성을 알아보고, 투자를 하거나 혹은 자원봉사를 하면서 전 세계 많은 사람들이 이용할 수 있는 교육 사이트로 성장하고 있다. 최근에는 구글의 Impact Challenge에서 세상을 바꿀 5가지 아이디어 중 하나로 선정되어 200만 달러의 재정적 지원과 기술적 지원 등을 제공받고 있다.

KOOC _{KAIST Massive Open Online Course}

한국에서도 2015년 10월 KAIST가 참여하고, 교육부에서 주관하는 K-MOOC(한국형 온라인 공개강좌)가 오픈됐다. 현재 K-MOOC 홈페이지 www.kmooc.kr를 통하여 KAIST를 포함한 10개 대학에서 27개의 강좌 인문학, 사회학, 의학, 공학 등를 무료로 제공하고 있다. 최근 4차 산업혁명의 열풍으로 인공지능AI 관련 과목 등이 추가되면서 점차 확산되고 있다. KOOC의 전신은 2000년 이민화 등 카이스트 동문들이 50억 원을 기부해 출범한 '사이버 카이스트'로,

이는 세계 최초로 MOOC를 시도했다는 점에서 큰 의의가 있다.

KAIST의 IP-CEO를 담당하는 IP 영재기업인교육원은 교육과정을 MOOC의 형태로 유튜브 www.youtube.com/ccekaist에 공개하여 운영하고 있다. 정식으로 선발된 학생 이외에 희망하는 학생은 모두 참여할 수 있으며, 공개된 교육 컨텐츠는 누구나 접할 수 있다. 현재 진행하는 과목은 미래기술, 창조인문학, 지식융합, 기업가정신, 미래 기술 트렌드 총 5개 과목이다. 또한 KAIST는 2013년부터 Coursera와 파트너쉽을 체결하여 전 세계 학습자들에게 교육을 제공하고 있다.

MOOC는 누구든 자유롭게 온라인 컨텐츠를 활용할 수 있고, 또한 온라인 컨텐츠 생성 및 수집에 참여할 수 있는 양방향 플랫폼을 실현하여 온라인 대중공개 강좌로 진화하고 있다. 또 온디맨드 On-Demand라는 개념이 등장하면서 그 성장 속도는 더욱 빨라지고 있다. 온디맨드는 수요자가 필요할 때 즉각적으로 제공되는 수요 중심의 패러다임이다.

플립 러닝 Flipped Learning 과 VR의 활용

미래 교육에 MOOC를 적극 활용해야 한다고 얘기하면, 그것으로 과연 기존 교육이 대체가 되겠느냐며 의문을 제기하는 사람들이 많다. 다음 그래프는 Coursera 스타일 MOOC의 네 가지 유형의 학생 패턴에 대한 결과이다. No Show 그룹은 MOOC에 등록하는 사람들 중 가장 큰 비중을 차지하는데, 등록은 되어있으나 활성화되어 있는 동안 코스에 로그인을 하지 않은 학생들이다. Observes 그룹은 로그인하여 내용이나 토론을 보기는 하지만, 활성화되어 있는 기간 동안 강의 영상에 포함된 팝업 퀴즈 이상의 어떤 형태의 평가도 하지 않는 학생들이다. Drop-In 그룹은 강좌 내 특정 주제에 대해 약간의 활동(동영상 보기, 토론 참여 등)을 하지만 전체 강의를 수강하지는 않는다. 이 학생들 중 일부는 MOOC를 다른 곳에 활용하기 위해 비공식적으로 이용하고 있는 것이다. Passive Participants 그룹은 컨텐츠를 활용하기 위해 코스를 수강한다. 이들은 동영상을 보고 퀴즈를 풀고, 토론 포럼을 읽지만 일반적으로 과제에 참여하지는 않는다. 마지막으로 Active Participants 그룹은 MOOC에 적극적으로 참여하는데, 대다수의 과제 및 모든 퀴즈나 평가에 참여한다.

다음 [그림]을 통해 활동적 참여자의 경우 대부분의 학생들이 강좌를 끝까지 이수하였으나, 수동적으로 활동할수록 강의를 완강하는 비율이 급격히 줄어드는 것을 확인할 수 있다. 이를 통해 단순히 MOOC를 활용하는 것만으로 강의를 지속적으로 수강하도록 하는 원동력이 부족함을 알 수 있다. 온라인으로만 이루어지는 강의에는 강의를 수강하는 학생들의 환경적인 요소가 반영되지 않아 학생들의 집중력을 확인하거나 끌어올리는 것이 어렵다. 이러한 MOOC의 집중력 한계를 극복하기 위한 대안으로 플립 러닝 Flipped

과 VR을 들 수 있다.

[그림] MOOC 온라인 강의 사이트

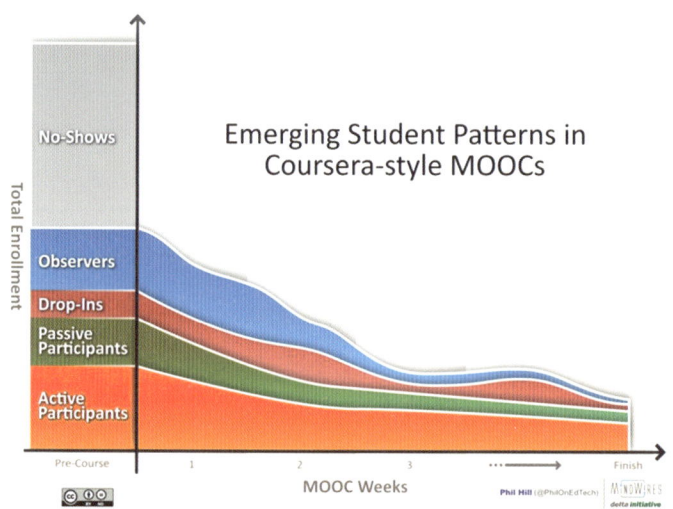

자료: http://mfeldstein.com/validation-mooc-student-patterns-graphic/

플립 러닝 Flipped Learning

플립 러닝은 거꾸로 학습이라고도 불리는데, 기존의 컨텐츠 교육을 강화 및 보완하는 교육으로 앞서 설명한 PBL과는 확연한 차이가 있다. 플립 러닝은 1990년대 에릭 마주르 교수에 의해 발견됐다. 그는 컴퓨터를 활용한 수업을 통해 직접 강의를 하는 것에서 그 내용을 코칭하는 것으로 전환할 수 있음을 확인하면서 컴퓨터가 교육의 질 개선에 주효한 도구로 활용될 것이라 언급했다. 이후 Maureen Lage, Glenn Platt, Mchael Treglia(2000)는 마이애미 대학교에서 가르친 '경제학 입문' 과목의 사례를 논문으로 발표하면서 역진행 수업Flip Teaching이 학생들의 다양한 학습스타일을 수용하여 차별화된 수업을 가능하게 한다고 했다. 당시는 이를 플립 러닝이라고 정확한 명칭을 붙이지는 않았으나, 개념이 같은 역진행 수업이 학생들에 따라 다양하게 적용되어 차별화된 수업이 가능해졌다고 강조했다. 이후 웨슬리 베이커(2000)의 논문에 의해 역진행 수업은 '강단 위의 현인Sage on the stage' 대신 '객석의 안내자Guide on the side'라는 문구와 함께 많이 인용되기 시작했다.57)

플립 러닝은 "어떻게 하면 모두가 모이는 오프라인 공간에서 정해진 시간에 가장 효과적으로 교육할 수 있을까?"58)에 대한 물음에서부터 시작됐다. 그렇기 때문에 학생들로 하여금 앞의 NTL의 학습 피라미드 상의 수동적 학습 부분을 온라인에서 수업 전 미리 학습하도록 한다. 그리고 수업시간에는 미리 학습한 내용을 기반으로 다른 학생들과 토의·토론하거나 실전적 학습활동 등의 능동적 학습을 통해 더욱 효과적으로 시간을 사용하는 것이다. 플립 러닝은 블랜디드 러닝 기법 중 하나로, 온라인을 활용하여 오프라인을 최적화하기 때문에 가장 효과적인 방법으로 손꼽힌다. 이것이 학생 개개인의 성취도 및 교사의 효율성 증대, 학생들의 수업 중도 탈락률 감소 등의 효과는 연구결과로도 드러났다. 플립 러닝의 방식은 전 세계 대학에서 본격적으로 시행되고 있으며, 국내에서는 KAIST, 서울대

---

57) 위키피디아의 "역진행 수업"의 내용을 기반으로 작성하였으며, 해당 카테고리에서 역진행 수업의 역사에 대한 상세한 내용을 확인할 수 있다.
58) 플립 러닝의 교과서라 불리는 존 버그만의 Flipped classroom은 "What is the best use of face to face with student?"라는 단 하나의 질문을 던지고 있다.

등이 시행하고 있다.[59]

교사는 학생들과의 상호작용이나 실전학습에 어려움을 겪는 학생들을 돕는 역할을 한다. 교육에서 흔히 회자되는 "교육의 질은 교사의 질을 넘을 수 없다."는 말이 있다. 물론 협력하는 괴짜 교육은 교사가 직접 모든 것을 가르치는 것은 아니다. 그러나 교사의 인식과 마인드가 크게 영향을 미칠 수밖에 없다. 그렇기 때문에 플립 러닝에서 교사의 역할은 학생들이 스스로 필요한 지식을 찾고 활용할 수 있도록 컨텍스트를 마련해 주는 것이 핵심이라는 점을 이해하는 것이다.

VR^{Virtual Reality}과 게임화^{Gamification} [60]

앞서 언급한 것과 같이 MOOC의 문제점은 학습 몰입도, 집중력이다. 지속적으로 학습에 몰입시키기 위해 교육과 기술이 접목하고 있는데, 대표적인 기술이 바로 VR과 AR, 그리고 게임이다. VR/AR은 실감형 컨텐츠를, 게임은 재미형 컨텐츠를 제공한다.

가상·증강 현실 분야 세계적 기업인 이온 리얼리티^{EON Reality}에 의하면 VR을 활용한 교육으로 학생들의 집중력은 100%, 학업 성취도는 30%가 향상됐다고 한다. 교육 현장에서도 VR을 활용한 교육이 활발하게 진행되고 있는데, 특히 과학, 역사, 지리를 중심으로 확

---

59) 백영균 외 8(2015), 스마트 시대의 교육방법 및 교육공학, 학지사
60) 홍정민 에듀테크연구소 소장 블로그를 기반으로 작성됨 (http://blog.naver.com/prologue/PrologueList.nhn?blogId=redmin00)

산되고 있다. 이러한 분야들은 문자로만 접하던 지식을 실제 눈으로 체험할 수 있어 교육의 효과가 더욱 크다. 구글은 2015년 9월 '익스페디션 파이오니어 프로그램Expeditions Pioneer Program'이라는 교육 프로젝트를 미국과 호주, 영국 등에 제공을 시작했다.

[그림] VR을 활용한 교육의 효과

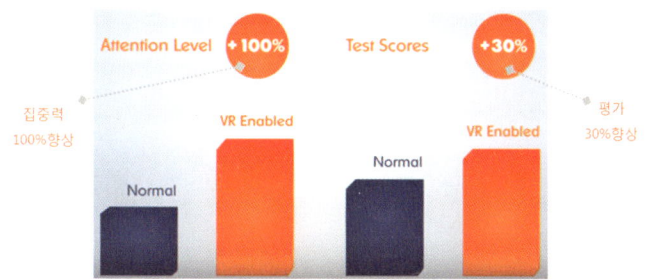

자료: 휴넷; EON Reality

위 프로그램에 신청한 학교들은 종이로 간단하게 만들 수 있는 구글의 VR 기기인 카드보드가 포함된 '익스페디션 키트'를 제공받으며, 학생들은 교실에서 세계 각국의 지역들을 여행하는 체험을 할 수 있다. 구글은 해당 기기로 체험해볼 수 있는 컨텐츠를 100개 이상 개발해서 제공하고 있다.

기업교육에 활용되는 경우도 점차 증가하고 있다. 불이 났을 경우 대피를 한다거나 비상시 응급처치를 하는 상황을 가상으로 체험하는 교육을 실시할 수 있다. 'Learning by Doing'을 적용하여 실전교육을 하는 것이다. 에듀테크연구소는 4가지 분야에서 VR이 빠르게 확산될 것으로 보고 있다. 현장감 있는 컨텐츠를 원하는 교육, 2D보다 3D 교육이 효과 있는 교육, 실제 교육에 위험이 따르는 교육, 고비용 교육이 바로 그것이다. 이중에서도 특히 화재예방이나 비행기 조정사 교육과 같이 현실에서 쉽게 시행하기 어려웠던 교육을 할 수 있어 교육의 효과도 더욱 확대될 것으로 보인다.

[그림] 구글의 익스페디션 키트를 활용한 교육

자료 : edu.google.com/expeditions

학습 몰입에 활용되는 또 다른 수단은 바로 게임이다. 게임러닝의 대표적인 기업인 게임런Gamelearn은 수료율 90%, 고객추천비율 93%, 만족도 9.2라는 성과를 자랑한다. 게임런은 학습을 위한 그래픽 어드벤처 게임을 제작하여 기업 등에 제공하고 있다. 현대, 시스코, 이베이, 버거킹, 캘로그 등이 주요 고객이다. 앞서 설명한 MOOC 플랫폼에서도 게이미피케이션의 게임적 요소를 적용하여 학습자들을 동기부여하고 있다. 이러한 기술들을 활용하여 교육의 몰입도를 증가시킴으로써 MOOC의 문제를 보완하고, 학습자들의 성과를 향상시켜 교육의 효과를 극대화할 수 있을 것이다.

PBL과 MOOC를 연결하는 Adaptive Learning

애리조나 주립 대학교Arizona State University는 학생 개인의 우수성Excellence 보다 모든 학생들을 포용Inclusiveness하고, 교육의 질을 높이는 것을 목표로 한다. 애리조나 주립 대학교가 시행하는 Adoptive Learning은 컴퓨터에서 사용되는 교육 도구 Courseware로 개별 학생들에게 피드백을 제공하고, 성적을 기반으로 향후 학습경로Pathway를 제공한다. 교수는 학생과의 면담을 기반으로 해당 학생의 Courseware를 조정할 수 있다. 또한 행정과 학생관리를 위해 도입한 e-Advisor는 학생들이 자신이 관심 있는 분야와 관련된 전공을 찾도록 DB를 제공하여 도와준다. 또한 수업 선택 시 가장 효율적인 수업과 시간을 제안하기도 한다. 특히 학생들의 성과를 실시간으로 확인하여 해당 학생이 학위를 성공적으로 받을 수 있도록 맞춤 수업을 제시하거나 지도교수Advisor를 통해 조치를 받을 수 있도록 한다. 일반 교과의 중간탈락 및 수강 철회율은 20%이지만, 맞춤형 교육 수업의 경우 6%로 감소하는 성과를 보이고 있다(Freda, 2016).[61] 이런 개인 맞춤형 교육 서비스는 개인의 성적과 성향에 적합한 교육 컨텐츠를 추천·제안함으로써 개인의 교육 효과를 극대화하는 것으로 인정받고 있다.

---

61) 이주호(2016), "4차 산업혁명 선도국가", 한반도선진화재단

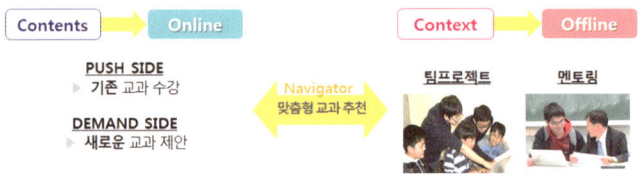

[그림] Adaptive Learning

　맞춤형 교육과 MOOC, PBL을 효과적으로 활용할 때, 우리가 원하는 미래 교육의 효과를 얻을 수 있다. 먼저 MOOC에서 컨텐츠를 학습하고 맞춤형 교육Adaptive Learning을 통해 해당 컨텐츠를 적용할 수 있는 PBL 프로그램을 추천받을 수 있다. 또한 PBL을 수행하다 부족한 부분이 생기면 맞춤형 교육을 통해 MOOC에서 해당 컨텐츠를 검색해 개인에게 최적화된 교과목을 제안할 수 있다. 온라인 수업은 개념의 이해 위주로 진행되고, 실제 프로젝트를 통해 능동적 학습이 이루어진다. 그 과정에서 맞춤형 교육이 개인이 가장 잘 할 수 있도록 교육과정을 최적화하여 학습효과를 극대화하는 것이다.

　일본의 예비학교Prep School인 큐베나에서는 인공지능AI을 기반으로 한 개인 맞춤형 교육Adaptive Learning을 구현해 학습 효율성과 효과성을 극대화했다. 학생들은 인공지능과 알고리즘을 활용한 맞춤형 교육을 통해 각자의 수준에 맞는 학습을 스스로 하였고, 교사는 학과목을 직접 가르치지 않는 대신에 학생들의 학습 현황과 결과를 분석한 데이터를 모니터링하여 필요한 부분들을 집중적으로 멘토링한다.

효율성Efficiency 측면에서 기존의 e-Learning과 Adaptive e-Learning을 비교분석한 결과, 성취도는 92.5%에서 92%로 무의미한 감소를 보인 반면에 학습 시간은 11시간에서 4.5시간으로 단축됐다. 또 과목당 비용이 $61에서 $18로 큰 폭으로 줄었고, 총 $1,116,000이라는 어마어마한 금액을 절약하는 성과를 보였다. 뿐만 아니라 효과성Effectiveness 측면에서 Adaptive Learning의 효과는 일반 학습에 비해 학습 속도가 7배 빨라지고, 80%이상의 학생들이 향상된 시험 성적을 얻었다. 맞춤형 교육은 사교육의 고비용 문제를 해결하는 대안이 될 것이다.

Active Learning으로 사회와 융합

프로젝트 교육 및 MOOC, 플립 러닝 이후에는 사회 현장과 결합하는 예비 창업 등의 교육 과정이 필요하다. 이 과정이 능동적 학습 Active Learning이다. 미래 교육의 인프라가 학교 안에서 끝나는 것이 아니라 산업과 융합하는 사회와 연결되도록 구축되어야 하는 만큼, 이 과정이야말로 미래 교육의 백미라고 할 수 있다.

학생들이 시대적 요구역량을 함양하기 위해서는 습득한 지식을 활용하는 Active Learning 활동이 필수적이다. 산학연 연계를 탄탄히 하여 교육이 사회로 연결되어 융합될 수 있도록 해야 할 것이다.

[그림] PBL + Adaptive + MOOC + Flipped + Active

기업가정신에 기반한 실전 창업 프로그램이 가장 효과적인 학습이라는 것은 수많은 창업가들의 사례에서 입증되고 있다.

스탠포드 대학교의 d.school

스탠포드 대학교의 디스쿨d.school은 디자인이 아니라 디자인 싱킹Design Thinking, 즉 '생각을 디자인 하는 방법'을 가르친다. 스탠포드 대학교 재학생이면 전공과 나이와 관계없이 누구든지 등록할 수 있고, 학위가 아닌 수료를 한다. 'Learn by Doing'을 모토로 프로젝트 기반의 교육이 진행된다. 또한 단순히 기술과 디자인의 만남으로 제품을 만드는 것이 아닌 인간적 가치와 비즈니스 모델까지 구현할 수 있도록 한다. 디스쿨에서는 디자인 싱킹 워크숍 제품의 프로토타입 제작에 필요한 장비와 다양한 배경을 지닌 사람들과의 협력의 장을 제공한다. 학생들은 디스쿨 내에서 자유롭게 토론하고 협력하면서 프로젝트를 진행한다. 그 결과 많은 기업들이 디스쿨과 프로젝트를 하고 싶어 한다. 비자, 팹시, GE, P&G, 구글 등의 기업 뿐 아니라 게이츠 재단과 팔로알토 시 등 기관들도 디스쿨과의 협업을 통해 문제에 대한 아이디어를 얻는다.

이렇게 디스쿨에서 시작된 Noora Health는 주목할 만한 프로그램이다. 이는 환자의 가족 및 간병인을 위한 것으로, 환자가 주요 의료 문제들 및 만성질환으로부터 회복하는데 도움이 되는 중요한 기술들을 습득할 수 있도록 교육하는 프로그램이다. 2014년 Y-Combinator Accelerator를 통해 I-pad 앱이 만들어지면서 방글라데시에 실제로 활용되고 있다.

[그림] Noora Health

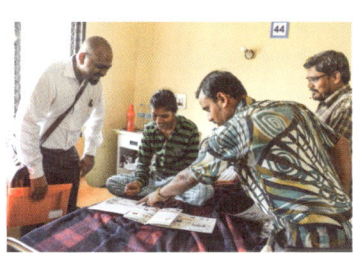

자료: d.school

이 앱은 병원의 복도 및 대기실을 교실로 활용하여 환자 및 가족 구성원이 효과적으로 실습할 수 있다. 앱은 다양한 동영상과 퀴즈 등의 양방향 컨텐츠를 활용하여 학습할 수 있도록 되어 있다. 25개 병원에서 약 9만 명의 가족들이 교육을 통해 수술 후에 겪는 합병증 발생율을 36%, 재입원율을 24% 감소시켰다. 불안감은 앱 사용 전에 비해 6배 감소시키는 효과를 보았다.

아래 [그림]은 디스쿨 수료생들이 디스쿨의 프로젝트를 확장하여 사회에서 실현하고 있는 사례들이다. 프로젝트가 사회로 나가면서 Active Learning으로 이어지고 있다.

[그림] d.School 프로그램의 사회로의 확장 사례

d.light design Affordable solar lanterns 56 million lives improved	2006	Matter Accelerator for public media 36 new media ventures launched	2011
Embrace Infant Warmers 150,000 babies reached	2007	Ravel Law Visual legal research Digitizing 100% of Harvard Law Case Library for public access	2012
GE Adventure Series Child-centered MRIs 100,000s of kids; sedation rate down 65%	2008	Noora Health Health training for families of critical care patients 71% reduction in 30 day post-surgery complications	2013
Hacks/Hackers Global network of journalists and technologists 1000s of members on four continents	2009	Atölye Co-working, co-creation and innovation space in Istanbul engaged >1000 locals; sparked 12 ongoing impact projects	2014
Pulse Digital news aggregation Acquired by LinkedIn for $90M	2010	Civilla Social innovation for Detroit Public benefits system for 2.4mm low-income citizens that will save $40mm/year (pilot)	2015

자료: d.school

KAIST IP-CEO의 챌린지 팀

IP-CEO의 정규과정은 2년으로 구성되어 있으나, 교육의 연속성을 위해 정규과정 이 후에도 학생들을 지속적으로 관리하고 있다. 그 중 하나가 바로 '챌린지 팀Challenge Team'이다.

챌린지 팀에는 창업 역량 강화를 위한 교육, 멘토링 및 해외 연수를 실시하고 실제 창업 지원 네트워크를 제공하여, 창업에 관심이 있는 교육원생이라면 누구나 참여가능하다. 학생들이 전국에 분포되어 있고 학교도 모두 다르므로 실제적인 활동을 함께하기에 물리적 한계가 있다. 그래서 매달 1회의 오프라인 모임과 그 외 1년에 2회 정도의 집중캠프를 진행한다. 집중캠프에서는 아이디어의 구체화를 위해 엑셀러레이터, 벤처투자자, 창업관련 교육자, 벤처 CEO 등이 참여하여 집중적으로 아이디어 멘토링을 진행한다. 팀에 따라서 지속적으로 운영되는 팀이 있고, 그렇지 않은 팀도 있다. 지속적으로 운영되는 팀의 경우 관련 전문가 연결을 통한 지원 및 시제품 제작, 법인 설립·특허 출원을 지원받을 수 있다. 실제로 다양한 팀들이 전문가의 코칭과 멘토링을 받아서 아이디어를 발전시켜 창업으로 연계하고 있다.

이렇게 실전과 연결되는 Active Learning을 통해 교육원생들은 2010년부터 2016년까지 도합 2,294건의 특허를 출원했다. 출원된 특허 중 등록된 건수는 142건이다. 아직 특허의 수준이 높은 것은 아니지만 스스로 특허를 출원함으로써, 학생들은 세상을 보는 시각이 달라진다. 또한 교육원생 중 15명이 대한민국 인재상을 수상하였으며, 다양한 창업의 시도들이 나타나면서 창업을 통한 기부도 발생했다.

04

개방형 산학협력

미래의 대학 교육의 핵심적 요소는 산학협력이다. 아니 산학협력을 넘어서 산학연 융합으로 진화해서 교육과 연구가 산업과 융합해야 한다. 이를 위해서는 산학협력을 촉진을 방해하는 요인을 제하고 활성화 할 수 있는 방법들을 모색해야 할 것이다.

현재 대학마다 산학협력을 위한 조직들이 존재한다. 대부분의 대학에는 산학협력단과 창업보육센터, 즉 인큐베이터들이 산학협력의 한 축을 담당하고 있다. 대학의 기술을 라이센싱하는 TLO^{Technology Licensing Office} 조직도 있고, 대학의 기술을 투자해서 사업화하는 기술지주회사도 있다. 많은 대학에는 중기청의 창업선도대학, 교육부의 LINC 사업 추진단이 있다. LINC 사업을 추진하는 대학에는 산학협력 교수 제도도 도입되어 있다. 그러나 문제는 이 모든 산학협력이 형식적 수준에 그치고 있는 사실이다. 형식적으로는 다른 나라들이 추진하고 있는 대부분의 산학협력 사업들을 도입했지만, 제 기능을 발휘하지 못하고 있다.

한국에서 시작된 실험실 창업 제도로 1,000개 이상의 기업들이 만들어지고[62] 그 중 80% 가까운 기업들이 지금도 활동하고 있으나, 산학협력의 실제 순수민간협력은 2000년 40%에서 10%대로 감소하였으며, 절대 금액은 제자리에 머물러 있다(KIAT, 2015).[63] 기업들은 사업의 가능성이 있다면 아프리카 오지까지도 뛰어든다. 그런데도 산학협력이 확대되지 않는 이유는 대학과의 산학협력의 동기부여 요인이 부족하기 때문이다. 이제 산학협력을 위한 대학의 근원적인 개혁이 논의 돼야 한다.

WIN-WIN하는 산학협력

산학협력은 기본적으로 상호 강점을 바탕으로 더 큰 시너지를 내는 것에 의의가 있다. 대학의 강점은 다양한 학문을 장기적 관점에서 바라본다는 것이고, 기업의 장점은 현장의 문제를 바탕으로 치열한 시장의 속성을 이해하고 있다는 것이다. 이러한 상호 본원적 장점을 바탕으로 산학협력은 설계되어야 하는데 현재의 산학협력은 대학이 기업들에게 뭔가를 가르칠 수 있다는 잘못된 전제하에서 추진되고 있다. 즉 대학의 기술을 산업계에 이전한다는 관점으로 산학협력단이 유지

---

[62] 중기청(2015), 실험실창업 실태조사
[63] KIAT의 연구결과에 따르면 2000년 1조 5,619억 원이었던 국내 대학의 연구비용은 2013년 5조 4,803억 원으로 연평균 10.1% 증가했다. 이 중에서 정부재원은 2000년 1조 5,619억 원(55.8%)에서 '13년 4조 4,847억 원(81.8%)으로 연평균 13.4% 증가했다. 반면에 민간재원은 2000년 6,152억원(39.4%)에서 2013년 6,747억 원(12.3%)으로 그 비중이 급격히 감소하였으며, 인플레이션을 고려한다면 실질금액은 오히려 감소했다고 할 수 있다.

되고, TLO^{Technology Licensing Office}가 작동되고, 기술지주회사가 운영되고 있는 것이다.

그러나 실상은 어떠한가. 대학의 산업화 경쟁력은 이미 중견기업 이상의 산업계에서는 인정받지 못하고 있다. 대학관계자들에게는 매우 불편한 진실이다. 그러다 보니 대기업들과 중견기업들이 주요 대학과 산학협력을 유지하는 이유는 우수인력 스카우트로 귀결된다. 그러나 지금은 기업의 서열화가 확립되면서 산학협력과 우수인력 스카우트의 상관관계가 약화됐다. 기업의 입장에서는 인력 수급용 산학협력의 필요성도 줄어들게 된 것이다.

미국의 경우 산학협력의 이유는 두 가지다. 인력 수급과 지식재산권의 확보다. 우리 대학의 산학협력의 근본 방향도 지식재산권 확보로 전환되어야 한다. 더 이상 기업들이 제품화 연구를 대학에 기대하지 않고 있다는 점을 직시해야 한다. 기술적으로 미성숙한 소규모 중소기업을 대상으로 한 대학 기술이전 사업은 유지되고 있으나, 이마서노 기술 수용 능력의 한계 때문에 실질적 효과가 의문시되고 있지 않은가.

산학협력의 열쇠, 지식재산권

대학은 지금부터라도 지식재산권 확보를 중심으로 한 새로운 산학협력의 가능성에 도전할 필요가 있다. 대학 내부의 벽을 허물고 연구실 간의 개방 협력이 이루어진다면 충분히 가능성이 있다. 대부분의 국내 기업들은 지식재산권의 중요성을 알고는 있지만, 기업 내에 다양한 분야의 전문가를 두기에는 부담을 느끼고 있다. 자신의 주력 사업분야 연구도 재정적으로 힘에 부치는 실정이기 때문이다. 극히 일부 대기업을 제외하고는 불가능하다. 그런데 대학에는 이러한 전문가들이 모여 있다.

결국 새로운 산학협력의 가능성은 대학에 다양한 분야 전문가들의 협력에서 시작된다. 대학은 학내 연구실간 협력 구조가 절대 부족한 현실을 먼저 극복해야 한다. 애리조나 주립 대학교가 대학 혁신의 큰 그림으로 학과 통폐합과 문제중심형 구조 전환을 제시했던 사례를 충분히 검토하고 본받을 필요가 있다. 융합을 위해 가능한 학과는 통합하는 것이 우선이고, 궁극적으로는 벽을 최대한 허물어야 한다. 그러려면 연구실간 협력에 대한 인센티브 구조와 대학의 공유가치 확립이 대학 조직 혁신의 최대 현안일 것이다.

대학의 약점으로 지적되는 문제 발굴능력은 산업현장이 보완하고, 기업의 약점인 전문가는 대학 내의 협력으로 보완하면 대한민국은 '지재권 중심의 산학협력'을 선도할 수 있다.

지재권 중심의 산학협력 프로젝트는 기존의 제품 개발 중심 프로젝트에 비해서 많은 장점을 가지고 있다. 제품 개발 프로젝트는 제품 기술 개발 비용이 지재권 확보에 비해서 수십 배 이상 투입된다. 반면에 기업의 수익성을 좌우하는 요인은 이제 제품화 기술보다는 지재권의 경쟁력에 달려있다. 2016년 MIT의 구즈만 교수의 연구에 의하면 지재권을 가진 기업이 그렇지 않은 기업보다 35배 높은 성장성을 보인다고 한다(MIT, 2016). 프랑스의 경우에서도 지재권 기업이 22% 높은 사업 성공률을 보이고 있다(Yann Ménièr 외, 2014). 그렇다면 문제는 생각보다 단순하다. 기존의 제품개발보다 훨씬 낮은 비용으로 더 강력한 차별화를 이룰 수 있는 방법, 지재권 중심의 연구개발이 새로운 산학융합의 열쇠다.

지재권 중심 산학융합은 많은 인력이 필요한 것도 아니다. 산업계의 문제를 대변하는 전문가와 대학의 해결능력을 연결할 전문가, 즉 UI[University-Industry]를 대표하는 두 명의 팀인 UI-DUO 시스템으로 구현 가능하다. 이 두 사람은 각각 산업계와 학계를 연결하는 작은 오솔길을 만들어 문제 발굴과 문제해결을 연결하는 허브역할을 담당하게 된다. 이 작은 연구실은 가상의 연구실과 같이 운영될 수 있으므로 이를 가상 랩[Virtual lab]이라고 부르기로 하자. UI-DUO에 의한 가상 랩은 연간 1억 정도의 비용이면 구성이 가능하다. 이를 통해서 연간 4, 5개의 의미 있는 특허만 나온다고 해도 충분히 국가적인 가치가 있다. 문제를 구현하는 단계가 아니라 문제를 찾고 핵심 아이디어를 도출하는 단계에 연구진과 학생들은 집중할 수 있는 것이다.

현실과 가상이 융합하는 4차 산업혁명에서는 실제 실험 없이도 충분히 지식재산권을 만들 수 있다. 빅 데이터와 인공지능을 활용한 가상화 기술 덕분이다. 여기서 만들어진 지식재산권을 바탕으로 제품화 프로젝트를 진행하는 것은 기존의 산학협력 체제에 편입하거나 아니면 기업 단독으로도 추진할 수 있다. 여기서 중요한 것은 제품의 연구를 통해서 지식재산이 도출되는 것이 아니다. 지식재산도출 결과가 우수할 경우, 이를 제품화하는 '지재권 우선 연구개발 전략'이 대세다.

가상 랩들이 대학마다 활성화되면 이들 간의 상호작용을 통해서 더욱 새로운 창조적 아이디어들이 발현될 수 있다. 지식은 공유될수록 기하급수적으로 창출되기 때문이다. 닫힌 연구에서 열린 연구로의 전환은 국가 전체의 경쟁력을 키운다. 그리고 열린 연구 전환의 핵심은 신뢰다. 대학 내 연구실 간 신뢰의 형성과 공동 연구에 대한 사회적 인센티브 구조가 미래 국가 제도의 핵심이다.

세계 최초의 실험실 창업으로 한국이 창업에 새 지평을 열었듯이 세계 최초의 UI-DUO 연구개발 전략으로 4차 산업혁명의 연구개발에 새 지평을 열기를 바란다.

지재권 중심 산학융합과
사회문제 해결형 프로젝트 중심 교육 SPBL

지재권 중심 산학융합은 사회문제 해결형 프로젝트와도 융합될 수 있다. 대학의 연구과정과 교육과정이 하나로 융합되는 것이다. 그렇게 되면 사회문제를 산업계와 협력으로 발굴하는 시너지가 발생한다. 문제를 풀어가는 과정에서는 학습능력 중심 교육이 이루어진다. 기업은 인재를 발굴함과 동시에 지재권을 획득하는 매우 획기적인 산학융합

모델이 될 것이다. 그런데 이 모델의 성패는 UI-DUO 팀의 기업가정신에 달려 있다. 따라서 이 팀을 사내기업팀으로 인정하고 지원하면 성공 확률이 높아질 것이다.

도출되는 지재권들은 대학의 미래 수입의 근간이 되는 동시에, 기업 경쟁력의 근간이 될 수 있다. 이를 위한 지재권의 공유 제도는 계속적으로 연구 발전시켜 나가야 한다. 특히 과거 대기업의 불공정거래 등 단기 이익을 위한 신뢰 상실 행위에 대한 사회적 징벌 제도는 필수적이다. 대학은 우수한 지재권 매각으로 수익을 얻을 수 있다. 미래는 지재권의 포트폴리오가 경쟁력을 결정하게 된다는 것을 명심해야 한다.

지재권 중심 산학융합과 사회문제 해결형 프로젝트 교육과정에서 교수들의 평가도 달라져야 할 것이다. 기존의 SCI 논문 평가 중심에서 지식재산권과 산학협력과 창업평가로 다양화돼야 한다.

한 가지 아쉬운 점은 개방된 산학협력의 팀 프로젝트 교육을 이끌어 갈 수 있는 기업과 대학의 경험을 골고루 갖춘 교원을 한국에서 찾기가 어렵다는 것이다. 많은 대학교수들이 학사, 석사, 박사 학위를 밟고 바로 대학에 취업을 해, 이러한 교육에 적합하지 않기 때문이다. 가능한 다양한 경력을 가진 교수 요원들을 선발할 것을 제안해 본다.

대학 거버넌스와 산학융합

산학융합이 확산되려면 대학 내 의사 결정 시스템인 거버넌스가 중요하다. 의사결정 시스템이 분산화되면서 산학융합을 지향해야 한다. 대학 내 산업현장을 잘 아는 교수들의 목소리가 대학 내 의사 결정에 반드시 반영되어야 한다는 말이다. 그런데, 현실적으로 어려움이 많다. 대부분의 산학협력 교수들은 단순 계약직 교수로,[64] 대학 내 의사결정 과정에 배제되어 있다. 그뿐만 아니라 대학의 창업지원단, 산학협력단, 창업선도대학, LINC대학, TLO와 기술지주회사 등 수많은 조직의 책임자들은 산업현장 경험이 없는 순환 보직 교수들로 채워지고 있다. 그들은 도전적 기업가정신보다 관리 중심의 운영을 할 가능성이 높다.

산학융합의 최전선에는 산업 현장을 알고 있는, 기업가정신에 기반을 둔 산학협력 교수들이 자리해야 한다. 그래야 산업 현장과 대학을 접목시키는 연결자 역할을 할 수 있다. 그러나 그럴 수 없는 이유 중 하나가 산학협력 교수들에 대한 대우가 대단히 미진하다는 점이다. 이들의 급여는 정규 대학교수에 연봉의 1/3수준에 불과하다.[65]

---

[64] 현재 임용된 산학협력 교수들은 전임교수로 임용되었지만, 사업기간과 재정적 부담 때문에 대부분 비정년 전임교수로 운영되고 있다(산학협력정책연구소, 2015).

[65] 현재 정부에서는 대학의 산학협력 교수 채용을 지원하고 있다. 산학협력 교수의 임금은 국가가 70%, 대학이 30%을 부담하며, 국고 지원금은 4,000만 원으로 상한선이 정해져 있다. 그 결과 산학협력 교수의 역량이 아무리 우수하더라도 최대 연봉은 5,500만 원을 넘지 못한다. 또한 산학협력 교수의 연봉은 최저 2,500만 원에서 5,500만 원까지 대학에 따라 편차가 매우 심하다. 반면에 국회의 자료에 따르면 2014년 4년제 대학의 정교수 한 명의 평균연봉은 9,349만 원이다.

대학이 생존 경쟁에서 살아남으려면 창조력의 원천이 되어야 하는데, 과거 지식을 재탕, 삼탕 할 수밖에 없는 구조를 유지하고 있는 셈이다. 많은 미래 학자들이 대학의 역할에 회의를 품는 이유다. 미래 대학의 역할의 핵심에는 산학융합이 자리하고 있다. 산학융합을 통해서 대학은 한 차원 높은 교육을 제공할 수 있게 되고, 의미 있는 연구를 수행하게 되고, 더 나아가서 대학에 필요한 미래 수익인 창조적 지식재산권을 창출하게 된다. 이를 바탕으로 창업과 산학협력 프로젝트들도 확대된다. 동문 선배 기업인들이 산학융합 과정의 설계에 외부 자문단으로 다수 참여하고, 가능하면 사업 성공을 통한 기부로까지 이어진다면 대학의 지속가능성에 큰 도움이 될 것이다. 교육, 연구, 재정 3가지 측면의 해결 대안은 산학협력에서 한 단계 진화한 산학융합에 있다.

HOMO FADENS

제 5 장

인생 N모작을 준비하다

For the future of Job and Education

01

평생교육, 선택이 아닌 필수

　WEF는 4차 산업혁명과 인적 자원의 잠재력에 관련한 보고서(2017)에서 평생교육을 교육 개혁과 교육 생태계 변화의 우선순위임을 강조했다. 그 이유는 무엇일까? 미래 사회의 급속한 변화로 일과 교육의 진부화Obsolescence 속도는 점점 빨라지고 있기 때문이다. 쉽게 말해서 기존의 지식이나 교육의 유효 기간이 짧아지고 있다는 말이다. 1모작 교육에서 2모작 교육을 거쳐 이제는 다모작의 평생교육이 필요한 시대다. 인공지능과 같은 기술이 기존의 일자리를 대체하더라도 새로운 일에 대한 교육이 뒷받침된다면 미래 사회는 지속가능할 것이다. 때문에 평생교육은 미래 사회의 필요조건이다.

　한편 평생교육으로 새로운 일에 적응하더라도 그 일을 필요로 하는 수요가 뒷받침해야 한다. 수요는 인간의 욕구와 구매력의 함수인데, 일난 인산의 욕구는 무한하므로 수요는 구매력에 날렸다고 볼 수 있다. 구매력은 사회적 분배 구조가 뒷받침되어야 유효하다.

부분과 전체의 패러독스

사람 몸의 세포는 100일마다 소멸되고 새롭게 생성된다. 세포들의 생성과 소멸을 통해 아이들은 성장한다. 부분인 세포가 죽음으로써 전체 인간이 살아가게 된다. 만약 부분인 세포가 죽어도 죽지 않겠다고 버티면 그것이 바로 암세포다. 결과적으로 전체가 죽게 된다.

혁신의 패러독스는 부분과 전체의 패러독스다. 아이들이 크는 것처럼 전체가 환경 변화에 적응하여 생존하기 위해서 부분이 소멸되고 생성되어야 한다. 산업 환경 변화에도 불구하고 변화하지 않겠다는 조직은 암세포가 된다. 구 소련의 한 고위 인사는 "우리 소비에트 연방에서는 어떤 기업도 망하지 않는다."라고 자랑했다. 그 결과가 어땠는가? 소련은 붕괴했다. 부분과 개인의 보호를 위해서 전체 혁신을 희생한 결과가 국가 전체의 붕괴로 이어진 것이다.

모든 생명체는 환경 변화에 적응하기 위해서 부단하게 진화해야 한다. 모든 조직도 환경 변화에 최적화된 내부 적응을 위해 조직구조를 혁신하고 개별 직무를 소멸·생성시킨다. 이러한 부분과 전체의 패러독스는 환경 변화에 적응하는 생명 조직의 보편적인 현상이다. 혁신을 추구하는 모든 조직은 부분과 전체의 패러독스에 직면하게 되고 이를 극복하는 조직이 궁극적으로 진화경쟁에서 살아남는다. 자동차 생산 공장은 환경 변화에 맞춰 변해야 한다. 시장의 경쟁상황과 소비자의 선호도가 변화하면 이에 맞추어서 자동차 공장의 생산라인을 바꿔야 한다.

국가 전체를 놓고 볼 때도 국가 전체의 혁신은 노동시장의 유연성으로 뒷받침 된다. 일자리가 끊임없이 소멸되고 생성되면서 사회는 발전해 왔다. 모든 일자리를 보호하려는 조직은 결국 경쟁에서 탈락했다. 개별 노동자 보호관점에서 노동시장을 경직화 시킨 국가는 결국 경제가 낙후되어 국가적인 재앙이 발생했다. 이는 역사적으로 확고하게 입증된 사실이다. 해외 기관들이 한국의 노동시장 경직성을 심각하게 문제로 삼는 이유다.

물론, 노동시장의 유연성이 개별 노동자의 직업 안정성을 보장하지 않는다면 사회는 불안정해진다. 내 일자리가 언제라도 없어질 수 있고 새로운 일자리 찾는 길이 보장되지 않으면 근로자들은 당연히 불안해한다. 이를 막기 위해서 일자리 안전망을 구축해야 한다. 여기서 일자리 안전망이란 개별 일자리를 보호하는 것이 아니라 플랫폼을 말한다. 모든 조직들이 환경 변화에 맞추어서 사라지는 직무 군의 재교육을 통해서 노동 시장에 복귀할 수 있는 재진입 안전망이 필요하다. 이것은 일종의 사회적 보험이다. 개별 일자리는 유연하되, 재교육을 통한 재진입을 보장하는 것이다. 직무는 변화하더라노 개개인의 식업의 안정성을 보장하는 방안이며, 부분과 전체의 패러독스를 극복하는 대안이다.

일자리 안전망은 덴마크를 비롯한 북유럽 국가들이 국가 경쟁력과 개인의 안정성을 보장하는 가장 핵심적인 수단이다. 덴마크의 기업들은 노동유연성을 바탕으로 국제 경쟁력을 유지한다. 혁신 과정에서 소멸된 일자리에 해당되는 근로자들은 실업수당이라는 사회안전망으로 생활이 보장되고 재교육 시스템으로 일자리 안전망이 구축된다. 기초 생활 보장과 재교육을 통한 재도전의 길은 열어주는 것이다. 사회안전망이 과도하면 과거 '요람에서 무덤까지'를 슬로건으로 내걸었던 영국처럼 곤란을 겪을 수 있다. 그러나 생활 보장이 안 될 경우는 사회 안정성이 흔들리게 된다. 생존의 문제는 해결하되 재도전의 의지를 꺾지 않는, 사회안전망으로서의 실업 수당과 다양한 재교육 시스템을 만드는 것이 일자리 안전망 구축의 관건이다. 한국의 경우에는 대기업의 내부 일자리 안전망으로 1차 일자리 안전망이 구축될 수 있다. 규모가 이에 미치지 못하는 기업들은 사회 일자리 안전망 구축으로 2차 대처해야 할 것이다. 기업 내부에 일자리 안전망을 구축한 기업들에게는 세금 혜택을 제공함으로써 혜택을 주어야 한다.

이런 노력들에도 불구하고 혁신으로 사라지는 직무 군에 속한 근로자들은 반발할 수 있다. 이를 극복하기 위해서는 사회적 신뢰가 필요하다. 전체를 위해서 내가 잠시 희생하더라도 다시 나에게 기회가 주어진다는 보장이 있어야 한다는 것이다. 이러한 사회적 신뢰가 국민소득 3만 달러 달성 여부를 판가름 한다. 국민소득 3만 달러가 넘는 국가의 발전은 혁신을 통해서 이루어지고 혁신이 지속되려면 유연성과 안정성이 동시에 제공되어야 한다.

대한민국은 직접적인 개별 근로자의 보호와 개별 직무의 보호를 넘어서 플랫폼을 통한 안전망 구축으로 일대 혁신해야 한다. 그렇지 않으면 냉엄한 글로벌 경쟁에서 밀려날 것이다. 혁신 국가로 가는 길은 부분과 전체의 패러독스를 극복함으로써 비로소 가능해진다.

평생교육은 왜 중요한가

과거는 초·중·고 정규 교육과정으로 평생 먹고 살 직업을 선택하고, 한 번 정해진 직장이 평생직장이 되어 정년퇴직 후면 별다른 직업 없이 노후를 보내는 게 가능했었다. 그러나 평생직장 시대는 구시대의 유물이 되어 버렸다. 이제는 첫 직장의 근속기간이 평균 1.7년(통계청, 2013)에 불과할 정도로 이직률이 높아졌고, 공부하는 회사원인 셀러던트도 크게 증가하고 있다.[66] 이들은 자기만족(18.3%), 은퇴 후 제2의 인생 준비(16.9%), 이직 혹은 전직(14.4%) 등의 목적으로 공부한다고 한다. 이런 통계에서 볼 수 있듯이 고령화 사회 진입으로 회사원들에게 퇴직 후 제2의 직업이나 직장을 갖고 일하는 것이 중요해졌다. 은퇴가 없는 액티브 에이징 Active aging 시대에 들어서고 있다는 뜻이다. 평균 52세까지 25년을 근무하고 은퇴해도 77세까지 25년은 더 일할 수 있다.

---

[66] 파이낸셜뉴스(2017.5.9), 셀러던트(공부하는 회사원)가 늘어나는 이유는

한편, 대학은 50만 신입생 시대에서 30만 신입생 시대로 들어서고 있다. 교육부에 따르면 2013년 수능 응시자 수는 2010년 66만 8,991명에 비해 6만 명 이상 감소한 60만 6,813명이었고, 이러한 추세라면 2024년엔 대학 입학정원이 수능 응시생보다 많아지는 역전현상이 벌어질 것으로 예상된다.[67] 교육 수요 감소에 대비하여 교육부는 정책적으로 부실대학퇴출 등 대학 구조조정을 추진하고 있는데 근본적인 해결책이 될 수 있을지는 미지수다.

우리가 직면한 이 두 가지의 상황을 해결할 방법은 평생교육에 있다. 쓰나미처럼 밀려오는 4차 산업혁명의 물결 속에 지속적인 일자리 변화는 우리가 넘어야할 또 다른 거대한 산이다. 4차 산업혁명은 초고령화가 요구하는 이모작 교육을 넘어 N모작 교육 수요를 창출한다. 이 평생교육을 담당하게 되는 대학의 교육 수요는 오히려 증가할 것이다. 다만, 교육의 형태와 내용은 달라져야 한다. 결국 새로운 변화에 적응하는 대학이 미래를 선도할 것이다.

---

[67] U's line(2014.09.12), 최근 4년 새 수능응시 6만 명 감소, 대학정원 2만 명만 줄어

02

Active Aging 시대

　일본의 장기 침체는 고령화로 시작됐다. 한국은 2000년에 65세 이상 인구가 7% 이상인 고령화 사회에 접어든 데 이어 2017년 8월 기준으로 고령사회에 진입하였고, 2026년에는 20%인 초고령사회로 진입할 것으로 보인다. 이는 인류 역사상 유례없는 초고속 고령화 진행이다. 현재의 저출산·고령화 추세라면 2018년에는 생산 가능인구 5명이 1명을 부양하는 구조가 되고, 2030년이 되면 2.7명이 1명을 부양하는 구조가 된다. 부양비율 1% 상승은 경제성장 0.6% 하락으로 이어진다. 대한민국이 고령화 문제를 해결하지 못한다면 일본의 '잃어버린 20년'의 전철을 밟게 될 가능성이 너무나 높다.

　세계적으로 진행되는 고령화를 긍정적인 시각으로 바라보는 단어들이 등장하고 있다. 에이징Aging이라는 단어 앞에 Well, Active, Digital, Happy, Healthy 등 여러 가지 단어들을 붙여 건강하고 활력 있게, 행복한 노후를 보낼 수 있도록 하는 고령화 정책들이다. 액티브 에이징Active aging은 그 중 하나로, EU는 '활동적인 노령화와 세대간 연대를 위한 유럽의 해' 2012 European Year for Active Ageing and Solidarity between Generations를 확정하면서 활동적이고 건강한 고령화Active&Healthy Aging를 위한 혁신적인 정책들을 추진하고 있다. EC(유럽집행위원회)는 이를 실버경제Silver Economy68)의 맥락에서 새로운 일자리를 창출할 수 있는 기회의 요소로 보고, 고령 인구가 의료와 사회 서비스 분야의 새로운 소비 시장을 창출할 수 있도록 다양한 정책 이니셔티브를 제안하고 있다. 또한 국가 간 활동적이고 건강한 노령 인구를 위해 사회활동에 참여할 수 있는 잠재지수를 측정하는 지표를 개발하여 제공하고 있다.69)

미국은 20세기 전반에 걸쳐 꾸준하게 고령화가 진행되어 온 국가로, 노인복지와 고령근로자 활성화 대책을 추진하고 있다. 노인복지정책으로는 빈곤층과 85세 이상의 초고령 노인에게 집중적으로 의료비용을 지원하고, 요양시설 및 재가서비스도 확충하고 있다. 연방정부 차원에서는 은퇴 후 소득보장, 의료보장, 노인복지 프로그램을 추진하고, 65세 이상의 노인과 장애인을 위한 건강관리 프로그램Medicare 운영 및 노인 집단 거주시설 등 여가 생활을 누릴 수 있는 시니어 커뮤니티 온락ONLOCK을 활성화했다. 고령 근로자 활성화를 위해서는 구직활동 프로그램을 개발해 노후 경제 활

---

68) 고령 인구와 50대 이상 인구의 특정 수요에 따라 증가하는 공공·민간 지출과 관련된 현존하거나 잠재적인 경제적 기회(자료: 유럽집행위원회)
69) https://statswiki.unece.org/display/AAI/Active+Ageing+Index+Home

동을 지원하고, 재고용을 유도하는 유연고용 프로그램과 인력투자법70)을 추진하여 젊은 근로자와 고령 근로자를 함께 지원하고 있다. 미국의 정책은 정부의 일방적 지원 보다는 정부와 기업이 공동으로 추진하여 가족 친화 기업경영 및 일-가정 양립형 고용제도를 도입했다는 특징이 있다.

타 국가에 비해 고령화가 빠른 속도로 진행되는 독일은 노후 소득보장과 건강보장에 초점을 맞춰 대응하고 있다. '어젠다 2010'을 통해 퇴직 연령을 연장하여 연금수급 개시 연령을 늦추고, 근로자의 고용안전을 위해 평생계속교육 시스템을 구축했다. 전국적으로 'Volkshochschule'이라는 평생교육 프로그램을 통해 중·고령자의 계속교육, 퇴직준비교육, 퇴직(실직) 후 재취업 교육 등을 진행하고 있다. 또한 노인 연령에 대한 제한과 차별 제도를 과감히 철폐하였으며, 노인 일자리의 노동조건을 개선하여 고용제도를 구축했다. 50세 이상의 장기 실직자를 대상으로 지역 차원의 고용 협약 프로그램인 '이니셔티브 50+'를 통해 취업 활성화 및 장년 근로자의 일자리 창출을 도모하고 있다.

이미 초고령화에 접어든 일본은 오래전부터 고령화대책 및 인프라를 확충하는데 중점을 두고 정책을 시행하고 있다. 1980년대 '고령자보건복지10개년추진전략' 수립을 시작해 2001년 '고령사

---

70) 2014년 오바마 행정부에 의해 인력혁신기회법으로 개정되어 모든 구직자의 취업을 촉진하기 위한 법안으로 2015년 7월부터 시행되고 있다.

회대책대강'이 수립됐다. 이는 고령사회대책기본법으로 고령자의 재취업을 촉진하고, 평생 학습기회를 제공하며, 안정적인 주거 생활을 확보할 수 있도록 세부 추진 계획을 마련했다. '1억 총 활약'은 2015년 발표된 정책인데, '50년 뒤에도 인구 1억 명을 유지한다'는 기조로 경제정책, 저출산대책, 고령화대책 등 세 가지 화살로 구성되어 있다. 구체적인 내용은 다음과 같다.[71]

> ① 희망을 가져오는 강한 경제: 투자 촉진 및 생산성 혁명을 통해 임금상승과 소비를 촉진하고, 여성, 사회적 약자의 활약을 지원한다.
> ② 꿈을 실현시키는 육아정책: 결혼과 육아 지원책으로 청년의 고용 안정성을 제고하고, 육아세대 포괄지원센터를 통해 임신기부터 육아기까지 지속적인 지원시스템을 구축하며, 다양한 보육 서비스의 확충, 유아교육 무상화 단계적 추진, 빈곤 아동을 위한 지원책을 마련한다.
> ③ 안심할 수 있는 사회보장: 고령자 요구 맞춤형 돌봄 서비스와 건강수명 연장을 지원하고, 다양한 취업기회 및 경제적 자립지원 등 고령자들이 활약할 수 있는 사회를 구상하기 위한 제도적 장치를 마련한다.

이 개념은 기존 다른 국가들이 제시한 정부 복지 및 자금 지원책과 비교했을 때 선진화된 고령화 대책이라는 평가를 받고 있다. 이 때문에 일본의 '1억 총활약' 정책은 우리에게 좋은 벤치마킹의 대상이 될 수 있다. 그리고 그 결론은 은퇴가 없는 사회로 가야 한다는 것이다. 연금을 적립하고 퇴직 후 노후 생활을 하는 과거의

---

71) 일본 총리실 발표자료 요약

사회 모델은 이제 분명한 한계에 달했다.

　국가별로 처한 사회, 문화, 경제적 상황에 따라 각기 다른 사회·복지 시스템을 구축하고 있으나, 선진국들의 고령화 대응책은 특별히 국가적 우선순위로 추진되고 있다. 이는 매우 주목할 만한 점이다. 선진국들의 액티브 에이징 정책은 늘어난 노년기를 건강하고 생산적이며 행복하게 보낼 수 있도록 국가적 가이드라인을 제시하고 있다.

　이제 대한민국의 현실은 어떠한가 되돌아보자. 현재 은퇴하는 베이비 붐 세대는 그들이 보유한 역량에 걸맞지 않은 일자리를 수용하거나, 3년 내 50%가 폐업하는 고 위험 자영업에 뛰어들고 있다. 개인 삶의 변곡점인 은퇴 시기에서 기존에 쌓아온 역량을 발휘하지 못하게 되는 것이다. 그렇기 때문에 은퇴 세대의 개인 역량을 사회적 수요와 연결하는 긱 플랫폼과 평생교육이 필요하다.

　생산하는 국민보다 부양받는 국민이 더 많은 국가는 미래가 없다. 평균 51.6세에 퇴사하는 인생 1모작까지 최대 25년간 일했다면 그 이후 경험을 바탕으로 다시 최대 25년을 더 일할 수 있을 것이다. 인생 2모작은 선택이 아니라 필수이며, 이 시기의 교육이 국가 역량 강화에 절대적이다. 인생 1모작에서 갈고 닦은 기초 역량을 2모작 교육으로 통해 더욱 빛나게 하면 대한민국의 고령화 문제를 해결할 수 있을 것이다. 또한 2모작이 아닌 3모작, 4모작, N모작의 길을 여는 평생교육 시스템의 구축은 아무리 강조해도 지나치지 않을 것이다.

OECD는 평생교육을 "평생을 통한 계속된 교육을 의미하며, 급변하는 현대사회에서 일정 연령층을 대상으로 하는 학교 교육과 그 외의 제반 교육 자원을 효율화함으로써 교육 역량의 극대화를 지향하는 총제적인 노력"으로 정의하고 있다. 변화하는 지식사회에서 평생교육은 더욱 중요해진다.

'긱 경제Gig Economy'라는 프리랜서 중심 경제가 도래한 이 시점에서 은퇴자들도 개인의 역량만 잘 구축하면 언제 어디서나 대우받을 수 있다. 기업이 핵심 역량을 중심으로 정예화되고 필요한 주변 역량은 연결 플랫폼을 활용하면 국가 차원의 전체 경쟁력은 강화된다. 기업이 은퇴자들의 역량을 키워 적절한 시기에 스핀 아웃시키는 것은 강력한 경쟁 전략이 될 것이다.

여기에 관해서는 핀란드 노키아의 브리지 프로그램을 벤치마킹할 만하다. 감원 폭풍 직전이었던 2011년 4월 노키아는 브리지 프로그램을 도입했다. 감원 대상 임직원의 창업을 지원하는 프로그램이었다. 대상은 핀란드는 물론 세계 13개국 지사의 전 임직원이었다. 창업을 원하는 직원에겐 1인당 2만 5,000유로, 우리 돈으로 약 3,400만 원을 지원했다. 팀을 이루면 최대 4명까지 지원해 한 스타트업이 10만 유로를 받을 수 있었다. 심사를 통과한 창업자가 은행에서 대출받을 땐 보증도 서줬다. 노키아가 보유한 기술이나 노하우를 전수한 건 물론이다. 특히 노키아가 포기한 OS였던 심비안과 미고를 활용할 수 있도록 했다. 창업을 선택한 직원의 평균연령은 35~54세였다. 이 중 회사를 운영해 본 경험이 있었던 사람은 10%도 안 됐다. 그런데도 2014년까지 브리지 프로그램을 통해 탄생한 스타트업은 1,000여 개에 달했다. 첨단 기술을 가진 노키아 엔지니어들이 대거 창업에 나서면서 핀란드 스타트업 수준을 한 단계 끌어올렸다. 핀란드 경제는 노키아 쇼크 직후인 2012년부터 4년 연속 마이너스 성장을 했다. 그러나 스타트업 붐 덕분에 2016년부터는 활력을 되찾았다.

03

건강한 고령화 사회와 일자리 안전망

　50~60대 은퇴 자영업자의 몰락에 관한 뉴스는 더 이상 새롭지 않다. 충분한 일자리 안전망을 갖추지 못한 대한민국을 여실히 반영하는 씁쓸한 모습이다. 아직 일 할 수 있는 나이인데 마땅히 할 수 있는 일이 없다는 자괴감은 은퇴자들을 괴롭히고 경제적 파탄으로 이끈다. 젊은이들도 그런 은퇴자들의 모습이 남의 일이 아니라는 생각에 불안해 질 수밖에 없다. 노동자 보호는 물론 실제로 고용창출의 효과, 경제 성장과 사회통합으로 이어지도록 하기 위해서는 피할 수 없는 노동시장의 유연성을 인정하고, 하루빨리 일자리 안전망이 구축되어야 한다.

　아시아 불안정 노동연구가인 아니 칼리버그 미국 노스캐롤라이나대 교수도 불안정 노동의 해결과 행복한 사회의 조건은 안전성 보장에 있으며, 실업자들에게 재교육의 기회를 주는 등 고용 안전성을 해치는 문제점들을 해결하는 것이 먼저 필요하다고 강조했다.

일자리 안전망을 구축하기 위한 구체적인 방안은 사회 통합형 평생교육과 재교육 인프라의 확충이다. 우리나라의 평생교육은 모든 국민이 평생에 걸쳐 학습하고, 능력과 적성에 따라 교육받을 권리를 가진다는 교육기본법 및 평생교육법, 헌법에 의거하여 추진됐다. 또한, 1997년 경제위기 이후 대규모 실업을 해결하기 위해 종합적인 실업대책으로 고용지원센터를 통한 실업자, 고용위기기업 근로자들을 대상의 재취업 알선, 직업 훈련, 직업 재교육 등도 마련됐다. 이러한 추진에도 불구하고 현재 한국의 일자리 안전망은 취약하다.

OECD가 발표한 자료OECD Education at a Glance, 2011에 따르면, 한국의 평생학습 학습자 수와 평생교육기관의 수는 꾸준히 증가하고 있으나 성인의 평생학습 참여율 수준은 32.4%로 다른 OECD국가들의 평균(40.2%)보다 낮은 수준이다. 2016년 교육부의 평생교육 단과대학 지원 사업 추진으로 선정된 10곳 이상의 대학에서 몇 개 대학을 제외하고는 대부분 수시모집에서 미달됐거나 지원자가 아예 없는 학과도 있었다.

교육의 장을 열어 주어도 참여율이 낮은 이유는 무엇일까? 국가평생교육진흥원(2012)은 평생교육의 참여율이 저조한 이유에 대해 평생학습권에 대한 인식과 기회의 부족, 현재 전체 교육 예산의 0.07%에 불과한 정부의 재정 지원을 문제점으로 지적했고, 국민 참여율을 높이기 위해 적극적인 홍보가 필요하다고 강조했다.

[그림] 선진국 일자리 안전망 정책

덴마크	핀란드	스웨덴	네덜란드
Flexicurity 안정적 유연성	근로생애 발전전략 2020 Working Life Development Strategy	렌-마이드너 모델 지속가능 복지 (경제적 복지)	Polder model 유연 안정성
재취업 교육 실직자 대상 맞춤 교육	산학협동 교육 공공고용 서비스 중고령층 대상 재교육	재교육 (정부,기업)	실업 시 재취업 노동자 교육 프로그램
평생교육 학습조직 결성	평생교육, 성인교육	직업교육 평생교육	산,학,연 직업기술훈련교육 평생학습

유연한 일자리 + 재교육을 통한 안정적인 일자리
재교육, 국가의 역할 일자리 안전망 제공

 재교육 실태 조사 결과도 크게 다르지 않았다. 정부의 대표적 정책이자 실업자직업훈련사업인 '실업자직업능력개발계좌제'의 실태 조사 결과(정한나·박세정, 2015), 2012년~2014년 3년간 계좌제 훈련생 참여율은 꾸준히 줄어들었다. 12개월까지의 고용유지율을 보면 3년간 평균 남자 37.9%, 여자 34.2%에 그쳤다. 저조한 참여율과 고용유지율을 보면 실업 해법으로 추진된 이 제도의 실효성에 대한 의문을 제기하게 된다.

 취약한 일자리 안전망의 경쟁력 높이려는 우리에게 덴마크, 핀란드, 스웨덴, 네덜란드의 정책들은 많은 시사점을 준다. 이들 나라는 평생교육과 재교육을 국가 정책의 우선순위로 두고 일자리 안전망을 강화하고 있다.

Flexicurity의 나라, 덴마크

해고에 대한 어려움이 없는 나라, 심지어 고용부 공무원들도 자주 바뀌는 나라. 일자리 이동이 활발한 노동시장을 가진 덴마크를 표현하는 수식어이다. 1990년대 실업률이 10%를 육박했던 덴마크는 2017년 현재 4.1%로 낮아졌다. 1994년부터 플렉시큐리티 Flexicurity[72]라는 모델을 통해 유연성 증대와 동시에 노동 안정성을 추구하는 노동 정책을 펼친 것이다. 언뜻 보아도 모순되는 개념인 유연성과 안정망을 결합해 '쉬운 해고'라기보다는 '적극적이고 활발한 이직'을 권유했다. 쉬운 해고, 적극적인 이직이 많은 나라에서 고용률 74.5%(OECD, 2016)를 달성할 수 있었던 가장 큰 이유는 '유연 안정성'이라는 일자리 안전망이 있기 때문이다.

덴마크의 유연 안정성 모델은 황금 삼각형 모델이라고도 불린다. 이 모델은 일자리 간 활발한 이동과 실업자를 위한 종합적인 사회안전망, 적극적인 노동 시장 정책을 포괄하고 있다.[73] 유연한 노동시장에 대한 실업수당, 2년간 종전 임금의 최대 80%까지 지급하는 실직 급여 및 사회지원을 제공한다. 또 장기실업자들의 재취업을 돕기 위해서 직업훈련센터 운영, 실직자 직업 훈련 등과 같은 적극적인 노동시장정책을 펼쳐 완전고용을 달성하고자 한다. 덴마크가 실직자들의

---

[72] Flexible과 Security의 합성어
[73] Per Kongshøj Madsen(2008), 덴마크식 유연안정성: 노동시장 개혁의 새로운 모델인가?, 한국노동연구원, 국제노동브리프

재취업을 위해 매년 투자하는 비용은 2008년만 해도 국가총생산의 1.52%에 달했는데, 이는 한국의 5배를 넘는 수치다.

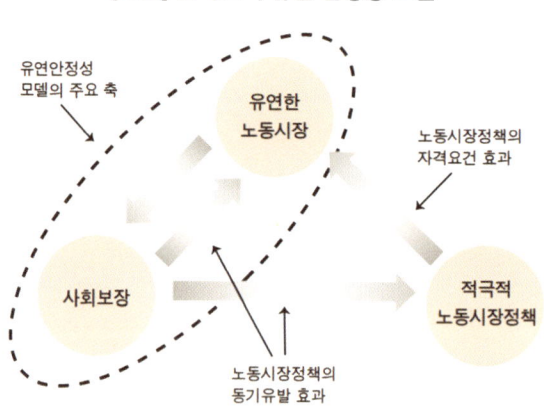

[그림] 덴마크의 유연 안정성 모델

자료: Per Kongshøj Madsen(2008)

 또한, 덴마크는 OECD 회원국 중에서 지속적인 교육훈련 및 평생교육에 많은 예산을 지출하는 국가 중 하나다. 덴마크의 평생교육은 사회통합과 지속가능한 성인교육제도 구축을 목표로 추진됐다. 비숙련 노동자뿐만 아니라 재직자, 실업자 등을 대상으로 직업교육을 통한 성인의 지속적인 역량 개발, 노동시장에 부응하기 위한 교육 훈련을 제공하고 있다. 주로 구체적인 직업이나 섹터와 관련된 역량, 일반적인 기술·역량 등에 대한 내용으로 진행되고 있다.[74]

 덴마크 고용청의 조사 결과 실제로 근로자들이 느끼는 직무 안전

---

[74] 주휘정(2015), 덴마크 오후스 대학 파견, 귀국보고서

성과 직무 만족도는 높았다. 역동적인 고용 시장을 이끌어낸 덴마크식 노동정책 모델을 도입할 만한 가치는 충분하다. 그러나 아쉽게도 바로 한국에 적용하기에는 무리가 있어 보인다. 신뢰와 양보가 부족한 노사 갈등적, 분산적 관계, 재벌 중심의 경제 구조 등으로는 덴마크와 같은 유연안정성 모델의 하부구조를 만들기가 어렵다. 불안한 한국의 노동 시장의 현실에서 탈피하기 위해 덴마크의 황금삼각형모델에 대한 냉정한 평가와 자기 혁신, 벤치마킹으로 일자리 안전망을 구축해야 할 것이다.

[그림] Job Security와 Job satisfaction

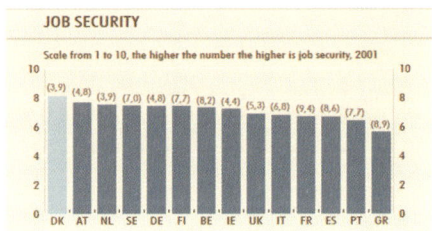

NOTE: The figure in parentheses is the percent unemployment in 2006.
SOURCE: Centre for European Policy Studies (2004), A New European Agenda for Labour Mobility, Report of a CEPS-ECHR Task Force.

NOTE: The number of employed who are satisfied or very satisfied with their job.
SOURCE: European Foundation for the Improvement for Living and Working Conditions(2006).

자료: http://www.da.dk

적극적 노동시장정책의 나라, 핀란드

핀란드의 고용경제부는 청년일자리 보장, 공공고용서비스{PES·Public Employment Service} 개혁, 장기실업퇴치, 구조변화 대응을 목표로 국가적 아젠다로서 'Working Life Development Strategy 2020{근로생애발전전략 2020}'을 수립해 추진 중이다.[75] 그 중 공공고용서비스는 고용서비스, 인적자원개발, 창업지원 등을 지원하는 정책이다. 핀란드의 노동정책은 PES를 보면 알 수 있듯이 직접 재정 지원도 있지만 고용 서비스와 같은 간접적 지원을 중점적으로 추진하고 있다. 실직자 중 일부에게 2년간 월 소득 560 유로가 제공되는 기본 소득제{Basic income}도 2017년 1월부터 시행했다. 기본소득제의 궁극적인 목적은 근로 의욕을 높여 일을 하도록 유도하는 것이며, 이것이 핀란드 노동 정책의 핵심이다.

PES는 1990년대에는 정부가 주도했으나, 2000년 이후 지자체가 중심이 되는 지역경제 활성화 정책의 일환으로 개혁됐다. 이후 실업급여와 실업연금 제도가 결합된 실업터널 제도 도입 및 지자체·기업 에이전시·비즈니스인큐베이터 등 PES 네트워크 구성 등이 추진됐다. 그 결과 경제 참여율이 제고되고 실업률이 감소했다.

또한, 핀란드는 2020년 초고령화 사회에 진입할 것에 대비해 1998년부터 고령 근로자를 위한 국가계획{FINPAW·Finnish National

---

[75] 고용노동부(2014)

Programme for Ageing Workers 프로그램을 추진해왔다. 이를 계기로 고령 인구대상의 성인교육과 평생교육이 적극적으로 이루어지고 있다. 핀란드에서 고령자 고용을 지원하는 국가 정책과 프로그램이 성공적이었다고 평가되는 이유는 고령자에게 일자리를 제공해주는 것 이상으로 총체적이고 통합적인 교육 훈련으로 고령자의 노동 능력을 향상시켰기 때문이다.

[그림] 핀란드의 PES 개혁과 실업률 변화

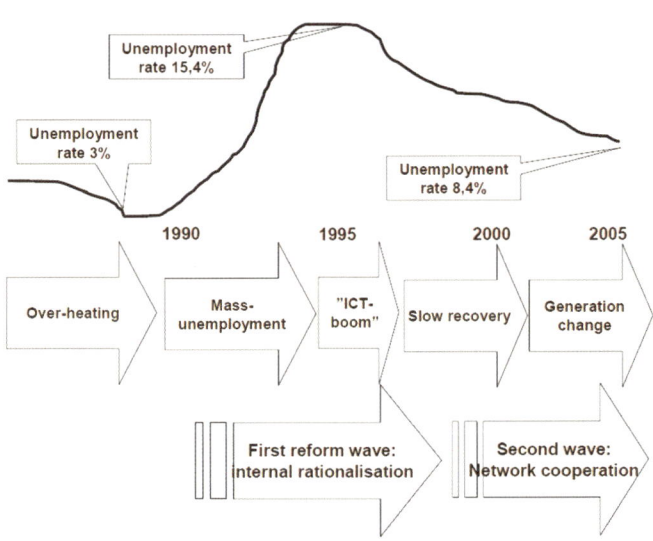

자료: Robert Arnkil(2007), "Public Employment Service Reform of Finland in Nordic Perspective", Work Research Center, University of Tampere

이처럼 핀란드는 양질의 노동력 창출을 목적으로 지속적인 성인교육과 평생교육, 노동 시장 수요 맞춤 기술 교육과 실업자 대상 재교육을 실시하고 있다. 이런 핀란드의 노동 정책은 4차 산업혁명의 도래로 발생할 대량 실업에 대해 충분히 대응 가능한 유연한 사회안전망이 될 것이다.

렌-마이드너 모델, 스웨덴

수출 지향, 대기업 중심, 교육 중시 문화 등은 스웨덴과 한국의 공통적인 특징이다. 그런데 한국과 스웨덴의 복지는 상당한 차이가 있다.

스웨덴의 복지를 튼튼하게 받치고 있는 두 기둥은 바로 정치와 경제이다. 스웨덴은 복지정책이 확대될수록 늘어나는 적자 재정 문제를 해결하기 위해서 복지정책 축소 대신 다른 방법을 강구했다. 바로 '렌-마이드너 모델'이다. 이 모델은 고용 인력의 자유로운 이동을 허용하여 전체의 고용 유지 상태를 보장하여 기업은 노동 유연성을, 노동자들은 직업 교육을 보장받게 된다. 국가의 역할은 파산한 중소기업의 근로자들을 재교육·재훈련시켜 생산성이 높고, 부가가치가 높은 산업으로 이직시키는 것이다. 이들을 노동시장으로 재 흡수시켜 경제 성장과 세수확보를 하고 궁극적으로 사회안전망을 구축하는 것이다.

복지국가 스웨덴을 만든 또 다른 인프라는 평생교육이다. 스웨덴은 1950년대부터 이미 성인교육법을 공포하고, 인문뿐만 아니라 기술 중심의 교육까지도 강조했다. 스웨덴의 성인교육 기저에는 '직업교육' 철학이 담겨 있는데, 교육받을 권리가 있는 국민들이 자발적으로 자신만의 기술과 지식을 쌓아 직업을 갖고 경제 활동에 참여해 지역 사회의 구성원이 되도록 하는 것이다. 또한, 스웨덴의 성인 교육은 노년 대상의 학습과 재교육을 통해 고령화에 대응하고 있다.

Polder Model, 네덜란드

1970~80년대 네덜란드는 극심한 인플레이션과 실질임금 인상으로 실업자 수가 급증했다. 당시 경제활동인구의 14%를 상회할 정도였다. 고용 침체로 복지 정책을 더 이상유지 할 수 없을 정도에 이르자 정부는 복지체제의 개혁을 추진하게 된다. 네덜란드의 개혁은 평화적이고 협력적인 노사관계, 시간제 노동과 같은 일자리 나누기, 노동시장의 유연성 증대를 통해 이루어졌다. 다른 나라와 차별되는 요소는 사회적 파트너 사이의 합의를 기반으로 고용 창출과 국제 경쟁력 증대를 도모했다는 점이다. 바로 '폴더 모델Polder Model'의 특징이다.

네덜란드는 1999년부터 고용의 유연성을 추구함과 동시에 사회보장정책이 결합된 유연·안정법Wet Flexibiliteit en Zekerheid과 적극적 노동시장 정책을 시행하게 된다. 특히 주목할 점은 정부의 노동시장 프로그램이나 실직자 대상 교육훈련에 대한 지출이 당시 미국, 영국, 유럽의 다른 국가들보다 훨씬 높은 수준이었다는 사실이다.

또한, 사회변화에 능동적으로 대처하기 위한 산학연 직업기술훈련 교육과 평생학습도 실시했다. 최근에는 네덜란드의 지속적인 발전과 복지를 위해 직업교육을 확충하고, 평생교육 기회의 확대를 강조하고 있다. 네덜란드는 이것을 지식과 창조성에 대한 투자로 보고 있다.

지금까지 살펴본 네 국가의 일자리 안전망 정책들을 그대로 적용하기에는 해당 국가의 사회 복지, 재정 문제 등이 복잡하게 얽혀 있기 때문에 논란의 여지가 있다. 그러나 정부의 역할만은 새겨둘 필요가 있다. 기술혁신으로 생산성이 낮은 일자리가 기계로 대체되면, 일자리는 국가 전체의 성장이 극대화되도록 유연하게 재배치 될 수 있어야 한다. 전체 일자리는 유연하되 개인의 일자리는 안전하도록 재교육과 평생교육의 인프라를 갖췄을 때 일자리는 장기적으로 최적화될 수 있다. 이 때 일자리의 유연성이 근로자에게 불리하지 않도록 재교육이라는 일자리 안전망을 제공하는 것이 국가의 역할이다.

재교육과 평생교육의 일자리 안전망이 잘 구축된 사회일수록 사회 변화, 혹은 그 이상의 4차 산업혁명과 같은 거대한 흐름에도 유연함과 안전을 동시에 달성할 수 있음은 여러 번 강조해도 지나치지 않다.

노동시장 유연성 확보를 위한 일자리 안전망 구축

노동시장은 유연·안정성을 확보해야 한다는 것이 역사적 경험이다. 노동시장의 유연성은 기업혁신을 통한 성장의 대전제다. 경쟁력 강화를 위한 기업의 혁신은 기존의 일자리를 없애고 새로운 일자리를 만든다. 경우에 따라, 없어지는 일자리가 많을 수도 있고, 만드는 일자리가 많을 수도 있다. 분명한 것은 일자리의 변화없이는 기업혁신에 의한 성장은 불가능하다는 것이다. 혁신을 통해 성장하고, 성장을 통해 이익을 내고, 이익을 통해 세금을 더 내는 선순환 구조가 일류국가로 가는 길이다. 일자리 유연성은 일자리 안전망으로 뒷받침되어야 한다. 그러나 회사의 혁신을 위해 개인의 일자리가 희생되어야 한다면, 개인으로서는 받아들일 수 없다. 일자리 안전망이 없으면 조직화된 저항이 불가피하다.

혁신에 의한 개인의 일자리 변화를 일자리 안전망을 통해 흡수하고, 재교육하여 사회에 복귀하는 선순환 일자리 구조가 덴마크 국가경쟁력의 근간이다. 좀 더 어렵게 말하면, 혁신이라는 복잡계적 과정이 일자리 안전망이라는 보험제도를 통해 개인의 일자리 상실이 전체의 일자리 확보로 연결되는 시스템이 된다. 여기서 일자리 재교육은 대학 단독이 아닌 산학연 공통의 과정이 된다. 그리고 이를 기업가와 나누는 인턴과정 등이 다양한 보조적 제도가 될 것이다.

기업의 조세는 일자리 안전망 구축에 투입되어 기업의 혁신을 뒷받침 할 것이다. 이러한 일자리의 안전망을 통해 교육된 사람들을 사회 각 층에 연결하는 일자리 플랫폼이 구축되어야 한다.

04

평생교육과 학습도시

    1960년대 평생교육의 개념이 확산되기 시작할 당시는 크게 주목받지 못하다가 1990년대 들어서야 다시 평생교육에 대한 세계적 관심사가 확대되기 시작했다. 이때부터 유럽 국가뿐만 아니라 EC, UNESCO, OECD 등 국제기구를 중심으로 평생학습에 대한 활발한 활동이 이루어졌다. 최근 고령화 사회로 접어들면서 세계 여러 국가들은 은퇴 후 긴 삶에 대한 준비를 위해 필요한 평생교육 활성화에 힘쓰고 있다. 유연하고 창조적인 지적 능력에 대한 요구가 급증하자 새로운 교육으로서 평생교육이 대두됐고, 이제 평생교육은 경쟁력 제고와 사회적 통합을 위한 국가적 전략으로까지 강조되고 있다.

UNESCO 평생교육과 학습도시[76]

유네스코는 평생교육의 이념을 정립하고 실천을 주도한 대표적인 기구이다. 평생교육이라는 용어가 널리 확산된 계기는 1965년 당시 유네스코 성인국장이었던 Lengrand가 논문An Introduction to Lifelong Education에 사용하면서 부터다. 그는 논문을 통해 평생교육을 제안했고, 유네스코는 이를 'Lifelong education'으로 번역했다. 이후 국가 간 협력을 통해 교육관련 문제를 해결하기 위한 공동조직으로서 산하기구를 설립하였는데, 그 중 평생학습 확대를 위한 평생학습연구원인 UILThe UNESCO Institute for Lifelong Learning이 있다.

유네스코는 개인의 자아실현을 평생교육의 기본으로 삼고 이를 위해 기존 교육제도의 통합과 지역사회의 학습도시로의 전환을 지속적으로 실천하고 있다. 그리고 알기 위한 학습Learning to Know, 행동하기 위한 학습Learning to do, 존재하기 위한 학습Learning to be, 그리고 함께 살기 위한 학습Learning to live together의 4가지 이념을 설정하여 평생학습의 의미를 재규정했다(국가평생교육진흥원).

2008~2013년 중장기 전략으로 모든 이를 위한 교육과 평생교육의 질 확보, 지속가능한 발전을 위한 과학적 지식과 정책 동원, 최근 일어나고 있는 사회적·윤리적 도전의 대응, 문화적 다양성과 평화적 문화 육성, 정보와 커뮤니케이션 기반의 총체적 지식사회

---
76) 배천웅(2006), 지식기반사회의 평생교육; 평생교육진흥원(2009), 국제기구 평생교육 정책동향

의 건설을 목표로 했다. 이를 실천하고자 정책 연구·조사 활동, 세계성인교육회의, 모든 이를 위한 교육사업, 문해교육사업,[77] UN 문해의 해 10년 사업, UN의 지속가능발전을 위한 10년 교육사업, 새천년개발목표 등의 다양한 사업을 추진했다.

[그림] 유네스코 평생학습연구소

요람에서 무덤까지 (from the cradle to the grave)*
"모든 이를 위한 교육(Education for All)과 평생교육의 질 확보"
개인의 자아실현을 평생교육의 기본으로 삼고 이를 위해
기존 교육제도의 통합과 지역사회의 학습도시로의 전환을 지속적으로 실천

중장기 전략
① 모든 이를 위한 교육과 평생교육의 질 확보
② 지속가능한 발전을 위한 과학적 지식과 정책 동원
③ 최근 형성된 사회적 윤리적 도전의 대응
④ 문화적 다양성, 상호문화간 회담, 평화적 문화 육성
⑤ 정보와 커뮤니케이션을 통한 총체적인 지식사회 건설

역점사업
① 평생학습정책 및 전략 (Lifelong Learning Policies and Strategies) 연구, 조사 활동
② 성인학습 및 교육 확산을 위한 세계성인교육회의, 모든 이를 위한 교육 사업
③ UN 문해의 해 10년
④ UN의 지속가능발전을 위한 10년 교육
⑤ 새천년개발목표

자료: 평생교육진흥원(2009) 재정리

유네스코는 평생학습을 학습사회 구축을 위한 움직임으로 보았다. 그리고 지방차원, 도시차원, 지역차원에서 만들어질 수 있다고 믿고 있다. 유네스코가 말하는 평생학습은 단지 개개인의 학습의 연장선에 있는 도구가 아니다. 평생학습을 통해 개개인이 학습의 자원이 되어 도시의 사회적, 환경적 문제를 해결 하도록 하는 것

---

[77] 비문해자가 인구의 50%이상이거나 비문해 성인 수가 천만 명을 넘어가는 국가의 문해능력을 향상시키기 위한 사업이다.

이 궁극적인 목적이다. 이러한 목적으로 지속가능한 국가를 만들기 위해 많은 국가가 학습도시 정책을 추진 중이다. 이에 2013년 유네스코는 국제 협력을 기반으로 학습도시를 조성하고자 글로벌 학습도시 네트워크(IPLC·International Platform for Learning Cities) 구축을 제안했다. 이는 평생학습을 촉진시켜 조화로운 사회 통합과 사회 정의에 기여할 글로벌 플랫폼이 될 것으로 기대된다.

이 책에서는 '유네스코 학습도시상'을 수상한 네 개의 학습도시의 사례를 잠깐 소개하고자 한다.

[그림] 국가별 학습도시

아일랜드 코크Cork시[78]

아일랜드 코크시는 아일랜드에서 두 번째로 큰 도시로, 해외 투자와 ICT 기술에 힘입어 빠른 속도로 경제 성장을 이룩한 뒤 도시 내 사회적 불평등이 존재하고 있다는 사실을 발견하게 됐다. 이 불평등 문제를 해결하기 위해 평생학습에 대한 논의가 시작됐다. 모든 거주자 대상All our citizens으로 평생학습A life-long activity의 기회A pathway for every learner를 제공하는 학습도시 구축을 목표로 하고 있다. 다시 말해 코크시는 소득 수준, 연령과 상관없이 모든 사람들이 각자의 배움의 욕구를 충족시킬 수 있도록 학습의 기회를 준다. 지역 주 정부와 코크시 교육위원회가 지원하며, University College, Cork and Cork Institute of Technology 등이 참여한다. 이 뿐만 아니라 지역사회 커뮤니티, 산업계, 문화계 등이 다함께 참여하므로 분야별, 섹터별 구분 없이 합의된 공통의 목표로 추진하는 점이 코크시의 강점이다.

코크시는 학습의 재미를 알리고, 모든 시민들에게 평생학습의 중요성과 문화를 전파하기 위해 'Cork Lifelong Learning Festival코크시 평생학습 축제'을 개최하고 있다. 2015년부터는 'Learning Neighborhoods'를 진행하여 지역 주민들의 참여를 장려하고, 성공 사례에 대해서는 인센티브를 제공하기로 했다. 이 행사는 개방

---

78) http://cork.etb.ie/

과 공유를 원칙으로 시민들 중심의 협력 기반을 주요 원칙으로 하며, 모든 시민들과 지역 사회에 학습의 재미와 성공적인 평생학습을 알리고 있다.

핀란드 에스포Espoo 시[79]

핀란드의 제 2의 도시인 에스포시는 '지속가능발전교육'[80]을 모토로 삼고, 평생학습을 추진 중이다. 모든 거주자를 대상으로 무료로 평생학습을 받을 수 있도록 지원하고 있다. 학습도시로서 발돋움하기 위해 에스포시는 끊임없이 교육에 투자하고, 새로운 기술을 활용한 교육 인프라를 만들고 있다. 학습도시를 만드는데 시민, 교육기관, 기업가, 지역사회, 유관기관 등이 모두 참여하여 협력을 기반으로 한다. 최근 에스포시는 유네스코의 평생학습에 대한 원칙을 기초로 하는 'Espoo Local Development Plan for Education 2020' 계획을 발표했으며, 창의적이고 경쟁력 있는 시민 양성, 지속적인 학습 과정, 책임감 있는 리더십 육성이라는 세 가지 목표를 가지고 추진 중이다. 나아가 '적기 적소 적재 교육Right Learning in the Right Place at the

---

[79] https://www.espooinnovationgarden.fi/en/espoo-innovation-garden/about-us/living-in-espoo/
http://www.espoo.fi/en-US/The_City_of_Espoo_awarded_as_a_forerunne
http://www.espoo.fi/en-US/Childcare_and_education/Learning_City_Espoo
[80] 지속가능한 미래와 더 나은 사회를 만들기 위해 필요한 가치, 행동, 삶의 방식을 추구하고 이를 전파하는 교육

Right time'을 위해 Funzi[81]라는 모바일 러닝 서비스를 제공 중이다. Funzi는 2014년 에스포시의 스타트업이 개발한 기술로 무료로 모든 사람들이 언제 어디서나 이용할 수 있도록 모바일 학습 솔루션을 제공하고 있다.

영국 웨일스Wales 시[82]

영국의 학습기술협의회LSC·Learning and Skills Council는 연간 22조원을 평생학습에 투자할 정도로 성인교육, 평생학습, 인재개발에 힘쓰고 있다. 특히 웨일스시는 웨일스의 경제 성장과 이모작 교육을 위해 평생학습과 성인교육을 제공하고 있다. 이를 성인 커뮤니티 러닝ACL·Adult Community Learning으로 부르고, 지역 사회의 다양한 필요를 충족시키기 위한 교육활동이나 성인들에게 다양한 학습의 기회를 제공하는데 중점을 두고 있다. 또한, 개인의 학습 과정이나 교사들의 교육 활동의 온라인 관리가 가능하도록 e-포트폴리오 프로그램도 운영 중이다. 이는 평생학습을 관리하고 평가하기 위한 사회적 관리 시스템으로 자리 잡았다.

또한, 웨일스시 전역에 이미 Learndirect 학습센터가 설치되어 있어 자신의 집에서 센터에서 원스톱 학습 서비스를 이용할 수 있고,

---

[81] https://www.espooinnovationgarden.fi/en/espoo-innovation-garden/stories/right-learning-in-the-right-place-at-the-right-time/
[82] http://gov.wales/ ; http://www.learndirect.co.uk/wales-eng/

40,000개 이상의 학습 코스들이 운영 중이다. 이는 평생학습의 장애요소들을 제거하여 성인들의 참여를 증진시키고, 성인들의 지식과 기술 수준을 높이는데 일조하고 있다.

호주 멜튼(Melton)시[83]

호주 멜튼시는 지속가능한 도시이자 매력적인 기업 도시로 발돋움하고, 일자리 창출을 위해 학습도시를 추진하고 있다. 1998년 학습도시 계획을 발표한 이래로 여섯 번째 학습도시 계획 'Community Learning Plan 2015-2018'을 선언했다. 초기에는 국가 주도로 평생학습 및 학습도시가 추진됐으나 이제는 멜튼 시가 자발적으로 유네스코 학습도시 네트워크에 가입하는 등 자체 학습도시 구축을 위해 노력하고 있다. 멜튼 시는 주정부와 유관 기관 및 산업계가 네트워크를 구성하여 학습도시를 구축할 수 있다고 보고, 이번 학습도시 계획의 최우선 과제로 정했다. 이 계획을 통해 지역사회 내 모두가 학습할 수 있는 여건을 조성함으로써, 2018년까지 고용률 2%, 직업교육 참여율 3%, 평균소득 11.8% 증가를 목표로 하고 있다.

멜튼 시는 별도의 '학습도시 통합 평가 모델'을 개발하여 학습도시 계획과 비교하여 얼마나 발전하고 개선되었는지를 평가하고 있으

---

83) Community Learning Plan 2015-2018, City of Melton

며, 이번 계획은 이전 2011-2014 학습 도시 계획과 비교 평가될 예정이다.

일본 대학의 평생학습[84]

일본은 최초로 평생학습의 국가적 모델을 수립한 국가다. 전 생애에 걸쳐 언제 어디서나 학습할 수 있는 평생학습체제 구축을 목표로 하고 있다. 일본의 평생학습 도시에서 주목할 부분은 지역 내 산업 육성 및 지역 활성화를 위해 '대학의 지역화'를 추진했다는 점이다. 대학은 평생교육을 통해 인적 자원 개발과 지역 공헌에 이바지하고, 지역은 이를 통해 지역 내 산업을 육성하고, 지역 발전을 이룩할 수 있다. 지역사회와 밀접한 연관 관계를 가지고 지방자치단체와 동등한 협력관계를 기반으로 문제해결교육과 실천적 지식습득을 추구하는 후쿠이대학교와 마츠모토대학교는 지역공헌형, 지역밀착형 평생교육의 성공사례로 손꼽힌다.

후쿠이현은 일본 내 원자력 발전량의 25%를 생산할 정도로 원전 밀집지역이라 할 수 있다. 지속가능한 자연공생사회를 만들기 위한 환경교육 및 원자력 분야의 인재육성과 원자력 방재체제 확립을 위한 긴급 피폭 의료 구급 종합 인력 양성에 중점을 두고 있다. 이 때 지역사회-지방자치체-대학의 연계협력에 의해 이루어진 점이 후쿠이

---

84) 박인섭(2014), 대학의 평생교육 해외선진사례 심층 조사 분석 연구

대학교 평생교육의 강점이다.

[그림] 일본의 평생교육: 대학의 지역화

나가노 현은 식료품제조업과 농업 등의 산업 구조를 가지고 있으며, 자치 공민관이 활발하게 활동하여 전통적으로 평생교육이 활성화된 지역이다. 나가노 현에 위치한 마쓰모토 대학교는 대학 교육에서 배운 이론들을 지역에서 실천하고 연구하여 다시 대학으로 돌아와 그 성과를 검증하고 확인함으로써 지역과 대학이 윈-윈 할 수 있는 유기적인 관계를 만들고 있다. 고령화 사회 대응, 지역산업진흥, 방재 및 방해 대책 지원, 건강생활지원 등을 위한 다양한 지역연계 프로그램을 운영 중이다.

일본 대학의 평생교육이 주는 시사점은 지역 특성 맞춤형 교육 방식과 지역 공헌이다. 이들은 일방적 티칭Teaching이 아닌 지역주민의 삶

속에서 문제해결교육 및 현장 지식 습득에 초점을 맞추고 있다. 도시 자체가 학습도시로 조성되어 평생학습을 추진하고 시민들 누구에게나 동등한 학습의 기회를 제공하며 이들을 지역 발전의 인적재원으로 양성한다는 점은 우리나라가 충분히 벤치마킹할 가치가 있다.

그러나 이들의 평생교육이 4차 산업혁명을 대비할 인프라와 방향을 충분히 고려하였다고 볼 수는 없다. 전 생애에 걸친 평생교육, 누구나 동등하게 배울 수 있는 교육, 새로운 일자리를 위한 성인 교육을 뛰어넘는 4차 산업형 평생교육 마련이 필요하다.

05

O2O Learning City

    지금까지 지역과 오프라인을 중심으로 이루어진 학습도시Learning City에서는 제한적 평생교육이 이뤄졌다. 이제 평생교육은 4차 산업혁명에 맞게 진화해야한다. 가상과 현실이 결합된 형태의 O2O 평생교육 기반의 학습도시, 이른바 O2O Learning City가 궁극적인 지향점이다. 여기서 IT 경쟁력과 교육의 열기를 결합한 스마트 평생교육이 핵심이다.

    우리나라의 평생교육은 대학의 평생교육을 중심으로 진행되고 있는데, 그 예산은 전체 교육 예산의 1% 미만인 6,000억 원에 불과하다. 선진국이 전체 교육예산 중 7%에 가까운 비용을 쓰고 있는 것과 비교하면 아직 미미하고, 사회적 요구에 부합하기에는 비용 대비 효과까지 의문시되고 있다. 한 편, 이러닝 업체 주도의 민간 평생교육은 상대적으로 시장 경쟁력을 갖추며 성장하고 있다. 하지만 가장 중요한 클라우드와 개인정보 규제로 확산이 제약되고 있다.

    그렇다면 두 가지 형태의 평생교육 경쟁력 강화 대책을 강구해

볼 수 있다. 첫 번째, 대학 평생교육원의 문제는 낮은 효율성과 간판 중심의 교육 구조다. 평생교육에 참여하는 이유가 4차 산업혁명이 요구하는 일자리 변화에 대한 대응보다는 한국 사회가 요구하는 간판을 취득하는데 있기 때문이다. 최근 이화여대 사태에서도 볼 수 있듯이 대학 평생교육원은 대학의 졸업장 사업이라는 인식이 팽배해 있다. 평생교육이 실질 역량 중심으로 발전하기에는 비용 대비 효과가 의문시된다. 이 문제를 해결하기 위해서는 에듀테크를 활용한 평생교육의 효율화를 도모해야 해야 한다. 애리조나 주립 대학교가 활용하는 Knewton과 같은 인공지능 기반의 맞춤 교육 시스템은 교육의 질적 향상과 더불어 교육비용을 획기적으로 감축할 것이다.

[그림] Learning City에서 O2O Learning City로

한편 직무교육은 사회 현장에서 이루어져야 한다. 대부분의 기업들은 이미 업무와 교육을 결합하고 있다. 일자리는 유시되나, 직

무는 변화한다. 이러한 직무교육은 현장 중심의 에듀테크 중심 교육이 될 수밖에 없다. 전국 전 세계적으로 교육 컨텐츠 플랫폼, 맞춤 교육 서비스 등 다양한 형태의 에듀테크 기업들이 등장하고 있다. 이에 대한 제도적 정비가 국가차원에서 시급하다.

또 에듀테크의 발전을 가로막는 걸림돌도 제거되어야 된다. 가장 큰 걸림돌인 에듀테크 컨텐츠의 클라우드 규제 결과는 교육의 비효율화와 사교육의 번창이라는 부정적인 결과를 낳았다. 이미 입증된 개인별 맞춤 교육 효과 극대화를 위한 개인 교육 정보의 활용까지도 규제되고 있는데, 개인정보의 주권을 개인에게 돌려주어 자기를 위한 정보 유통을 허용해야 한다. 이것이 O2O 학습도시를 구축하기 위한 선결과제이자 국가의 경쟁력 강화의 길이다.

평생교육과 에듀테크

평생교육은 일자리Job 변화와 직무Task 변화라는 두 축을 모두 고려해야 한다. 일자리 자체가 변화할 경우에는 완전 재교육이 필요하고, 일의 일부인 직무가 변화할 경우에는 부분 재교육이 필요하다. 일자리 전환 교육은 대학에서 에듀테크와 결합하여 저비용 고효율 중심의 교육이 되어야 한다. 직무 강화 교육이라면 에듀테크를 활용하여 기업현장융합 교육이 되어야 할 것이다.

공공 중심 평생교육이 사회에서 재교육 받을 사람들이 대학으로 오는 인바운드In-bound의 일자리 교육이라면, 민간 중심 평생교육은 교육이 사회 현장으로 접목되는 아웃바운드Out-bound의 직무 교육이라고 할 수 있다. 전자가 대학이 중심이 된다면 후자는 에듀테크EdTech 기업이 중심이 된다.

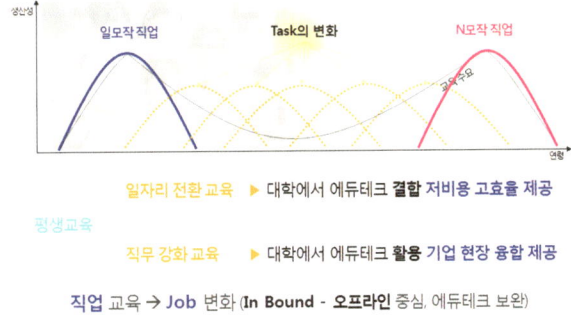

[그림] 평생교육에서 에듀테크의 활용 방향

O2O Learning City로 가는 클라우드 데이터 규제 개혁

에듀테크 뿐만 아니라 많은 4차 산업혁명으로 대표되는 기술들이 속속들이 등장하고 있으나, 우리는 4차 산업혁명의 걸음마조차 떼지 못하고 있다. 4차 산업혁명의 전제조건이 충족되지 못했기 때문이다. 4차 산업혁명은 현실과 가상이 인간을 위하여 융합하는 혁명인데, 현실과 가상을 연결하는 도로 자체가 없다. 정부에서 내 놓고 있는 각종 4차 산업정책들은 현실과 가상을 연결하는 클라우드와 데이터라는 고속도로가 만들어질 때 비로소 시작할 수 있다.

제도와 기술, 무엇이 우선인가

제도와 기술이라는 양대 목표 중에서 더욱 중요한 것은 기술이 아니라 규제와 표준 등 제도라는 것이 많은 전문가들의 일관된 견해다. 한국이 핀테크, 디지털 헬스케어, 자율주행, 사물인터넷, 웨어러블 등 대부분의 4차 산업에서 중국에 뒤진 이유는 기술이 아니라 규제라는 것은 명확하다. 세계경제포럼의 보고서에 의하면 한국의 기술 경쟁력은 10위권이나, 규제 경쟁력은 90위권이라는 점에서도 문제의 핵심은 더욱 확실해진다. 더구나 규제는 기술보다 국가자원 투입 비용이 훨씬 적다는 점에서 비용 대비 효과도 탁월하다.

기술은 개별 기술과 기술 융합 생태계로 구성되며 개별 기술은 민간의 자율에 맡기고 정부는 기술 융합 생태계 형성에 주력해야 한다. 지난 10년간 정부 주도로 개별 기술 프로젝트에서 성과를 거둔 사례는 거의 없다. 한국의 국가 R&D/GDP가 세계 최고인 것이 자랑이 아닌 이유다. 불확실성이 큰 거대 문샷Moon Shot 프로젝트는 국가가 주도할 수 있으나, 시장이 작동하는 영역에 정부의 개입은 레몬 마켓을 만들게 된다. 기술 융합 생태계 형성은 혁신 자본의 회수시장 등 정부가 한시적으로 앞장 설 부분이 많다. 그런데 현재 정부의 기술 정책은 개별 기술을 위하여 개별 기업들을 지원하는데 20

조 예산의 대부분이 투입되고 있다.

정리해 보면 4차 산업혁명의 국가 정책의 우선순위는 1) 규제 혁파 2) 표준과 시장 3) 기술 생태계 4) 개별 기술 개발이 되어야 하는데, 현재 정책 우선순위는 그 반대다. 제시된 우선순위는 효과는 물론 비용도 적게 드는 순서라는 점에서 4차 산업혁명에 임하는 국가 정책 패러다임의 전환이 우선되어야 한다. 그렇다면 최우선적으로 필요한 것은 현실과 가상을 융합하는 클라우드 데이터 규제 개혁이다. 클라우드에 모인 빅데이터를 인공지능이 예측과 맞춤으로 현실과 가상이 융합된 인간을 위한 가치를 창출하게 된다. 클라우드 기반의 빅데이터를 구축하지 못하는 국가는 4차 산업혁명을 시작조차 할 수 없을 것이다.

클라우드 데이터 규제

이제 4차 산업혁명을 이끌 제도의 핵심인 클라우드 데이터 정책을 살펴보기로 하자.

3차 산업혁명이 서버 데이터 기반 혁명이었다면 4차 산업혁명은 클라우드 데이터 기반 혁명이다. 서버가 조직에 내부화하는 소유의 관점이라면, 클라우드는 외부와 개방협력하는 공유의 관점이다. 개방협력하는 국가와 각자도생 국가의 차이가 바로 4차 산업혁명의 성공과 실패를 가름한다. 그런데 한국의 클라우드 기반 데이터 트래픽이 2% 미만으로 80%가 넘는 OECD 국가들에 비교조차 불가능한 처참한 수준이다. 한국은 이제 4차 산업혁명 시대의 ICT 후진국이 되었다. 4차 산업혁명의 척도는 바로 클라우드 트래픽이다.

[그림] 4차 산업혁명과 클라우드

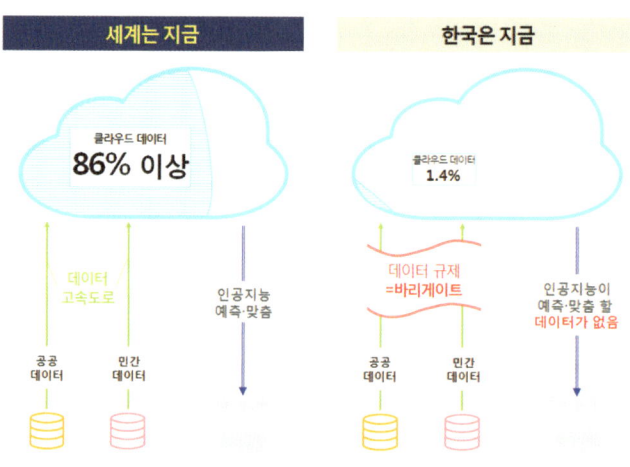

클라우드에 축적된 빅데이터가 4차 산업혁명의 국가 자산이자 경쟁력이다. 인공지능의 능력은 데이터에 비례하기 때문이다. 인공지능은 클라우드 데이터를 먹고 자란다. 한국이 왜 클라우드 중심의 4차 산업혁명으로 이행되지 않고 있는지 살펴보면, 놀랍게도 국가의 법·제도·규제 장벽이 서버 기반에서 클라우드 기반으로의 전환 장벽임이 드러난다. 몇 가지 사례들을 통하여 문제를 살펴보기로 하자.

우선 개인정보 사례를 보자. 한국은 전 세계에서 가장 완고한 개인정보 보호 정책을 주장하는 국가다. 개인정보 정책은 보호와 활용의 균형이다. 개인정보 수집 규제는 구더기 무서워 장을 담그지 않겠다는 논리에 지나지 않는다. 철저한 보안 유지 조건하에 클라우드에 축적된 개인정보를 활용해야 4차 산업혁명으로 가는 길이 열린다. 이미 2015년 한 차례 제출된 혁신 법안이 폐기된 이유는 과거 국가 기관의 개인정보 오남용 사례가 너무 많았고 지금도 완전 보호되지 않고 있기 때문이다. 따라서 4차 산업혁명으로 가는 첫 단추는 국가정보원을 포함한 정부기관의 민간 클라우드 정보 접근을 원천적으로 차단하고 오남용에 대한 일벌백계 원칙을 확립하는 것이다.

두 번째로 산업정보 사례를 보자. 미국의 GE가 주도하고 이미 250개 이상 기업들이 참여하는 산업인터넷 플랫폼인 PREDIX는 클라우드에서 공통적인 응용 모듈을 공유하여 혁신을 가속화하고 있다. 그런데 산업부가 야심차게 추진하는 1만 개 스마트 공장들은 클라우드에 기업 데이터를 올리는 것을 우려한다. 클라우드에 보관된 데이터가 클라우드 운영기업 혹은 정부기관을 통해 유출될 것을 우려하기 때문이다. 신뢰의 부족과 개방협력의 저조함이 악순환 구조에 빠져 있다. 전체 소프트웨어의 10% 미만인 자사의 데이터와 서비스만 처리하면 되는 미국과 90% 이상을 각자도생해야 하는 한국의 소프트웨어 경쟁 결과는 물어볼 필요조차 없을 것이다. 대기업과 국가정보원과 같은 공공기관의 철저한 보안 유지책임과 기업의 전향적 자세가 4차 산업혁명으로 가는 산업의 물꼬를

틀 수 있을 것이다.

세 번째로 공공정보 사례를 보자. 정부의 각 부처는 클라우드 활용이 원천 봉쇄되어 갈라파고스화되어 있다. 세종시 이전 이후 정부 생산성이 30% 이상 감소했다는 의견들이 있다. 출장 나간 고위 공무원과 세종시에 근무하는 현장 공무원의 업무가 단절된 결과다. 스마트 워크의 출발점인 클라우드 활용이 차단되어 있다. 미국의 정보기관과 국방성도 클라우드를 활용한다. 클라우드의 정보 보안이 분산 서버보다 우월하고, 이제는 블록체인 기술이 보안을 견고화한다. 그러나 한국의 공공기관은 보안 명목으로 클라우드 사용이 금지되어 조직 내부는 물론 국민과도 차단되어 있다. 국가 경쟁력이 추락하는 핵심 이유 중 하나가 공공기관의 클라우드 차단이라고 단언한다.

왜 인공지능 활용이 안 되고 있는가?

알파고 쇼크 이후 1년이 넘었다. 그 동안 한국은 변하지 않았다. 그 이유는 인공지능 활용을 위한 클라우드 데이터 부족 때문이다. 이제 4차 산업혁명에서 기술은 더 이상 한계 조건이 아니다. 대부분의 기술은 개방되어 있다. 구글의 자회사인 딥 마인드는 그 놀라운 알파고의 소스코드를 오픈소스로 공개했다. 깃허브Github.com에는 구글, 마이크로소프트, 아마존, 넷플릭스, 에어비앤비의 핵심 소프트웨어들이 줄줄이 공개되어 있다. 혁신을 가속화하기 위해서는 닫힌 경쟁이 아니라 열린 협력이 필요하기 때문이다. 4차 산업혁명의 경쟁 방정식은 남들이 할 수 있는 주변 역량은 공유하고 남들이 못하는 핵심 역량의 혁신으로 이동하라는 것이다. 4차 산업혁명은 이미 남이 한 것을 따라가던 추격자 패러다임의 대전환을 요구하고 있다.

기술 개발보다 기술 활용이 중요한 시대다. 알파고와 경쟁할 한국형 인공지능 개발보다 글로벌 개방형 인공지능의 활용이 중요하다. 한국은 무성한 인공지능 논의에 비하여 현장에서 인공지능을 활용하는 기업을 찾아보기 어렵다. 역으로 알파고 쇼크에도 불구하고 인공지능 활용을 찾기 어려운 한국의 현상을 분석해 보면 4차 산업혁명으로 가는 대표적인 문제가 드러나지 않겠는가.

기업인들은 다음과 같은 두 부류로 나뉜다. 우선 인공지능을 개별 기업이 접근하기는 너무 어렵다고 지레 겁을 먹고 포기하는 그룹과 인공지능을 활용하려고 하는데 인공지능의 식량인 데이터가 없어 실망하는 그룹이다.

우선 대부분을 차지하는 전자 그룹을 보자. 이들은 정부가 투입하려는 엄청난 개발 예산을 보고 인공지능은 자신들이 가까이 하기엔 너무 어려운 기술이라 단정해 버렸다. 그런데 여러 글로벌 기업들이 오픈소스로 제공히는 인공지능은 날이 갈수록 무료 활용이 쉬워지고 있다. 마음만 먹으면 대부분의 기업들이 영업, 품질, 생산 등의 분야에서 몇 달 내에 가시적 성과를 낼 수 있다.

교육, 금융, 의료 등의 미래 산업 분야에서 인공지능을 바탕으로 미래 사업을 하려는 후자 그룹을 보자. 이들이 절망하는 이유는 정부의 공공 정보와 개인 정보와 클라우드 규제로 인하여 인공지능의 식량인 클라우드 데이터가 없다는 것이다. 우리는 알파고 이후 인공지능 알고리즘 개발에 매달려 왔다. 그러나 정작 중요한 것은 활용을 위한 의지와 데이터와 규제였다. 4차 산업혁명의 성패는 개별 기술과 개별 산업에 달려 있지 않다. 기술과 산업을 융합하여 사회를 변화시키는 규제혁파와 기업가정신 활성화가 4차 산업혁명으로 가는 원동력이다.

교육을 가로막는 클라우드 규제

교육의 경우를 보자. 4차 산업혁명은 평생교육을 전제로 한다. 그러면 원격 교육이 절대적이다. 그런데 동영상과 증강·가상현실의 교육에 클라우드 사용이 제한되어 있다. 서버와 클라우드의 경쟁력이 5배 이상 차이가 있다는 점에서 한국의 평생교육 경쟁력은 의문시 된다. 지금 사이버 대학에 한하여 규제가 풀렸으나, 원칙적으로 교육용 데이터를 규제할 이유 자체가 없지 않은가. 이것들이 결과적으로 한국의 에듀테크 스타트업의 글로벌화를 저해하고 있다.

대학과 평생교육 분야는 담당자들을 옥죄는 규제가 너무 많다. 이러한 규제의 가장 큰 문제는 학점은행제, 사이버대학, 사업주 직업능력개발훈련 요건 중 서버 및 네트워크 관련 조항 비교(클라우드 서비스 관련)해보면 시설 및 설비 기준을 중심으로 규제되어 있다는 것이다. 이는 교육부에서 정의한 클라우드 용어에도 전면 배치된 내용이다. 교육부가 내린 클라우드의 정의는 다음과 같다.

> "클라우드컴퓨팅라 함은 논리적인 분할 또는 결합을 통해 집적·공유된 정보통신기기·설비, 소프트웨어 등 정보통신자원을 필요에 따라 정보통신망을 통해 신축적으로 제공함으로써 정보통신자원의 이용효율을 극대화하는 컴퓨팅을 말한다. 또한 클라우드서비스라 함은 클라우드컴퓨팅을 이용하여 타인의 요청에 따라 정보통신자원을 이용하게 하는 서비스를 말한다."

클라우드에 관하여 이렇게 정의한 이후에 관련 세부적 규제^{원격교육 시설 및 설비 기준}에서는 "서버 및 네트워크 관련 설비는 학점은행제 원격교육운영과정 운영 이외의 다른 업무에 공유되거나 타 기관과 공동으로 사용할 수 없다. 또한 IDC의 Server hosting, Co-location 등의 서비스를 이용하여 설비 전체 또는 설비 일부의 외주는 가능하지만 이 경우에도 물리적으로 별도의 서버와 네트워크 설비로 구성되어야 한다."고 규제하고 있다. 또한 사업주 직업능력개발훈련 지원규정에서도 안정성과 확장성을 가진 독립적인 Web서버, DB서버, 동영상 서버, Disk Array^{storage}를 갖출 것, 서버는 독립적으로 구성(타 훈련기관과 공동으로 사용하여서는 아니 돼)하고, 훈련별 데이터는 독립적으로 수집이 가능하여야 한다고 규정하고 있다. 이는 2013년 개정안에서 클라우드가 가상의 공간에서 필요한 자원을 활용하는 것이라는 명확한 정의를 내리고서도, 다양한 영역에서 클라우드를 이해하지 못한 규제를 하고있는 것이다.

4차 산업혁명에서 가장 시급한 성인 교육 시장의 문제는 규제만이 아니라 다양한 주무부처로 인하여 정책의 혼선이 발생하고 있다는 것이다. 특히 지금은 부처별 영역이 서비스 공급자^{부처}기준으로 편성되어 있어 같은 교육 분야라도 각 부처 소관 영역에 따라 주무부처의 차이로 정책의 일관성이 약한 상황이다. 예를 들면, 에듀테크 등 교육 관련 상품^{서비스}은 '솔루션+HW+컨텐츠+서비스'로 구성되어 있다. 이러한 서비스를 해외시장 진출 관련 부분은 산업통상자원부, 컨텐츠 중 VR, AR, 3D, 클라우드 분야는 미래창조과학부, 컨텐츠 및 서비스가 학위 및 평생교육일 경우는 교육부, 직업훈련 분야일 경우는 고용노동부로 주무부처를 나누었다. 동일 서비스 플랫폼이라도 주무부처가 변동하는 것이다.

이러한 분절화된 정부구조에서는 평생교육 관련 정보^{학습이력관리 시스템 등} 및 직업훈련 정보 간 연계성이 떨어지게 된다. 그 결과 개인^{수요자}들의 평생교육 및 직업훈련 관련 정보 연계성 약화 및 중복 투자가 발생한다. 또한 각각의 개인 학습이력 및 직업훈련 이력에 대한 정보가 연계되지 않아서 개인들을 위한 맞춤형 교육이나 평생교육 지원 정책 수립의 효율성이 저하된다. 또한 학점은행제 등 평생교육 관련 과정과 직업훈련 과정의 연계가 되지 않아 해당 사업 분야 주무부처 및 활동 기업에 대한 중복 투자가 발생^{교육과정 개발 투자 및 직업능력 훈련기관 및 평생교육기관 심사 행정업무 등}하고 있다.

따라서 지금의 공급자 중심의 정책에서 수요자 중심으로 전환될 필요가 있다. 주무부처 일원화를 통해 정책의 일관성을 확보하고, 효율을 높여야 한다. 에듀테크는 한 부처에서만 전담하고, 교육부는 학위에 관한 분야만 전담할 것을 제안한다. 그리고 고용노동부가 평생교육 및 직업훈련을 통합하여 전담한다면 업무의 연계성과 효율성이 향상될 것이다. 또한, 이러한 모든 과정들의 개인 학습 및 직업훈련 정보를 일원화 한다면 정책 수립의 효율성도 확보할 수 있다. 더불어 학습 및 직업훈련 정보를 통합한 고용시장 활성화 시스템을 구축해야 한다.

시급하게 시행되어야 할 클라우드 데이터 규제와 관련된 액션 플랜은 아래 [그림]과 같다. 규제 개혁 없이 4차 산업혁명 시대의 미래 인재 교육은 불가능 할 것이다.

[그림] 규제 개혁 Action Plan

- **정부의 규제 개선**
  - 교육부 지침방향은 사전통제에서 사후징벌
  - 일선학교에 자율권 강화

- **분절화된 정부구조 개편**
  - 에듀테크는 한 부처가 전담
  - 교육부는 학위전담, 노동부는 평생산업 담당

- **법률 개정**
  - 개인정보보호법(2조)과 정보통신망법(63조)
  - 클라우드 사업자에게 자율과 책임 부여

단기

장기

교육은 국가의 백년대계다. 미래에 인간과 로봇은 창조적 일과 반복적 일로 역할 분담을 하게 된다. 그러나 지금 대한민국은 미래에 사라질 스펙 중심의 교육을 하고 있는 중이다. 미래 인재상은 '협력하는 괴짜'라고 제안했다. 협력하는 괴짜를 키우는 4차 산업혁명의 교육 개혁은 프로젝트 중심 교육과 클라우드 기반 교육 MOOC으로 구성된다. 혁신과 융합이 가속화되는 미래교육은 배우는 법을 배우는 평생교육으로 전환되어 사회와 교육이 클라우드에서 융합되어야 한다.

HOMO FADENS

—
제 6 장
—

4차 산업혁명 시대의 기업

For the future of Job and Education

01

미래 기업의 키워드, 혁신

성장의 정체와 혁신

　글로벌 대기업의 평균 수명이 줄어들고, 줄어드는 속도도 빨라지고 있다. 맥킨지에 따르면, 1935년 평균 90년에 달하던 기업의 평균 수명이 1975년에는 평균 30년, 1995년에는 22년으로 단축 추세가 가속화되고 있으며, 2015년에는 15년 수준으로 줄어들 것으로 전망했다(박재범, 2013). S&P 500대 기업의 평균 수명도 1990년 50년에서 2010년 15년으로 단축되었으며 2020년에는 10년 수준으로 줄어들 것으로 예상 된다(액센추어, 2010). 글로벌 100대 기업의 평균 수명도 약 30년에 불과하고, 이들 기업이 70년간 존속할 확률은 18%에 불과했다(포브스, 2011).

　우리나라도 이 같은 추세가 나타나고 있다. 국내 많은 대기업들^{상시고용 300인 이상}도 성장의 정체와 추락을 극복하지 못하고 있다. 대기업 사업체 수는 1999년 18,844개에서 2012년 2,916개로

85%(1만 5,918개)가 줄어들었다. 자연히 대기업 종사자 수도 1999년도 214만 명에서 2012년 183만 명으로 13%(31만 명)가 줄었다. 국내 100대 기업의 잔존율은 12%에 지나지 않는다. 통계청에 따르면 2013년 처음으로 활동 기업수가 감소하였으며, 기업 신생률은 떨어지고 소멸률은 증가했다.

글로벌 대기업의 수명 단축은 초우량 기업들이라 할지라도 지속적인 혁신 역량을 갖추지 못하면 결국 도태된다는 것을 보여준다. 실제로 모토로라, 코닥 등 톰 피터스의 책에 나오는 초우량 기업들, 짐 콜린스의 Good to Great, 성공기업의 8가지 습관에 나오는 기업들도 무너지고 있다. 우량 기업 자체를 정의하는 것 자체도 쉬운 일이 아닌 시대가 도래했다.

혁신을 통해 창업을 한 기업들도 10여 년 후 성장의 늪에 빠지고 있고, 우리나라 중견기업들도 업력 12년에서 20년 사이에 성상의 정체에 직면하는 경향을 보인다. 혁신성을 기반으로 성장한 중견·벤처기업들이 안정적인 시장을 확보하는 데 성공한 동시에 성장의 정체에 직면하고 있는 것이다. 기업이 지속적으로 성장하기 위해서는 신상품 개발, 신시장 개척을 할 수 있는 혁신역량과 도전이 요구된다. 이러한 혁신역량을 갖춘 기업은 또다시 혁신을 통해 재도약할 가능성이 생기고, 그렇지 못할 경우 도태되고 도산할 수 있다.

와해적 혁신과 기업가정신

혁신과 유지관리를 선순환시키는 기업가적 활동에서 유지관리에 관해서는 전통적 경영학이 엄청난 연구결과를 축적하고 있다. 혁신은 상대적으로 연구가 부족하다. 그러나 미래에는 사회가 시간적으로 압축 변화하고, 공간적으로는 글로벌화되고 인간은 개인화된다. 이런 미래에는 혁신 역량이 유지관리보다 기업의 경쟁력에 더 중요한 비중으로 차지할 것이다.

이상한 나라의 앨리스에 나오는 '레드 퀸 효과 Red Queen Effect'란 주변 환경이 매우 빠르게 변하기 때문에 제자리에만 머무르려 해도 상당한 노력이 필요하다는 것이다. 실제로 기업현실이 이러하여, 그 자리에 머물러 있으면 정체되고, 도태된다.

그 동안 기업들은 운영관리 측면에서 치열하게 경쟁해왔다. 예를 들어 원가 절감을 위한 생산관리, ERP, SCM, 영업관리, 인사관리 등이다. 이런 효율성 향상 기술이 발달한 결과, 효율에 관한 한 기업 간의 격차가 급격히 축소됐다. 즉, 효율이 비용 절감은 가져왔지만 가치 창출에는 기여하지 못하는 것이다. 때문에 기업의 차별화 경쟁은 점진적 혁신 경쟁에 돌입하게 됐다. 기업들은 생산을 아웃소싱하고 신세품 개발에 집중하게 되있다. 그러나 지열한 연구개발 기술 향상 경쟁의 결과 이마저도 차별성이 축소됐다. 이제 생산에 이어 연구개발까지 아웃소싱되는 개방혁신 Open Innovation이 확대되고 있는 이유다.

[그림] 와해적 혁신

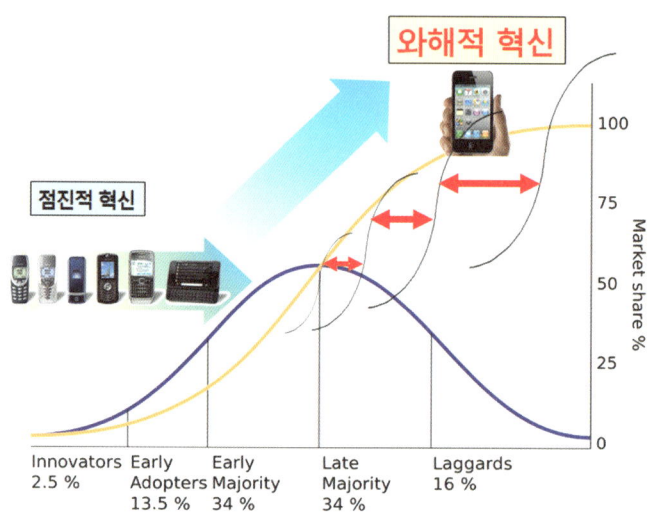

자료: Navneet Bhushan(2008)

혁신을 관리하는 여러 가지 경영 기법의 발달로 인하여 점진적 혁신으로는 승부가 나지 않자, 기업 간의 경쟁은 와해적 혁신Disruptive Innovation으로 이전되고 있다. 와해적 혁신이란 기업이 변화 속에서 와해되는 것을 막고 살아남기 위해 수시로 모델을 바꾸면서 혁신을 유지하는 것을 뜻한다. [그림]처럼 제품의 Life cycle에서 어느 단계에 들어가면 휴대폰이 스마트폰으로 와해적 혁신과정을 거치고, 리더 그룹이 바뀌게 된다. 즉 와해적 혁신이 차별화의 원천이 되는 것이다. 전 세계 기업들의 고민은 이제 '와해적 혁신'이라는 단어로 집약되고 있다. 와해적 혁신이 미친 영향으로, 영원할 것 같았던 1등 기업들이 몰락하고 있다. 반복되는 업무 효율의 경쟁 시대는 막을 내리고 새로운 가치 영역을 개척하는 창조적 프론티어 시대로 접어들고 있는 셈이다.[85]

과거에는 와해적 혁신을 통한 진화의 단계가 상당한 기간을 두고 일어났지만 점점 이 기간이 짧아지고 있다. 또 점진적 혁신만큼이나 와해적 혁신이 일반화되고, 유착화되고 있다. 그럼에도 불구하고 점진적 혁신과 달리 와해적 혁신에 대해서는 전체적인 연구가 미진한 상황이다. 기술경영 Management Of Technology, Six Sigma, Kaizen 등의 기법들은 많은 경우 점진적 혁신에 그쳤다. 방법론이 존재하지 않은 와해적 혁신의 중요성으로 인해 기업들이 혁신의 한계를 맞이하게 된 것이다.

많은 기업들에게 와해적 혁신이 어려운 이유 중 하나는 바로 과거 성공의 딜레마 때문이다. 크리스텐슨은 성공기업의 딜레마에서 왜 성공기업이 성공을 지속하지 못하는가에 대해 설명하고 있다. 성공 그 자체가 혁신을 저해하기 때문이다. 혁신은 기업의 새로운 가치창출이다. 와해적 혁신은 시작은 미미하나, 끝은 창대하다. 미미한 와해적 혁신의 초기에는 유지관리의 패러다임에서 기업의 자원을 투입하는데, 대부분의 경영자들은 실패의 가능성으로 인해 주서하게 되고, 과거의 성공 경로를 따라가게 된다.

---

85) 이민화·차두원(2013), 창조경제, 북콘서트

그렇다면 와해적 혁신은 누구가 주도해야 할까? 점진적 혁신은 다양한 방법론에 의해 매니저들이 주도해왔다. 와해적 혁신의 경우 앞서 말했듯이 정해진 방법론이 없으므로, 기업 내에서 새로운 것을 처리하고 진행하는 사람들이 주도해야 할 것이다. 기업 내에서 그러한 존재는 바로 사내기업가들이다. 그들은 새로이 무언가를 시도해 보는 것에 익숙하기 때문이다. 즉 사내기업가가 와해적 혁신의 대안이라는 뜻이다.

새로운 시대의 경영의 핵심은 지식재산권과 고객관계의 선순환이다. 세계는 지식재산권IP·Intellectual Property 경제라고 얘기할 정도로 특허가 중요한 부분을 차지했다. 삼성과 애플, 코오롱과 듀퐁 같은 형태의 지재권 전쟁은 더욱 가속화될 것이다. 또 다른 한 축은 고객과의 지속적인 관계다. 고객 접점CR·Customer Relation을 확보한 기업은 플랫폼 구축을 통하여 고객관계에 우위를 점할 수 있다 (이민화, 2013).

[그림] 혁신경제의 Value Chain

지재권을 바탕으로 고객관계의 우위를 점하고, 플랫폼 기반의 고객관계에서 새로운 지식재산권을 획득해가는 선순환 구조를 갖추는 것이 창조경영Creative Business이다. 이것이 바로 와해적 혁신 능력이며, 와해적 혁신을 이끄는 것은 '혁신의 리더십'인 기업가정신이다.

혁신은 모순의 극복이다. 혁신의 리더십인 기업가정신은 모순을 승화하는 역량이다. 이러한 과정을 살펴보기로 하자.

02

혁신을 재정의 하다

혁신 모델의 진화

가장 혁신적인 회사로 손꼽히는 디자인 컨설팅사 IDEO에 의하면 혁신은 기술 혁신, 경영 혁신과 디자인 혁신이라는 3대 요소의 결합으로 이루어진다고 한다. 각 요소의 중요성은 시대마다, 기업의 발전단계마다 달라진다.

기술 혁신은 가능성을 뒷받침 한다. 달나라를 갈 수 있거나, 원자폭탄을 만들 수 있거나 하는 능력은 기술 혁신을 대표한다. 그러나 핵 기술과 우주기술 등이 발달됐다고 일류 국가가 되는 것은 아니다. 핵 기술을 보유한 인도와 북한을 혁신의 선도 국가라고 말하지는 않는 것과 같다. 과거에는 '할 수 있다'라는 것이 경쟁 차별화의 핵심이었기에 대부분의 혁신은 기술 혁신으로 이루어져 왔다. 그러나 기술 혁신은 본질적으로 사업의 가능성을 제공할 뿐 성공을 보장하는 것은 아니다.

경영 혁신은 어떨까? 경영 혁신은 사업의 지속가능성을 제공한다. 기술적으로 가능하더라도 필요한 수익을 거둘 수 있도록 비용을 최소화 할 때 사업은 지속가능해진다. 예를 들면 스마트폰을 만들 기술이 있는 것과 스마트폰을 남들보다 경쟁력 있게 만들 수 있는 것은 차원이 다른 얘기이다. 전 세계 스마트폰 업계가 중국을 주목하는 이유다. 동일한 기술로 경쟁하는 산업에서 승자와 패자의 차이는 바로 원가 절감 능력에 달려있다. 비즈니스 모델[BM]이라는 경영 혁신이 있어야 사업은 지속가능해진다.

마지막으로 디자인 혁신을 살펴보자. 기술 혁신이 쉬워진다면 혁신의 차별화는 '할 수 있다'에서 '왜 해야 하는가'라는 인간의 욕구를 파악하는 것으로 이동하게 된다. 기술 혁신과 경영 혁신에 이어 이제 고객의 니즈를 파악하는 디자인 혁신에서 승부가 나게 됐다. 이제 선도기업들은 소비자의 니즈를 파악하는 사용자 경험[UX·User experience] 확보에 집중하고 있다. 대표적인 사례가 바로 애플이다.

스마트폰은 과거에도 있었다. 그러나 소비자가 원하는 것을 정확히 짚어 준 아이폰의 비결은 바로 인간을 이해하는 능력이었다. 스티브 잡스가 "애플은 인문학과 기술의 교차로에 있다."고 선언한 것은 인문학에서 인간의 욕구를 파악하고, 기술로서 그 가능성을 구현한다는 의미일 것이다. 디자인 혁신은 인간의 본성에 대한 이해를 의미한다. 마크 주커버그를 비롯한 많은 신사업가들은 심리학 등 인문학을 밑바탕에 깔고 있다. 소비자 욕구 파악이 문제 해결 능력보다 중요해졌기 때문이다.

혁신의 모델은 닫힌 모델에서 개방 모델로 꾸준히 진화해 왔다. 전통적인 선형 모델은 상호작용을 추구하는 모델로 진화하고 기업 외부를 연결하는 네트워크형을 거쳐 개방 혁신으로 발전해 왔다. 이제 혁신은 기업 내부를 벗어나 혁신 생태계와 상호작용하는 복잡계로 진화하고 있다.

피터 드러커Peter Drucker는 기업의 본질적 가치는 '혁신Innovation'과 '마케팅Marketing'에서 창출된다고 했다. 혁신을 추구하는 기업가들이라면 혁신 모델의 근본적인 변화에 주목해야 할 것이다. 과거 기업내부에서 이루어지던 가치 사슬은 이제 개방 가치 네트워크로 진화하고 있다. 기업은 자신의 핵심역량Killer Contents을 키우고 나머지는 혁신생태계를 통해 협력하고 있다. 연결 비용이 사라지면서 기업은 해체되고 경쟁은 협력으로 전환되고 있다. 혁신은 개방혁신 생태계(창업플랫폼인 깃스터디, 맵깁, 데그삽, 이미터미깁 등)에서 이루어지고 시장 플랫폼을 통하여 시장과 결합한다. 결국 기업 생태계에서 단독 혁신 기업은 사라지고 혁신 생태계와 시장 플랫폼을 바탕으로 협력하는 기업들이 번성하고 있다. 경영학의 일대 혁명적 변화라고 할 수 있을 것이다.

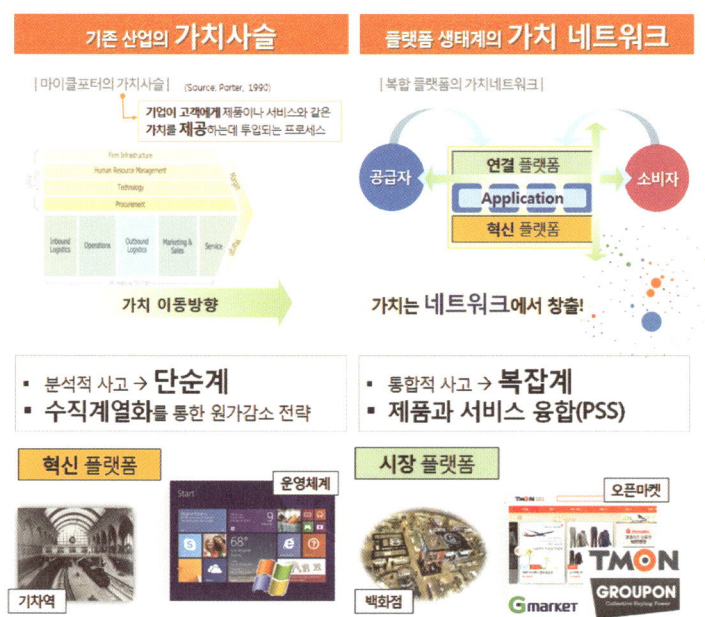

[그림] 가치사슬에서 가치 네트워크로의 진화

4차 산업혁명의 새로운 경제 체제에서 기존의 단일 기업의 닫힌 가치사슬이 붕괴하고, 기업 단위 경쟁에서 기업 생태계 경쟁으로 전환되고 있다. 효율의 자원은 공유하고 혁신으로 경쟁하는 공유경제가 인터넷과 플랫폼으로 도래하고 있다.

혁신의 본질적 이해

지속가능한 혁신의 기본적인 구조는 혁신 활동이 성공하여 핵심역량이 되고, 핵심역량이 작동하여 차별화된 이윤을 만들며, 기업의 차별화된 이윤의 일부가 다시 혁신에 투입되는 선순환 구조이다. 지속가능한 선순환 이윤추구를 위해서는 차별화된 핵심역량을 갖추어야 한다는 말인데, 이것은 지속가능한 혁신의 리더십 즉, 기업가에 의하여 달성될 수 있다.

[그림] 혁신의 본질적 이해

그렇다면 혁신은 무엇일까? 혁신은 한마디로 굉장히 복잡하고 불확실한 과정이다. 혁신은 투입과 산출의 시차를 극복해야 되며, 기댓값 게임이자 반복게임이고, 실패를 감수해야 하며, 시장과 결합해야 되고, 혁신과 유지의 선순환도 이뤄야한다. 혁신을 잘하기 위해서는 이러한 혁신의 특성을 이해해야 한다.

투입과 산출의 시차 극복

혁신은 성과가 바로 나타나지 않고 장기간에 걸쳐서 나타나거나 미래에 나타날 수 있다. 때문에 미래 평가 또는 장기 평가가 필요하다. 혁신의 원천은 운영 수익으로, 혁신 추구는 단기성과의 저하로 나타난다. 오늘의 혁신은 비용이나, 미래의 수익이 될 수 있는 것이다. 따라서 부서장을 자주 바꾸거나 단기평가를 하게 되면 혁신을 회피하는 문화가 형성된다.

기댓값 게임

혁신은 복잡하고 불확실성이 높기 때문에 여러 개의 시도 중에서 하나가 성공할 수 있고, 그 하나의 성공이 다른 모든 실패의 손실 보다 더 큰 성공, 더 큰 기댓값을 가져다 줄 수 있다. 하나의 성공 확률이 낮더라도 성공 시 보상이 큰 모험적인 도전을 하는 것이 혁신의 기댓값을 극대화한다.

반복 게임

혁신은 실패에 대한 지원이 중요하다. 한 번의 시도로 성공하기 어렵고 계속적인 시도를 통하여 새로운 것을 배워나가면서 최종적으로 성공할 수 있기 때문이다. 혁신은 도전을 바탕으로 실현되며 도전은 실패를 포함한다. 실제로 미국 실리콘밸리에서 성공한 기업가는 평균 2.8회의 창업 끝에 성공한다.

부분의 실패는 필수

실패는 혁신의 원동력이다. 부분의 실패를 통하여 전체가 학습하고 성공의 방식을 찾아 나가는 복잡계적 접근이 필요하다. 실패를 죄악시 하면 도전이 저하되고, 실패를 회피하는 관료주의는 조직의 정체를 가져온다. 결국 혁신에 실패한다. 반대로 부분의 실패를 지원하면 전체의 도전이 확대되고, 도전을 장려하는 기업가정신은 조직 전체의 성공, 혁신의 성공을 가져온다.

그렇다면 모든 실패를 지원해야 할까? 최선의 노력을 한 실패, 도전에 의한 실패, 학습효과가 실패비용보다 큰 경우에 대해서는 지원하되 학습효과가 없는 실패, 반복되는 실패는 모럴해저드로 보고 엄단해야 한다. 그것을 구분해 내는 것이야말로 기업가의 중요한 능력이 될 것이다.

시장과의 결합

혁신의 성공에는 시장 효율이 필요하고, 개방혁신 Open Innovation이 중요하다. 조직이 커지게 되면 시장효율은 커지지만 혁신 역량이 작아지게 되고, 조직이 작아지면 혁신 역량은 커지지만 시장효율이 저하된다. 혁신은 작은 조직에서 이루어지고, 시장의 효율은 큰 조직이 강하다. 따라서 작은 조직의 혁신성과 큰 조직의 시장효율 결합이 필요하다. 와해적 혁신은 외부에서, 점진적 혁신은 내부에서 추진해야 한다.

혁신의 패러독스

혁신은 자체의 특성으로 인해 4가지의 패러독스를 갖는데, 이는 결국 가치창출과 분배라는 기업가정신, 즉 혁신의 순환으로 연결된다. 따라서 이 4가지 딜레마를 제대로 이해할 때 기업가정신이 발현된다.

- 실패의 패러독스 : 부분과 전체의 딜레마로 전체가 부분의 합이 아님
- 시간의 패러독스 : 현재와 미래는 연속이 아닌 갈등구조로 이루어져 있음
- 규모의 패러독스 : 큰 조직이 혁신적이지 않고, 작은 조직은 효율적이지 않음
- 문화의 패러독스 : 혁신은 소수의 혁신가가 주도하나, 대중은 그 혁신가를 경원함

수많은 조직에서 혁신이 형식에 그치는 이유는 혁신이 본질적으로 갈등 구조라는 것을 이해하지 못하고 접근하기 때문이다. 성공한 혁신은 아름다우나, 그 과정에는 엄청난 고난이 따른다. 혁신은 본질적으로 갈등이며 이를 극복하는 유일한 대안이 순환이라는 개념이다. 가치를 창출하는 과정과 분배하는 과정이 분리되어 있으면 순환되지 않는다. 그리고 순환되지 않을 때에는 이기심이 추락한다. 내가 번 것이니까 내가 가져가겠다고 하는 순간 혁신가와 대중은 분리되기 시작한다. 이기심이 추락하는 사회는 양극화로 치닫게 되고 결국은 지속가능한 사회가 될 수 없다. 이와 같은 양극을 태극으로 바꾸어 나가는 과정이 선순환 기업가정신으로 풀어나가

야 할 문제이다.

부분과 전체, 현재와 미래, 시장효율과 혁신, 혁신가와 대중이 태극의 선순환을 할 때 성장과 분배가 순환하게 된다. 선순환 과정에서는 이기심이 승화한다. 선순환을 위한 대안으로 실패의 패러독스를 극복하는 실패를 지원하는 학습조직, 시간의 패러독스를 극복하는 장기 평가와 혁신시장, 규모의 패러독스를 극복하는 사내기업가와 개방 혁신, 그리고 문화의 패러독스를 극복하는 기업문화와 생명기업에 대해 설명하고자 한다.

[그림] 혁신의 4대 패러독스

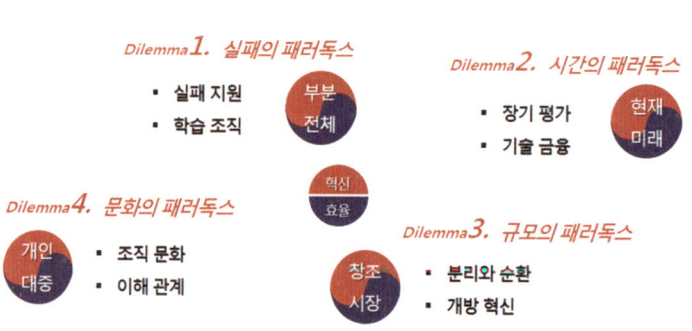

첫 번째 패러독스 : 실패의 패러독스

부분이 실패할 때 전체가 성공하고, 실패는 혁신의 원동력이다. 대부분의 조직은 큰 업적에 대한 보상은 적고, 작은 실수에 대한 벌은 크다. 결과적으로 혁신은 사라지고 혁신하는 척만 하게 된다. 개체의 성공이 아닌 전체의 성공이 혁신 경제이며, 부분이 죽어야 전체가 산다. 이러한 관점에서 미국에서는 매년 Fail Contest가 열리고 있다. Fail

Contest가 던지는 핵심은 다음과 같다.

"Entrepreneurs need to hear that from each other: it's okay to fail. it doesn't mean you're worthless."

많은 스피커들이 실패를 통해서 배우는 것, 이것이 혁신의 관점이다. 그렇지만 모든 실패를 지원하는 것은 아니다. 창조적 도전에 의한 실패만을 지원하고 나머지는 경계해야 한다는 점도 기억해야 한다.

두 번째 패러독스: 시간의 패러독스

혁신의 원천은 운영 수익이다. 오늘의 혁신에 투자는 비용이지만, 미래에 가면 이것은 수익을 창출하게 된다. 오늘 우리가 번 돈으로 미래에, 즉 혁신에 투자를 한다. 이와 같이 Operation과 Innovation이 계속 순환하며 기업은 발전한다. 그런데 미래를 위한 투자는 오늘의 갈등이 되며, 그래서 혁신은 현재와 미래의 갈등이라고 할 수 있다. 혁신을 하면 단기성과가 나빠지고, 혁신을 추구하지 않으면 미래성과가 나빠진다. 그러면 본질적인 문제로 조직을 매일 평가하는 것으로 좋아질 수 있을까? 그렇지 않으며, 단기 평가는 혁신을 회피하는 문화를 만들게 된다. 아침에 씨를 뿌리고 저녁에 추수할 수 없는 것과 같이 추수하기까지는 어느 정도의 시간이 소요된다.

또 조직의 리더가 자주 바뀌면 그 조직은 저하된다. 실증적으로 혁신을 지향하는 기업은 CEO가 20년간 장기 근속하는 사례가 많다. 오늘 씨를 뿌리고 열매는 가을에 열린다. 1년짜리 프로젝트인 농사에서 중간에 농부를 자주 바꾸면 안 되는 것과 같은 이치이다.

세 번째 패러독스 : 규모의 패러독스

싸이같은 혁신가가 필요하지만, Youtube라는 공유 플랫폼이 없었다면 싸이는 전 세계로 나갈 수 없었을 것이다. 혁신은 작은 조직에서 일어나지만, 시장 효율은 큰 조직에서 이루어진다는 것을 보여주는 예다. 규모의 패러독스란, 혁신과 시장은 한 조직이 할 수 있는 것이 아니라 대기업은 시장을, 작은 기업(벤처)은 혁신을 담당하는 것이다.

크면서 동시에 작아야 된다는 규모의 패러독스를 푸는 방법은 무엇일까? 시간을 분리하고, 공간을 분리하고, 인간을 분리하는 것이다. 혁신이 필요할 때에는 벤처에서, 효율이 필요할 때에는 대기업에서. 떨어져나갔다가 붙었다가를 반복하는 것이 바로 시간 분리 Open Innovation를 통한 효율과 혁신의 선순환과정이다. 이러한 오픈 이노베이션을 통해 창업 벤처는 대기업의 시장 플랫폼을 이용해 세계로 나아간다. 구글의 M&A사례가 대표적인 예이다.

공간을 분리하는 것은 효율의 공간과 혁신의 공간을 분리하는 것이다. 애플의 앱스토어는 큰 효율의 공간이지만 애플이 모든 앱을 만든다면 혁신이 제대로 이루어지지 않는다. 그래서 혁신의 역할을 하는 제3의 파트 개발자들이 있고, 애플의 앱스토어와 같은 순환을 하는 공간의 분리가 일어난다.

　마지막으로 기존 조직은 효율을 담당하고, 신규조직은 혁신을 담당한다. 이것이 순환되는 것이 인간의 분리이다. 사내에 신규조직과 기존조직을 두면 갈등으로 대게 신규조직이 무너진다. 그것을 막기 위해 신규조직과 기존 조직을 분리하면 혁신은 살아나지만 순환하지 않게 된다. 신규조직과 기존조직을 중복 운영하면서 다시 순환시키는 한국적 경영이 태극 경영이다. 즉, 시간과 공간과 인간을 분리하는 것이 오픈 이노베이션, 오픈 플랫폼, 그리고 사내벤처가 되는 것이다. 무극에서 양극을 거쳐 묘합의 선순환을 거치면 생명의 태극으로 가게 된다.

네 번째 패러독스 : 문화의 패러독스

　혁신가와 대중은 소수와 다수이기 때문에 서로의 관계가 상극이다. 소수의 혁신가가 혁신의 성과를 독점하는 순간, 대중과 분리되기 시작한다. 이를 극복하기 위해 다양한 보상과 기업문화가 필요하나 돈으로 모든 것을 보상한다면 역시 혁신가와 대중은 분리된다.

　이를 극복하는 데는 어떤 방법이 있을까? 대중은 돈으로, 혁신가는 명예로 보상한다면 순환되기 시작하고, 바로 이것이 기업문화이다. 슘페터는 "시장경제는 혁신을 시기하는 사람들에 의해 소멸될 것이다."라고 했다. 돈을 번 사람들이 계속 돈에 집착하게 되면 결국 시스템은 붕괴하므로 성공에 대해서는 적절한 경쟁이, 실패에 대해서는 이를 지원하는 것이 필요하다. 기업 문화는 혁신의 최종 단계로, 혁신을 기업 내에 문화로 정착하고 시스템으로 확립하려면 보상에 대한 문화적 시스템이 구축되어야 한다.

혁신의 트리즈적 대안

혁신은 효율과 결합될 때 지속가능하다. 하나의 조직이 동시에 효율적이며 혁신적일 수는 없기에 분리되어 순환해야 한다. 분리와 순환 과정을 거치면서 창발적으로 발생하는 와해적 혁신의 모습은 바로 태극이다. 태아와 씨앗 등 모든 생명의 탄생은 태극의 모양을 닮는다. 트리즈TRIZ로 혁신과 효율을 분리하고, 태극으로 이를 순환하는 것이 바로 효율과 혁신이 선순환하는 방법이다.

[그림] 분리와 순환

天 시간	地 공간	人 인간
오픈 이노베이션	오픈 플랫폼	사내 기업가
무극 無極 / 혼돈 混沌 Chaos	양극 兩極 / 대립 對立 Paradox	묘합 妙合 / 선순환 善循環 Dynamics
		생명 生命 / 상생 相生 Organics

신규 조직은 제품 출시와 신시장 개척 등 가치창출을 추구하

는 혁신활동에 치중한다. 기존 조직, 운영 조직은 반복된 업무의 최적화로 비용절감과 품질향상을 추구하는 효율적 관리에 치중한다.

그런데 혁신과 유지관리가 물과 기름과 같이 따로 놀면 기업내부의 선순환 사이클이 단절된다. 기업의 유지관리 활동으로부터 혁신의 문제들이 도출되고, 도출된 문제들을 기업내부 혹은 외부에서 창조적 도전을 통해서 혁신에 성공했을 때 새로운 가치가 만들어진다.

앞서 규모의 패러독스에 대해 설명한 것을 잠시 떠올려 보자. 시간 차원의 분리와 순환이 개방혁신이 되고, 공간 차원의 분리와 순환이 개방 플랫폼이 되고, 인간 차원의 분리와 순환이 사내벤처가 된다. 한국의 전통사상인 천지인 태극에서 와해적 혁신을 위한 창조경영이 창발하는 것이다. 그런데 이 양과 음의 기운을 순환시켜 생명을 불어넣는 것은 인간이다. 바로 와해적 혁신의 중심에 기업가정신이 자리하고 있다는 것이다.

시간을 분리 순환하는 개방혁신이 좀 더 큰 와해적 혁신을 추구한다면, 공간을 분리 순환하는 개방 플랫폼은 거대한 플랫폼에 다양한 작은 혁신을 결합하는 구조이다. 기업의 내부에서 외부로 향하는 아웃바운드 Out-bound와 외부에서 내부로 향하는 인바운드 In-bound의 모든 과정에 사내기업가가 존재하고 있다.

천지인 天地人의 분리와 결합의 선순환을 통한 TRIZ적 대안이 와해적 혁신에 대한 체계적인 해결 방안이 될 수 있을 것이다. 스핀오프와 상생형 M&A 활성화, 개방 플랫폼과 정부3.0의 확산, 기업 내 혁신을 위한 사내벤처 제도가 와해적 혁신을 위한 구체적 대안이 될 수 있다.

와해적 혁신과 사내기업가의 역할

와해적 혁신에는 두 가지가 있다. 사내 혁신과 사외 개방 혁신이다. 그리고 이 두 가지를 모두 이끄는 것이 사내기업가의 역할이다. 사내 혁신을 이룩하면 사내벤처라고 하고, 사외에서 혁신을 이룩하면 보통 개방 혁신이라 하며 M&A가 대표적이다. 결국 기업이 어떻게 사내기업가를 키우는지가 기업의 미래 경쟁력을 좌우한다.

미국의 텍사스 인스트루먼트사에는 40여개의 비슷한 혁신 프로젝트가 있었다. 그 중 성공 프로젝트와 실패 프로젝트를 비교·분석했더니 놀라운 결과를 발견할 수 있었다. 성공과 실패 프로젝트의 개수는 별 차이가 없었고 예산과 인력도 뚜렷한 차이를 보이지 않았다. 그렇다면 성공과 실패를 나눈 차이점은 무엇이었을까? 챔피언의 유무였다. 실패한 프로젝트에서는 단 2개의 경우만 그 프로젝트에 혼을 불어넣는 미치광이, 즉 챔피언이 존재했지만 모든 성공 프로젝트에는 챔피언이 존재했다.

챔피언들은 아이디어와 개발 프로그램에 적극적이며 기술혁신의 원동력인 창조력을 발휘하는 정열가다. 이 챔피언들이 신사업의 성패에 결정적인 역할을 한다. 따라서 와해적 혁신에 성공하려면, 바로 챔피언인 사내기업가를 육성해야 한다.

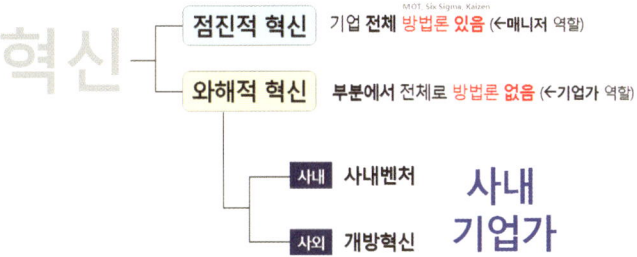

[그림] 와해적 혁신의 대안

개방 혁신의 경우는 어떨까? M&A가 개방 혁신의 가장 대표적인 사례이나, 현재 M&A 이후 전체의 83%가 그 효과를 거두지 못하고 있다. 그 중 오히려 절반은 M&A가 독이 되고 있고, 불과 17%만이 M&A를 통해서 가치가 상승했다. M&A에 실패한 83% 중 70%가 통합작업 즉, PMI^{Post Merge Integration}에 실패한 것이다. 따라서 개방 혁신에 성공하기 위해서는 M&A 이후에 따르는 PMI가 중요하다.

M&A 융합 과정은 혁신물마다 다르므로 다른 양상으로 융합 과정이 발생한다. 루틴하지 않는 업무의 처리 능력, 창조성과 혁신이 필요한 분야가 사내기업가의 역할이라 볼 수 있다. 사내혁신이든 사외혁신이든 관계없이 와해적 혁신을 하려면 반드시 사내기업가가 필요하다.

미국 텍사스주의 인구 84만의 도시 오스틴^{Austin}에서 티볼리^{Tivoli}라는 소프트웨어 기업이 벤처 클러스터 형성을 촉발한 사례가 있다. 티볼리는 1989년 IBM사의 4명의 직원들이 스핀오프^{Spin-off}

한 것이다. 그들은 티볼리를 창업 후 오스틴시에서 최초로 실리콘밸리의 벤처캐피털로부터 투자를 받았고, 1996년 IBM에 7.5억 달러에 인수됐다. 이때부터 티볼리의 벤처경험을 체득한 인재들이 대량 스핀오프하여 벤처창업에 나서 Motive, Spiceworks 와 Noesis Energy 등 무려 26개의 스핀오프 창업이 이루어졌다. 26개 회사 중 20개 사, 즉 77%가 벤처캐피털의 투자를 받았고 38.5%인 10개 사가 M&A로 성공적인 회수를 실현하였으며 실패는 불과 7%인 2개사에 불과했다.

[그림] 개방 혁신과 사내기업가의 역할

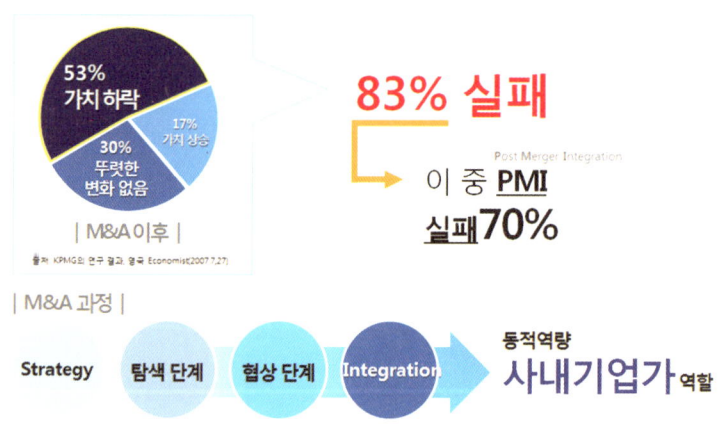

더 중요한 사실은 회수에 성공한 벤처인들 중 10명 이상이 벤처캐피털이 되어 벤처생태계 형성에 기여하고, 또한 10명 이상은 또 다른 창업을 하는 연속 창업가 Serial Entrepreneur가 된 점이다. 연속 창업가가 포함된 창업의 성공적 회수율은 47%로 그렇지 않은 경

우의 27%보다 월등히 높았다. 핵분열을 하는 것과 같이 스핀오프, 벤처캐피털 변신, 연속창업, 후속 스핀오프를 통하여 거대한 오스틴의 소프트웨어 산업 생태계가 형성된 것이다.

03

지속가능 경영 패러다임

경영 패러다임의 변화

　기업경영의 패러다임은 1980년대 전통적인 경영에서 1990년대 환경적 경영, 그리고 2000년대 지속가능경영으로 발전했다. 전통적인 경영에서는 경제적인 요인인 기업의 이익 극대화에 집중했다. 1990년대에는 기업의 지속가능성에 대한 의문과 함께 환경에 대한 관심을 통한 지속가능한 개발 Sustainable Development 단계로 진화했고, 이후 사회적 책임 CSR 과 결합한 트리플 바틈라인 TBL·Tripple Bottom Line 개념의 등장으로 지속가능경영으로 발전했다.

　트리플 바틈라인은 지속가능경영의 핵심이다. 바틈라인은 손익계산서의 마지막 줄, 즉 세후 순이익을 의미하는데, 여기서 확장된 의미인 트리플 바틈라인은 경제적 번영 Economic prosperity, 환경의 질 Environmental Quality, 그리고 사회적 정의 Social Justice 이다.[86] 이는 기업이

---
[86] 이를 Profit, Planet, People의 3P라고 명명하기도 한다.

단기적인 성과를 중요시하기보다 경제적으로 가치를 창출하며, 환경을 보호하고, 기업의 사회적 책임을 이행함으로써 중장기적 성과를 중요시하고, 투명한 정보공개나 외부와의 소통을 강화해야 한다는 것이다. 지속가능경영은 기업의 사회적 책임을 경영전략에 밀착시킨 경영형태다. 최근에는 한 걸음 더 나아가 지속가능 기업가정신 Sustainable Entrepreneurship에 대한 연구도 활발히 진행되고 있다.

[그림] 경영 패러다임의 변화

기존의 주주자본주의에서는 투자자Investor 모델이 중요했기 때문에 단기이익에 집중하여 투자자들에게 최대의 이익을 가져다주는 것을 중시했다. 때문에 초기 산업자본주의 때부터 기업들은 이윤의 극대화를 기업의 최우선 목표로 삼아왔다. Friedman(2007)에 따르면 기업은 속임수나 사기 없이 이윤을 극대화하는 것만이 기업의 사회적 책임이라고 주장했고, 이러한 주장은 가치 창출과 이윤창출의 차

이에 대한 심각한 고찰이 결여되어 있어 사회적 갈등을 촉발시켰다.

이윤극대화는 산업자본주의에서 지식경제로 전환되면서 많은 문제를 발생시켰다. 그로 인해 다른 모델이 제시되었는데, 주주와 고객, 임직원을 포함하는 ICE 모델Investor, Customer, Employee이 바로 그것이다. 최근 이 모델은 발전하여 사회Society, 협력업체Partners가 합해진 SPICE 모델로 진화했다. 결국, 기업의 사회적 책임(CSR·Corporate Social Responsibility, 공유가치창출CSV·Creating Shared Value, 자본주의 4.0, 그리고 깨어있는 자본주의Conscious Capitalism가 보여주는 기업과 사회와의 관계로 확장된 새로운 경영 패러다임으로 확대되고 있다.

SPICE 모델

SPICE 모델은 라젠드라 시소디어Rajendra S. Sisodia 미국 벤틀리대 교수의 저서 사랑받는 기업Firms of Endearment에서 처음 사용되었으며, 이해관계자Stakeholders의 구성요소인 사회Society, 협력업체Partners, 투자자Investor, 고객Customer, 직원Employee의 앞 글자를 딴 약어이다.

사랑받는 기업들은 전통적인 비즈니스 모델이 아닌, 이해당사자 관계모델SRM·Stakeholder Relationship Management의 비즈니스 모델을 따르고 있다. 이해당사자관계모델SRM은 단지 주주만을 위한 경영이 아닌 고객, 임직원, 공급업체, 비즈니스파트너, 사회 그리고 투자자들 모두를 위한 가치를 극대화 시키고자 노력한다. 그리고 자본주의가 인본주의적 역할을 해야 한다는 새로운 비전을 제시하고 있다.

[그림] SPICE 모델과 이해당사자관계 모델

자료: Rajendra S. Sisodia

사랑받는 기업들로 뽑힌 28개의 기업 중 상장기업인 18개의 기업은 1996년부터 2011년까지 5년간 S&P 500 인덱스Index보다 수익률이 10.5배 이상 높았다. 짐 콜린스Jim Collins의 저서 『Good to Great』의 11개의 위대한 기업Great Company들과 10년, 5년, 3년의 수익률을 비교한 결과, 최근 10년 기준으로 1,026% 대 331%로 3배 이상, 최근 5년 기준으로 128% 대 77%로 1.7배 높은 수익률을 보였고, 최근 3년 기준으로는 73%대 75%로 동등한 실적을 보이고 있다(Sheth et al., 2013).

자본주의 4.0

칼레츠키Kaletsky는 자신의 저서인『자본주의 4.0Capitalism 4.0』에서 신자유주의를 대체할 새로운 경제 패러다임으로 '자본주의 4.0'을 제시했다. 그에 따르면 자본주의 1.0은 자유방임주의로 정부의 시장 개입 최소화, 자본주의 2.0은 정부 주도의 수정자본주의로 정부는 언제나 옳다는 인식이 특징이다. 자본주의 3.0에서는 시장 주도의 신자유주의를 통해 시장은 언제나 옳다고 인식한다. 그리고 새로운 버전으로 진화한 자본주의 4.0에서는 정부와 시장이 모두 불완전하고, 세계가 불확실성과 복잡성으로 예측하기 어렵기 때문에, 정치와 경제를 적대적 관계가 아닌 협력관계로 간주해야 한다는 것이다. 그는 복잡하고 불확실한 환경에서 경제규칙이 바뀌는 것에 맞추는 적응성과 민간과 공공부문의 협력이 중요하다는 혼합성을 합한 '적응성 혼합경제'를 자본주의 4.0으로 명명했다.

깨어있는 자본주의

홀푸드마켓Whole Foods Market의 CEO인 존 매키John Mackey와 '사랑받는 기업'의 저자인 라젠드라 시소디아Rajendra S. Sisodia는『깨어있는 자본주의Conscious Capitalism』에서 자본주의를 '모든 이해관계자들에게 동시에 다양한 가치와 행복을 창조하는 진화하는 비즈니스의 패러다임'으로 정의한다. SPICE 모델이 자본주의로 확장된 개념으로 볼 수 있는 '깨어있는 자본주의'에는 4가지 원리Tenet가 있는데, 높은 목적Higher Purpose, 이해관계자 통합Stakeholder Integration, 깨어있는 리더십Conscious Leadership, 그리고 깨어있는 문화와 관리Conscious Culture and Management가 그것이다.

기업의 사회적 책임CSR

기업의 사회적 책임CSR·Corporate Social Responsibility에 대한 논의가 대두되면서, 2010년 국제표준화 기구 인증인 ISO 26000의 발표로 기업의 사회적, 환경적 책임이 강화되고 있다. 이는 사회적 책임을 정부나 법의 주도에서 민간영역으로 확산한 국제적 규범이다.

[그림] 기업의 사회적 책임(ISO 26000)

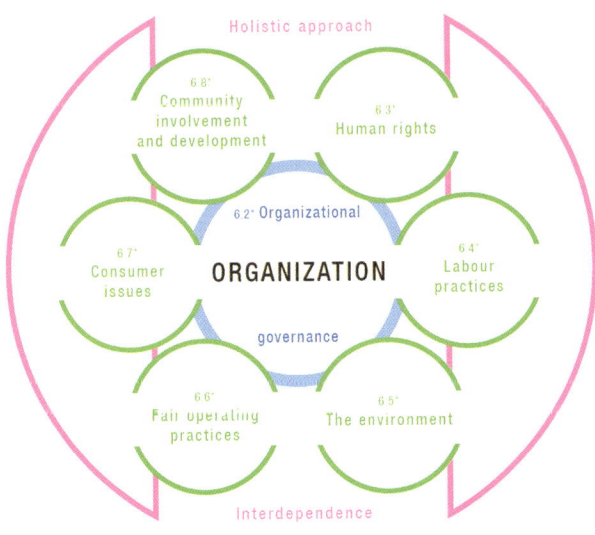

ISO 26000에서는 조직 거버넌스, 인권, 노동관행, 환경, 공정

운영관 행, 소비자 이슈, 지역사회 참여와 발전의 7가지 핵심과제에 대한 실행지침을 제시하며 기업의 사회적 책임을 강조하고, 지속가능경영에 대한 보고와 실행과정을 제시하고 있다.

CSR에 대한 투자자들의 관심이 높은 이유는 사회적 공헌도가 높은 기업이 재무성과도 좋기 때문이라는 인식 때문이다. 하지만 기업들이 CSR을 기업의 이미지나 명성을 높이려는데 사용한다는 점, 자생적인 사회적 활동이 아닌 외부의 압력에 의한 수동적인 활동이라는 점, 사회적 가치 창출이나 기업의 이익 증대에 미치는 영향이 미미한 점 등으로 인해 한계를 보이고 있다(Porter & Kramer, 2011).

투자도 기업의 지속가능성을 고려하는 측면으로 발전했다. 사회책임투자SRI는 연금, 장기보험 등 장기투자의 리스크 관리 측면에서 기업의 재무적 요소뿐 아니라 비재무적 요소, 즉 기업의 사회책임CSR을 고려하는 기업투자방식인데, 비재무적 요소로는 ESG(환경, 사회, 지배구조)의 개념이 대표적이다.

국내 사회책임투자 영역에서 활동 중인 서스틴베스트(SUSTIN VEST, 대표 류영재)는 기업의 ESG 정보를 기반으로 기업분석 및 투자를 실시하고 있는데, 서스틴베스트가 A등급으로 선정한 우수기업 78개 포트폴리오의 투자성과를 KOSPI와 비교했을 때, 2006~2007년의 2년간의 투자수익률에서 25.48%를 상회하고 있었다.

[표] 기업의 사회적 책임과 깨어있는 자본주의 비교

기업의 사회적 책임(CSR)	깨어있는 비즈니스(Conscious Business)
주주 지향적인	이해관계자 지향적인
기업의 목적과 관계없음	높은 목적을 포함
비즈니스 목표에 윤리적인, 재정적인 부담	배려와 수익성을 높은 시너지로 조화
비즈니스에 관한 일관적인 전통적, 기계론적인 관점	비즈니스에 관한 전체론적, 생태계적 관점인 복합적응시스템
기존 비즈니스 모델에 접목되는 '추가'의 개념으로 보통 별도의 CSR 부서나 홍보 부서의 일부	사회적 책임을 비즈니스 모델의 핵심으로 기업의 높은 목적으로 간주하고, 지역사회와 환경을 중요한 이해관계자로 포함
자선의 제스처로 보여짐 (홍보 메시지 전략으로 간주)	높은 목적, 이해관계자 통합, 깨어있는 리더십, 그리고 깨어있는 문화를 통한 실제의 비즈니스의 변형이 필요
회사의 사명이나 목적과 '선행'이 연결되지 않을 수 있음	'선행'이 회사의 핵심 사명을 발전시키는 것이 필요

공유가치 창출^{CSV}

Porter & Kramer(2011)는 하버드 비즈니스 리뷰에서 공유가치창출^{CSV·Creating Shared Value}에 대해 '기업이 활동하는 사회에서 경제적, 사회적 조건을 개선하면서 동시에 기업의 경쟁력을 개선하는 일련의 기업 정책 및 경영활동'이라고 정의했다. 그리고 기업이 공유가치를 창출하기 위한 방법으로, 세 가지를 제시했다.

첫째는 '제품과 시장에 대한 재구상'을 통해 기업이 더 나은 서비스나 제품을 제공하거나, 새로운 시장 창출, 혁신을 통해 사회적 요구를 충족시키는 것이다. 둘째는 '가치사슬을 통한 생산성 재정의'를 통해 에너지 사용과 운송 부문, 자원의 사용, 조달, 유통, 직원 생산성, 위치의 개선을 통해 경제와 사회 발전을 촉진하는 것이다. 셋째는 '지역 클러스터 구축'을 통해 기업이 경쟁력을 확보하고, 사회와 함께 성장하는 것이다. 공유가치창출CSV은 기업의 사회적 책임CSR과 개념적으로 다르다고 할 수 있다.

[표] 기업의 사회적 책임과 공유가치창출 비교

기업의 사회적 책임(CSR)	공유가치창출(CSV)
가치: 좋은일	가치: 비용과 연관된 경제적, 사회적 이익
시민권, 박애주의, 지속가능성	기업과 사회의 공동의 가치 창출
자유재량에 의한 혹은 외부 압력에 의한	경쟁력 향상을 위한 필수요소
기업 이익 최대화와 분리 (비용)	기업 이익 최대화를 위한 필수 요소
CSV에 대한 안건이 외부 보고서나 개인의 선호도에 따라 결정	안건이 기업에 특정되거나 내부에서 생겨남
한정적인 기업의 CSR 예산	기업 전체의 예산을 재편성
예) 공정무역	예)조달 방법을 변경하여 제품의 질과 수익을 증가

노령화에 따른 복지의 증가, 양극화에 따른 취약계층의 문제, 환경과의 지속가능성 등 사회적 이슈와 문제들이 날로 확대되고 있다. 한편 자본주의 시장경제에서 시장이 실패하는 영역은 반드시 존재한다. 시장 실패를 보완하기 위한 정부의 역할도 만능이 아니어서 시장도 정부도 실패하는 제 3섹터가 생겨났다. 이 두 가지 조건에 따라 사회적 기업이 대두되고 있다.

시장의 역할이 효율이고 정부의 역할이 공정이라면 사회적 기업의 역할은 지속가능성이라고 할 수 있다. 이러한 사회적 기업에 대한 지원은 미국은 기업이, 유럽은 국가가 주로 담당하며 발전해 왔다.

[그림] 기업의 코즈마케팅 사례

사회적 기업의 역할과 지원은 국가의 역사적 발전 형태에 따라 다른 모습을 보여 왔고, 공유경제의 발달이 점차 가속화되고 그 영역이 더욱 확대됨에 따라 사회적 기업가의 역할은 영리기업에도 적용되고 있다. 미래사회에서 모든 기업은 사회적 기업을 지향해야 한다.

공유경제 시대의 기업

공유경제의 양면성

공유경제는 천사와 악마의 양면성을 가지고 있다. 공유를 통한 혁신의 촉진과 자원의 절약은 인류의 희망이나, 공유경제 기업의 과도한 부의 독점과 일자리의 축소에는 비난의 돌팔매가 날아들고 있다. 이러한 공유경제의 두 얼굴을 살펴보기로 하자.

공유경제의 대표기업 우버^{UBER}에는 찬사와 비난이 빗발치고 있다. 우버를 이용한 사람들은 편리성에 감탄하고 지속적인 진화에 또 감탄을 한다. 그들에게 70조 원이라는 우버의 기업가치가 당연하다고 여겨진다. 그러나 우버를 불법화한 많은 국가는 우버가 택시 운전자의 일자리를 빼앗으며, 세계 최대 자동차 제조사인 GM의 기업가치를 넘는 부의 왜곡이라 생각하고 있다. 과연 공유경제는 천사인가 악마인가.

환경론자들은 지구 차원의 환경과 자원 보호의 측면에서 우버의 1대가 10대 내외의 자동차 판매를 줄이는 것은 바람직하다고 본다. 그러나 성장론자들은 이로 인한 GDP의 감소를 우려하고 있다. 결국 GDP의 감소는 일자리의 감소를 의미하기 때문이다. 이 문제는 저작권을 주장하는 소유론자와 오픈소스를 주장하는 공유론자의 충놀에서노 농일하게 발생한다. 저작권 역시 창작 욕구를 부추기는 밝은 면과 융합에 의한 혁신을 저해하는 어두운 면을 동시에 지니고 있다. 특허권 또한 예외가 아니다. 테슬라가 보유한 전기자동차 특허를 공유한 이유를 심각하게 생각해 볼 필요가 있다. 저작권은 인정하되 융합 활용을 촉발하는 오픈소스도 활성화해야 한다. 이러한 패러독스의 해결은 창작과 융합을 선순환시키는 신뢰의 기술, 블록체인 기술이 해결할 수 있을 것으로 기대한다.

문제의 본질로 돌아가 보자. 공유를 통한 환경의 개선과 자원의 절약이라는 측면은 긍정적이다. 일자리의 감소는 더욱 환경 친화적인 새로운 일자리의 창출로 대체하는 것이 바람직할 것이다. 문제는 공유경제로 인한 가치 창출의 대부분이 공유경제 기업으로 가고 있다는 것이다. 과도한 우버의 기대 수익이 70조 원의 기업가치라는 숫자를 만들어 낸 것이다. 문제는 공유경제의 가치창출 자체가 아니라 공유가치의 분배 구조에 기인하고 있다.

바람직한 미래 사회는 혁신에 의한 이익은 장려하고 지대(地代)에 의한 이익은 억제하는 정책으로 이룩될 것이다. 산업 경제에서 반(反)독점 법이 탄생한 배경이다. 독점은 필연코 과도한 지대(地代)추구로 변질되기 때문이다. 그런데 공유경제의 플랫폼 기업들에게는 반독점법이 적용되지 않는다. 아직까지 사회 통념은 그들의 수익이 혁신에 기반하고 있다고 믿기 때문이다. 그러나 구글, 페이스북, 네이버와 같은 플랫폼 기업들의 수익에 지대추구의 요소는 없는지 생각해보라. 더 나아가 효율의 극단을 추구한 결과 빚어지는 독점의 위험은 사회의 안정성 자체를 위협하고 있지 않은가.

이제 건전한 미래 사회를 위하여 공유경제를 지원하되 합리적인 공유경제 플랫폼 경쟁의 룰도 제시해야 할 때가 되었다. 임계량을 넘어선 공유경제 플랫폼 기업의 수익은 기하급수적으로 증가한다는 것이 리드Reed의 법칙이다. 그 때부터 수익의 대부분은 혁신이 아니라 지대 수입의 성격을 가지게 된다. 이러한 지대 수익을 바탕으로 우버가 후발 리프트Lyft에 한 것과 같은 부당 경쟁을 할 여지를 방치하면 안 될 것이다.

　미래 사회의 안정성을 위하여 다음 세 가지 공유경제 플랫폼의 경쟁 대안을 제시하고자 한다. 우선 혁신이 아닌 지대 수입에 대해서는 사회 환원 혹은 높은 과세를 부과해야 한다. 글로벌 과세를 부과하는 대안을 장기 연구할 필요도 있을 것이다. 다음으로 복수의 플랫폼 경쟁을 촉발하여 사용자의 선택이 가능한 멀티 호밍^{Multi-homing} 경쟁 구도를 만드는 국가의 정책적 노력이 필요하다. 단기적인 효율보다 장기적인 사회의 안정성이 더 소중하기 때문이다. 마지막으로 독점화된 플랫폼 기업에는 기업 정보의 공개를 의무화해야 한다.

영리와 비영리 사이의 공유경제 기업

　공유경제는 영리와 비영리의 두 얼굴을 가지고 있다. 현실적으로는 완전 공유에서 비영리 공유까지 다양한 스펙트럼으로 구성되어 있다. 공유경제는 과정을 공유하는 Sharing Economy와 결과를 공유하는 Shared Economy로 각각 다르게 이해되고 있다. 전자는 플랫폼을 통하여 경제 객체를 공유하는 시장 경제의 진화이고, 후자는 결과를 공유하려는 사회적 경제의 형태라고 필자는 정의하고자 한다. 공유경제를 사회적 경제로만 해석하면서 오해가 발생하고 있다.

　J. Rifkin(2014)은 공유기업을 '베네피트 기업^{Benefit Corporation·B-Corp}'이라는 사회적 기업의 비즈니스 모델을 통해 설명했다. B-Corp는 시장 중심의 자본주의 경제와 공유사회 기반의 사회적 경제가 만

나는 영역에서 공생관계 가치를 창출하려는 시도를 하고 있다. 또한 일부 공유기업은 사회적 경제와 시장경제가 만나는 지점에서 상호작용하고 있을 뿐만 아니라 서로의 특성 일부를 받아들임으로써 비영리 조직과 이윤 추구 기업의 간극을 좁히고 있다.

한국에도 정은성 대표를 중심으로 B-Corp 활동이 전개되고 있다. 2007년 이후 미국을 비롯한 주요국가에서 활발하게 확대 진행되고 있는데, 현재 50여개 국가에 걸쳐 2,000여개의 기업들이 참여하고 있다. 도브, 바세린, 립톤 등의 브랜드로 익숙한 다국적기업 유니레버, 그리고 국내의 대표적인 카쉐어링 기업 쏘카^{Socar} 등이 있다. 앞으로 B-Corp는 우리나라를 비롯한 자본주의 세계의 긍정적 변화에 주도적 역할을 할 것으로 보인다.

B-Corp에 대하여 Forbes와 Fortune이 가장 주목할 만 한 비즈니스 트렌드 중 하나로 꼽은 바 있고, 미국은 30개가 넘는 주에서 이미 B-Corp에 대한 법제화를 했으며, 빌 클린턴 전 대통령을 포함한 세계적인 지도자들이 B-Corp에 대한 공식 지지 및 지원 의사를 밝힌 바 있다.

B-Corp의 슬로건은 일반적인 기업들이 목표로 하는 주주 중심의 경영, 이윤의 극대화, 그리고 '세상에서 최고$^{Best\ in\ the\ world}$'가 아니다. 이해 관계자를 포용하고, 이익과 성과를 함께 창출하고 공유하며, '세상을 위한 최고$^{Best\ for\ the\ world}$'를 추구한다. 최고로^{Best} 돈을 많이 버는 기업이 아니라, 가장 착한^{Best} 기업이 되고자 하는 것이다.

[그림] B-Corp

자료: http://www.bcorporation.net

이러한 변화는 UN의 SDG^{Sustainable development goal}과 ISO 27000, 마이클 포터의 CSV^{Creating shared value} 등의 등장과 시대적 소명을 같이 하고 있다. 즉 사회가 투명해지면서 영리 기업과 비영리 기업이 서로 다른 것이 아니라는 결론에 도달하게 된 것이다. 이제 개방과 공유의 4차 산업혁명으로 본격 돌입하면서 나타나는 현상이 영리와 비영리 기업의 차이가 축소되어 궁극적으로 융합될 것이라는 점이다.

두 가지 형태 기업의 차이점을 비교하자면, 첫째 영리부문의 사회적 기업가는 상업적 기회의 가능성에 동기를 부여받는 반면, 비영리 부문의 사회적 기업가는 충족되지 않은 사회적 니즈의 해결에 더 집중한다. 둘째 두 부문의 사회적 기업가 모두 리스크를 감수하지만 그 종류는 달랐다. 영리 부문의 사회적 기업가는 투자수익률 관점에서 리스크를 경계하는 반면 비영리 부문의 사회적 기업가는 자신의 자금을 걸고 리스크를 감수하는 일이 드물었다. 이들 모두 리스크를 공동체 내에서의 사회적 '평판'을 가장 크게 꼽고 있었고, 자신의 역할이 지닌 중요성을 서로 인식하지만 비영리 부문 사회적 기업가들이 성공의 공을 자원봉사자 및 서비스 수혜자 전체와 함께 나누려는 태도가 더 분명했다는 점이다.

[그림] 영리 공유 vs 비영리 공유

V　P　P　　　C　　　V　　P　P　　C

　　영리 공유경제　　　　　　　　비영리 공유경제

　기업 이익의 극대화　　　　　사회적 이익의 극대화
　　최대 이윤 추구　　　　　　　상생 이윤 추구
　소비자와 기업의 이익 충돌　　　플랫폼 확산의 실패
　Market Price, 과도 수익　　Resonant Price, 적정한 가격
　　양극화의 원인　　　　　　　　양극화의 해소

이를 감안하여 필자는 영리를 추구하는 공유기업과 비영리 공유기업을 다음과 같이 정리하였다. 영리 공유기업은 기업 이익의 극대화를 위해 최대 이윤을 추구하며 이에 따라 소비자와 기업의 이익이 충돌되기도 하고, 과도한 수익을 창출하여 양극화의 원인을 제공하기도 한다. 비영리 공유기업은 사회적 이익의 극대화를 위해 상생 이윤을 추구하며 플랫폼 확산에 실패하기도 하고, 시장에서 적정한 가격을 제공하여 양극화 해소에 도움이 된다. 이러한 점에서 공유경제

기업의 적정 이윤에 대해 다시 한 번 고찰해 볼 필요가 있을 것이다.

선순환 기업과 사회는 기업정보를 투명하게 공개하므로 정보 비대칭이 해소되어 선순환이 가능하다. 필자는 선순환 기업과 사회를 근간으로 두고 공유경제 분배의 기본 방향에 대해 다음과 같이 제안한다. 공유경제에 의한 가치 창출은 반복되는 비용 절감과 공유가치이다. 공유경제 참여자들의 가치 분배는 사용자가 우선되어야 하며 그 다음은 개발자, 마지막으로 플랫포머Platformer가 되어야 한다. 즉 거대 독점 구조의 플랫폼의 과도한 수익을 경계해야 한다.

04

공유가치와 신뢰사회

반복되는 투명한 게임의 승자

유명한 죄수의 딜레마 게임이 있다. 두 명의 죄수에게 상대방이 죄가 있다고 고발할 경우에 가점을 준다. 그러나 둘 다 죄가 없다고 주장을 할 경우에는, 둘 다 무죄가 된다. 이론적으로 바람직한 것은 둘 다 무죄를 주장하는 것이다. 그러나 나는 상대방이 죄가 없다고 했는데, 상대방이 나에게 죄가 있다고 주장하면 나만 감옥에 가게 된다. 의외로 많은 사람들이 상대방이 죄가 있다고 주장한다. 이는 서로 상대방이 어떠한 대답을 할지 알 수 없는 상태이기 때문이다.

이 게임을 다시 투명하게 반복해 보았다. 그 사람이 과거에 어떤 행동을 했는지를 누구나 볼 수 있게 했다. 결과적으로 좋은 사람, 상대방이 죄가 없다고 하는 사람이 승리하게 된다. 먼저 배반하지 않되, 상대가 배반할 때는 반드시 응징하라. 이것이 '맞받아

쏘아붙이기 Tit for tat strategy' 전략이다.

　Axelrod & Hamilton(1981)에 의하면 이 전략은 처음에는 무조건 협력을 하고 이후에는 상대의 전략에 반응하는 것이다. 상대방의 행동에 따라 나의 행동이 달라진다. 과거의 행동이 투명하게 공개되기 때문에 결국 협력하는 자가 승리하고 배신자는 도태된다. 상대가 배신하지 않는 한 계속해서 협력하는 것이 승리 전략이다. 진화이론을 바탕으로 가상진화 프로그램을 만들어 가상의 생명 알고리즘들을 반복해보았을 때, 반복되는 투명한 게임에서는 가장 단순한 '맞받아 쏘아붙이기 Tit for tat strategy'가 가장 승률이 높았다. 따라서 장기적으로 지속되는 게임에서는 상호협력이 자신의 이익을 가장 효과적으로 확보하는 방법이 된다.

[그림] 전제조건: 반복성과 투명성

일회성 불투명한 게임	반복되는 투명한 게임
단기 이익 극대화	장기 이익 추구
경쟁	협력
정적 이윤	동적 이윤
거래(Buy-Sell)	관계(Relationship)
불신과 정치	신뢰와 본질
폐쇄적 구조	개방 구조
억압적	창조적
無 플랫폼	플랫폼
마키아벨리즘 처세술	윤리적 삶

경쟁과 협력의 차이는 어디서 비롯되는가?

이기심의 승화와 지속가능성

정보화, 개방, 연결의 시대인 세상은 반복되는 구조로 가고 있다. 그리고 반복되는 세상에서는 투명성이 중요하다. 소셜 네트워크나 미디어의 발달과 스마트 혁명으로 인해 세상은 더욱 투명해지고 있다. 투명성을 통해 기업의 이해관계자들도 기업에 신뢰를 갖는다(Sheth et al., 2013). 결국 투명하고 반복되는 구조에서는 기업 경영이 선순환된다. 지속가능한 경영에서는 사회를 위한 일인 동시에 기업에 이익이 되는 것이 선순환이다. 그러나 이는 이타심에 의한 시스템 설계와는 다르다. 이타심에 의한 '좋은 일을 하자' 주의는 공산주의와 같다. 결코 오래 가지 못한다. 물론, 이기심에만 기초한 시스템도 '만인에 대한 만인의 투쟁War of all against all'으로 가게 되어 지속가능하지 않다.

반복되는 선순환 과정을 통하면 이기심이 이타심으로 승화되며 선순환과정에서 상극이 상생으로 변모한다. 예를 들면, 아담스미스는 1776년 그의 저서 국부론에서 "우리가 저녁 식사를 먹을 수 있는 것은 빵집 주인의 선의 때문이 아니라, 그가 자신의 이익을 챙기려는 생각 덕분이다."라고 말했다. 의도한 바는 아니지만 각자의 이익을 추구하는 과정에서 '보이지 않는 손'이 작용하여 개인이 상상하지 못했던 사회적 이익을 가져오는 것이다. 지속가능한 혁신을 위해서는 동기부여가 반드시 필요하며 자본주의 사회에서는 인센티브가 동기부여의 요소로 작용한다. 사람들이 가진 각자의 이기심이 승화하여 사회가 상호작용을 이룬다.

이런 선순환의 원리 속에서 기업은 이익을 추구하면서 사회에 가치를 창출하고 분배해야 한다. 기업은 단순히 사회적 책임을 이행하는 것만으로 지속가능할 수 없다. 가치를 창출하고 분배하기 위해서는 소비자 가치와 기업의 가치의 선순환과 혁신이 필요하고, 이를 통해 기업은 사회와 선순환해야 한다.

신뢰가 미래 전략

선순환 구조는 신뢰에 바탕을 둔다. 국민행복지수 1위인 국가 덴마크는 국민 신뢰지수가 역시 세계 1위다. 특히 법률, 행정 등 사회적 강자에 대한 신뢰가 높다. 노블리스 오블리주가 사라진 한국 사회에서 불신의 사회적 비용이 GDP의 3%를 넘는 82조라는 것이 삼성경제연구소의 연구결과다. 신뢰 속에서 혁신이 만들어지고, 혁신적인 기업들이 나타난다.

"개방은 전체를 키우고 폐쇄는 내 몫을 키운다."는 슬로건을 걸고 구글, 애플, 페이스북 등이 제3자에게 API_{Application Program Interface}를 개방하는 것은 미래 경제에는 개방과 신뢰가 자산이고, 이것이 결국 전체 생태계를 키우기 때문이다. 그런 생태계 속에서 전 세계의 주요 소프트웨어의 90% 이상이 오픈소스에 기반하여 만들어지고 있다. 한국의 기업들도 추격경제에서 성공했던 전략인 폐쇄성을 벗고, 신뢰라는 자산을 바탕으로 진화해야 할 때다.

기업의 가치공유

기존 효율 중심의 수직적 조직은 더 이상 4차 산업혁명의 속도와 복잡성을 감당할 수 없게 됐다. 계획과 통제지향적인 수직조직에서 자율과 평가에 기반을 둔 수평조직으로의 변화는 이미 시작됐다.

환경 변화에 적응하는데 가장 성공한 조직은 생명체다. 한 마디로 생명은 모순의 극복이다. 그러므로 개방성·분권화·자율성·통합성 등의 상호 모순적 명제를 극복하는 것도 일종의 생명현상이라고 볼 수 있다. 이 생명현상은 성장과 분배, 효율과 혁신, 심지어 주주와 직원들 같은 양극兩極 간 대립이 태극太極의 상생으로 순환될 때 발생한다. 반복성을 뒷받침하는 효율과 변화를 촉발하는 혁신이 생명조직에서 창발하는 것이다. 이제 기업 조직은 계획과 통제의 기계조직에서 자율과 평가의 '생명조직'으로 진화해야 한다.

조직을 생명체처럼 조직화하기 위해서는 3가지 요소Value, Information, Profit를 공유해야 한다. 생명체의 정신, 신경, 영양분의 공급이 조직 차원에서는 가치Value, 정보Information, 이익Profit이다. 온전하게 활동하고 있는 생명체와 마찬가지로, 조직도 가치 공유를 통해 제대로 된 방향을 설정하고, 정보 공유를 통해 필요한 자원을 확보하며, 아울러 이익의 공유를 통해 개방적이고 지속적인 공동체로서 기능할 수 있다. 이를 각 단어의 첫 글자를 따서 VIP의 공유라고 한다.

[그림] 생명조직과 VIP 공유

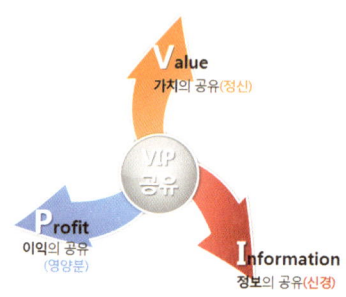

공유가치가 형성된 기업은 신뢰를 바탕으로 한 자기조직화가 가능해진다. 2015년 미국 최대의 온라인 신발, 의류 업체 자포스Zappos의 창업자 토니 셰이Tony Hsieh는 모든 직원에게 장문의 이메일을 보냈다. 그는 자포스가 창업 초기의 기업가적 문화를 유지하고, 조직이 관료주의에 빠지는 것을 막기 위해 조직 내의 관리자 직책을 모두 없애고 자포스를 모든 구성원이 스스로를 자발적으로 경영하는 회사로 탈바꿈시키겠다고 선언했다. 홀라크라시Holacracy를 경영이념으로 삼은 것이다. 전체를 뜻하는 그리스어 'Holos'와 통치를 뜻하는 'Cracy'가 합쳐져 만들어진 홀라크라시는 자율경영이론 중에서 가장 널리 알려지고 가장 구체적인 시스템이다. 홀라

크라시는 기업의 창의력, 역동성, 문제해결 능력을 높이기 위해 보스Boss를 두는 대신 모든 구성원이 명확한 권한과 책임을 갖고 자율적으로 회사의 운영에 참여하는 방식이다. 경영자가 독점하던 권한과 책임은 마치 국가의 헌법처럼 명문화된 규약인 '홀라크라시 헌장Holacracy Constitution'에 이양하고, 모든 구성원은 이 규약이 명시한 규칙과 시스템에 의해 권한과 책임을 분배받아 조직을 운영한다. 이때 홀라크라시 헌장은 변화하는 환경에 맞춰 모든 구성원들의 집단지성을 활용해 수정되고 보완하며 진화한다.

토니 셰이는 이런 자율적 조직운영으로 신발 온라인 판매회사인 자포스Zappos를 성공시켜 아마존에 12억 달러에 매각하고, 이후 홀라크라시의 '수평적 조직운영 방식'의 개념을 전파하고 있다. 궁극적인 혁신의 밑바탕은 게리 하멜Gary Hamel의 말처럼 VIP가 공유되는 기업문화에 달려있다.

05

미래 기업이 해야 할 일

기업과 사회의 선순환

피터 드러커Peter Drucker는 기업 활동에 대해 통찰력 있는 정의를 했다. 기업 활동은 가치창출과 분배Innovation and Marketing, 이 두 가지만 존재한다는 것이다.

기업들이 이윤창출을 위한 기회를 얻기 위해 골몰하는 모습을 너무나 많이 보게 된다. 벤처 투자가들 역시 수익 모델을 가장 중요시한다. 그러나 "당신의 기업이 이 사회에 어떤 가치를 창출하는가?"라는 질문이 기업의 본질에 가깝다. 기업의 가치창출과 가치분배, 이것은 새의 두 날개와 같다. 새로운 사업을 하려는 청년들이 가치 창출에 대한 확신이 있으면 분배를 받을 수 있는 방법은 추후 연구개발이 가능하다. 그러나 가치 창출 자체가 불명확한 경우에는 아무리 노력해도 분배 받을 수단이 없는 경우가 많다. 가치 창출 없이 분배 받는 것을 우리는 사기라고 한다.

기업의 본질적인 목표는 지속 가능한 가치창출과 분배의 선순환에 있다. 기업이 가치를 창출하고, 분배하는 과정을 다음의 [그림]에서 설명하고 있다.

[그림] 기업의 가치창출 부등식

Value > Price > Cost
V   사회적 이익   C
V 소비자이익 P 기업이익 C

Price > Value   사회적 가치 소멸 예)독점구조,렌트,사기 등
Value > Price   공명가격(Resonant Price) 예)명품,애플 아이폰 등
                 영리 기업 : 단일 수익 모델인 경우, 기업가치가 하락, 사업은 중단
                 광고 기업 : 제 3자로부터 광고 수익 예) 신문사 광고
Cost > Price   사회적 기업 V > C > P
                 사회적 가치를 만들고 사회(국가지원, 기업 및 대중 후원)로부터 지원 받음

오랫동안 기업의 목표는 이윤의 극대화였고, 가격Price에서 비용Cost을 제한 이윤Profit을 극대화 하고자 했다. 그런데 가격을 높이면 기업 이익가치은 증가하나, 소비자 가치이익는 감소한다. 결과적으로 각자의 이익을 추구하면 기업과 사회는 갈등 구조가 되는 것이다. 즉, 아래의 식에서 사회적 가치가 상수라면, 소비자 가치와 기업 가치는 상극相克의 구조가 된다.

사회적 가치(V-C) = 소비자 가치(V-P) + 기업 가치(P-C)

여기에 동적인 확대 선순환의 개념을 도입해 보자.

가치Value에서 가격Price을 뺀 것은 소비자의 이익V-P이 된다. 가격Price에서 비용Cost을 뺀 것은 기업의 이익P-C이 된다. 단기적인 관점에서 바라본다면 소비자의 이익과 기업의 이익은 상충된다. 앞서 설명한 게임이론에서 보면 일회성 게임의 경우 상대에 대한 배신을 통해 최대의 이익을 추구할 수 있다. 이를 정적이윤Static profit으로 정의한다. 이때에는 기업의 가치P-C와 소비자 가치V-P가 상충되고 기업이 수익을 많이 낸다면 소비자의 가치가 줄어든다. 일회성 거래에서 기업과 소비자는 상극의 관계가 되는 것이다.

[그림] 동적 이윤과 공명 가격대

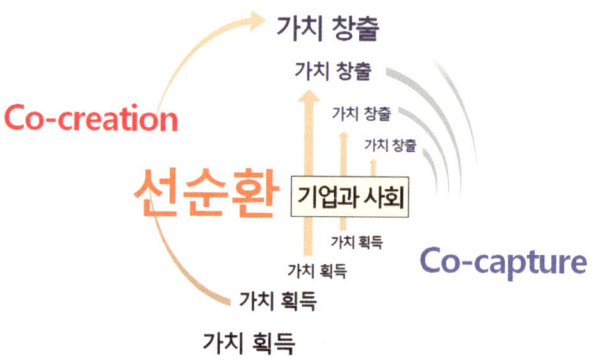

하지만, 이 거래가 투명하게 반복된다면 기업이 지나치게 이익을 추구할 때 소비자들은 이후 이 회사의 제품이나 서비스를 선택하지 않을 것이다. 기업의 장기적 이윤을 고려하면 고객에게 적정한 가격을 제공하는 것이 선순환으로 이어질 것이다. 이때의 이윤은 동적이윤Dynamic profit이 되고, 가격은 공명가격Resonance price이 된다.

정적인 개념의 이윤 극대화란 사회적 가치$^{V-C}$가 상수일 때 소비자와의 갈등으로 기업의 이윤이 얻어지게 되는 것을 의미한다. 기업의 이익이 소비자 이익과 상충되는 것이 자본주의 문제의 본질이라면, 이를 선순환시키는 것이 그 해결책이 될 것이다. 앞 식의 단기적 이익의 상극 구조가 선순환되면 사회적 가치$^{V-C}$가 증가하여 상생 구조로 바뀌기 때문이다. 이때 기업과 사회의 갈등이 해소되고 선순환될 수 있다. 이것이 바로 태극이 주는 의미다. 경영의 패러다임이 변화하면서 기업과 사회와의 선순환 관계가 그 어느 때보다 중요해지고 있다.

가치 창출은 고객의 가치에서 기업의 비용을 뺀$^{Value-Cost}$ 사회적 가치의 창출을 의미한다. 가치창출은 기업의 핵심역량에 달려 있고 핵심역량은 지속적인 혁신의 결과다. 부가가치는 기업의 이익이 아닌 매출에서 매입을 뺀 것을 의미한다. 선순환 부가가치는 단기적인 부가가치가 아닌 장기적으로 지속가능한 부가가치를 의미하며, 창출한 부가가치를 선순환적으로 분배해야 한다.

그렇다면 기업의 목적은 가치 창출로 시작되어야 한다. 기업활동의 가치는 매출 혹은 이윤이 아니라 기업활동으로 창출되는 사회적 가치인 것이다. 그 결과는 GDP로 반영되는 부가가치보다 사회적 가치가 클 것이다. 그러므로 경제성장의 사회적 파급효과는 경제 지표 상의 수치보다 높다고 보아야 할 것이다.

기업의 가치창출 부등식에서 가격이 가치보다 높아지는 것은 사회적 가치를 없애는 것이다. 가치창출 없이 수익만 최대로 챙기는 구조로, 독점, 제한적 인허가, 과도 한 진입장벽, 지대$^{地代 \cdot \text{ Rent}}$ 등이 여기에 속한다. 정적이익을 극대화하면서 가격이 가치보다 높으면 이것은 사기가 된다. 대기업과 중소기업 간의 불공정거래, 가치창출 없이 이윤만을 극대화하는 일부 파생 금융상품, 그리고 기업 활동으로 인한 환경오염 등은 기업의 이윤은 발생시키나 사회적 가치는 오히려 감소시킨다. 뿐만 아니라 사회 갈등비용도 증가시킨다. 바로 기업 활동의 음의 외부효과이며, 이렇게 되면 국가는 쇠퇴한다. 독점 자본주의의 폐해다.

가치가 가격보다 높은 경우는 브랜드를 통한 가치 제품$^{\text{Value product}}$을 만드는 경우로, 명품이나 애플사의 iPhone과 같은 경우가 여기에 속하게 된다. 가격이 높더라도 소비자가 느끼는 가치가 높으면 소비자는 수용한다. 바람직한 기업의 전형적인 모델이다.

비용이 가격보다 높은 경우에는 3가지로 살펴볼 수 있다. 단일 수익모델의 영리기업의 경우 기업가치가 하락하고 사업은 중단될 것이다. 하지만 복합영리기업, 즉 제 3자로부터 광고 수익을 얻는 기업$^{\text{신문사 등}}$은 비용이 가격보다 높지만 광고를 통하여 수익을 낼 수 있다. 마지막으로 사회적 기업의 경우도 비용이 가격보다 높지만 그 차액을 사회로부터 지원 받는다.

기업은 사회적 가치를 추구한다는 점에서는 사회적 기업과 같다. 사회적 기업은 보상을 소비자에게 받는 것이 아니라 사회로부터 받기 때문에 보상구조 측면에서 일반 기업들과 차이점이 있을 뿐이다. 기업 활동이 단독 기업에서 기업생태계로 변화함에 따라 기업의 영역이 확대되고, 투명하고 반복되는 사회 구조가 정착되면, 궁극적으로 모든 기업은 사회적 기업으로 융합될 것이다. 따라서 가치를 창출하고 분배하는 것이 미래 기업활동의 핵심이 되어야 한다. 또 기업이 지속가능한 이윤을 얻기 위해서는 가치 창출과 분배의 선순환이라는 이기심의 승화가 일어나야 한다.

[그림] 선순환 기업의 전제는 반복되는 투명한 룰

기업과 개인의 선순환

이제 기업과 개인의 선순환을 살펴보기로 하자. 기업 가치창출의 중심이 비용절감Cost에서 혁신가치Value로 진화하면서 기업의 핵심 자원도 자본에서 인간으로 이동하기 시작했다. 미국 S&P 500대 기업에서 유형자산인 자본이 차지하는 비중은 이제 20%이하에 불과하다. 80% 이상의 기업 자산은 무형자산, 즉 인적자산으로 이동한 것이다.

비용 절감은 반복되는 일의 효율적 자동화로 가능하고 자본 중심적이지만, 혁신 가치는 인간의 창조성에 바탕으로 두고 자동화가 불가능하다. 지금 세상에서 가장 풍부한 것은 자본이다. 창조적 신사업 모델에 돈은 충분히 몰려든다. 인간의 창조성은 기업의 수단이 아니라 본질 그 자체가 되고 있다. 4차 산업혁명에서 자본주의는 필연적으로 인본주의人本主義를 향해 진화해야 한다.

그런데 지금까지 경영학의 재무제표에 자본은 있으나 인간은 없었다. 기업의 목적이라는 손익계산서의 이익극대화 수단은 절세와 인건비 절약으로 귀결된다. 주주와 노동자는 갈등 관계였다. 최대 이익을 내고도 종업원은 나몰라 하는 자본가도, 기업은 적자인데 임금 인상 파업을 상행하는 노조도 갈등의 일부분이다. 팽팽한 노사 갈등 구조로 4차 산업혁명의 기업혁신은 불가능하다. 이제 기업의 목표를 이익 극대화에서 동적 부가가치의 극대화로 전환해야 할 때가 왔다. 이에 따라 '부가가치계산서'를 기업의 가치평가나 기업의 성과를 나타내는 지표의 새로운 기준으로 제시하고자 한다.

손익계산서의 이익은 주주를 위한 것이나, 기업가치인 부가가치 Price-Cost는 주주, 임직원, 국가 등 이해관계자 전체를 위한 것이다. 기업 활동은 부가가치의 창출과 분배의 선순환이라 정의할 수 있다. 부가가치 분배는 1차로 급여의 형태로 임직원에게 분배되고 2차로 주주, 임직원, 국가에 분배하되 원칙은 장기적 부가가치 극대화에 있어야 한다. 그렇다면 급여는 비용에서 분배로, 임직원은 기업 활동의 수단에서 동반자로 성격이 바뀌게 된다. 미래 기업과 임직원은 갈등 관계에서 호혜적 동반자 관계로 승화하게 된다.

[그림] 부가가치 계산서

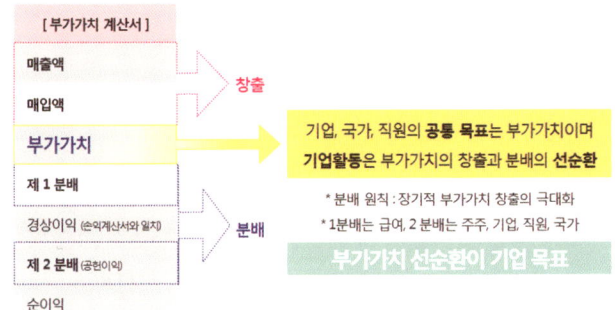

제2분배에서 국가로의 분배는 사회적책임CSR이나 공유가치창출CSV을 통한 사회기여이다. 이를 통해 기업의 가치창출이 국가의 가치창출로 연결된다. 결과적으로 기업의 지속가능보고서 역시 Value라는 가치창출 Social Impact로 시작되어야 한다. 기업활동에서 환경과 사람이 기업활동의 결과인가, 가치창출인가라는 질문을 한다면 이는 가치창출로 보아야 한다. 기업활동은 가치 창출과 분배의 선순환이다. 따라서 부가가치의 창출과 분배의 선순환이라는 관점으로 기업 활동을 이해하는 것이 본질적 이해에 가까울 것이다.

기업에 대한 인식

사람이 가장 중요해지는 시대적 변화에 맞추어, 기업의 가장 중요한 관리지표는 1인당 부가가치가 되어야 한다. 1인당 부가가치 기준으로 평가를 하되, 분배는 집단분배로 하는 것이 필요하다. 이 경우 부가가치 창출을 위해 이해관계자들이 다 같이 노력하는 구조로 갈 수 있다. 부가가치를 극대화하는 것이 공동의 목표가 되면서 기업의 부가가치 창출과 분배에 대한 원칙이 임직원 전체에게 체화된다.

[그림] 급여를 주는 주체

	기업을 **공동체**로 인식	기업을 **계약관계**로 인식
급여	분배	비용
근무	자아 실현	계약의 이행
교육	일과 교육 통합	일과 교육 분리
승진	업무 확대	보상
의사결정	상호 작용	일방적
가치	외부 지향적	내부 지향적

그 결과 개별 조직 내에서도 부가가치가 없는 일을 줄이고, 불필요한 인력을 뽑는 것을 자제하며, 우수 인재를 뽑는 노력을 하게 된다. 그렇게 되면 성과 좋고 일을 잘하는 직원을 시기하기보다 존중하게 될 것이다. 부가가치를 창출하는 직원이 바로 나에게 이익을 제공하기 때문이다. 이런 방식으로, 가치창출과 가치분배가 선

순환하는 기업문화가 정착되어 갈 수 있다.

혁신이 없는 분배는 갈등을 촉발시키고 승자 독식의 혁신은 증오를 키우게 된다. 역사의 교훈은 혁신을 통하여 가치를 창출하고, 이 사회와 더불어 선순환구조를 갖추라는 것이다. 이를 '혁신의 선순환'이라는 기업가주의 Entrepreneurism로 다음 장을 통해 제시하고자 한다.

개인의 성과와 역량

인사관리의 양대 축은 성과주의와 역량주의다. 그런데 단기 성과와 장기 역량은 상호 모순 관계다. 혁신을 이끄는 사내기업가정신은 이 모순관계를 순환관계로 승화시키는 연결고리다. 의미 있는 목표에 도전하는 과정에서 역량이 증가하고 결과적으로 창조적 성과가 도출도록 하는 것이다.

목표는 자기통제의 수단이자 성취동기의 핵심이며 목표관리는 기업의 목표 지향성과 강한 정체성을 부여하는 방법이다. 목표관리의 본원적 목적은 역량과 성과의 통합이다. 사람의 역량을 키울 것이냐, 성과를 낼 것이냐, 이 두 가지를 연결하는 것은 도전이다. 도전을 통한 인간과 업적의 통합이 피터 드러커 교수의 자율에 의한 목표관리, mbo이다. 목표관리 mbo는 컨설팅 업체들에 의하여 과업 Norma 관리인 목표관리 mbo로 변질되고 말았다. 성과와 역량의 순환 고리는 도전이고 도전은 실패를 내포하고 있다. 실패 지원하고 학습하는 조직 문화가 기업의 경쟁력이라는 점을 명심해야 한다.

[그림] 성과와 역량의 선순환

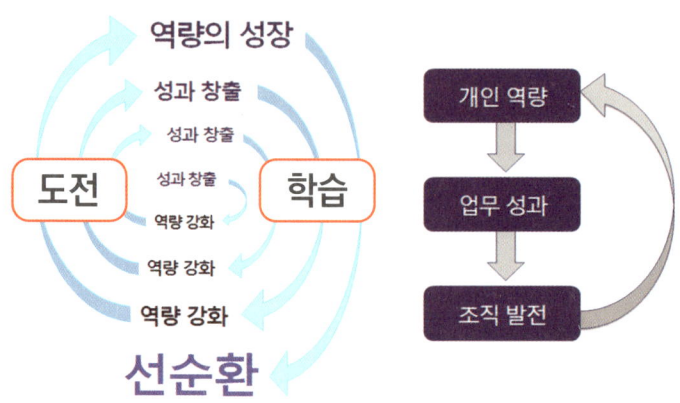

필자는 한국형 K-mbo^{Management by objective: 자율적 목표관리}를 통해 목표관리를 설명하고자 한다. K-mbo는 개개인이 가치 있는 불확실한 목표를 설정하고, 그래서 개개인이 기업가처럼 행동하도록 하고, 도전→실패→지원→학습을 통한 인간과 업적의 융합이 목적이다. 성과를 이루면서 동시에 자아실현을 실천하는 사원들의 창조적 활동을 통해 기업은 차별화된 창조적 혁신 성과를 얻고, 대외 경쟁에서 차별화를 강화한다. 개인은 그 과정에서 시행착오를 통한 학습으로 스스로의 역량을 키워나가게 된다. 인간존중과 업적달성, 성과와 역량의 두 가지를 도전을 통해서 연결하는 것이다.

지금까지 목표 관리방식은 선의 관리로, 주어진 선(가이드라인,

규칙, 관행 등)을 따라야 하는 통제 방식의 관리였다. 선의 관리는 철저한 교육, 세심한 계획과 통제에 의해 빈틈없이 관리함을 의미한다. 이러한 선의 관리 방식으로는 실패를 줄일 수 있지만, 새로운 경험과 이를 통한 학습을 할 수 없고 직원의 역량을 강화할 수 없다. 따라서 도전을 장려하는 목표관리가 되기 위해서는 목표의 불확실성이 필요하고, 폭의 관리가 필요하다.

폭의 관리란 상한선 또는 하한선만을 통제할 뿐 나머지는 자율에 맡기는 관리이다. 폭의 관리에서는 도전과 학습을 통해 새로운 것을 발견하고 이를 바탕으로 새로운 가치를 창출한다. 사내기업가 양성시스템의 핵심은 역량을 강화하고 성과를 창출하는 일련의 과정을 통해서 사람의 역량이 커지고 장기적으로 조직의 성과가 극대화되는 폭의 관리다.

그런데 이때, 불확실한 목표를 설정하고 노력하다가 개개인이 목표의 미달 사태가 발생하는 문제가 발생할 수도 있다. 이에 대한 방안은 집단목표관리[87]와 예외적 관리MBE·Management by Exception[88]로 실패에 대비하는 것이다. MBE로서 보완된 집단목표관리는 집단의 상호신뢰가 반드시 필요하고, 이때 코디네이터의 역량이 매우 중요하다.

---

[87] 개개인의 목표달성은 불확실하지만 그들이 모인 집단의 목표달성은 어느 정도 안정된 형태로 수렴하게 된다.
[88] 프로젝트를 책임지는 실무 담낭사가 기업가처럼 행동하고 자기가 결정하시만 코디네이터(Coordinator)가 이 프로젝트가 문제가 생길 것 같다고 판단하는 마지막 순간에 코칭(Coaching)의 역할로 개입해서 예외적 관리를 한다.

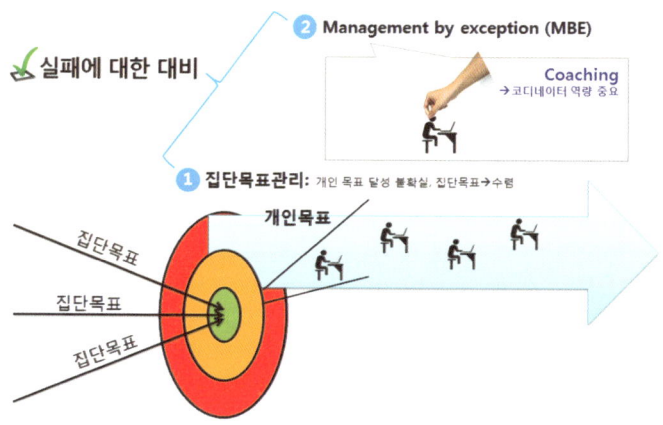

[그림] 집단목표관리와 MBE

창조적 혁신 조직은 혁신의 모순을 극복하는 양면성을 지니고 있다. 창의성 연구의 대가 아머바일 T. Amabile은 창조적 조직의 특성으로 느슨함과 엄격함이 공존하고, 아마추어와 프로가 협업하고, 자유와 규율이 공존하고, 재미와 의미가 융합하고, 즉흥성과 계획성이 동시에 존재하고, 발산형 사고와 수렴형 사고가 협력한다고 했다. 또 갈등은 혁신의 바탕이며 이를 극복하는 능력이 리더의 덕목이라고 했다.

K-mbo를 통해 자아실현에 도전하는 내재적 동기부여가 인간의 혁신을 통한 기업과 사회 발전을 촉발할 것이다. 도전에 의한 역량과 성과가 선순환하는 미래 기업에 중요한 역할을 하는 것이 혁신의 리더십인 기업가정신이기 때문이다.

HOMO FADENS

―
제 7 장
―

선순환을 부르는 미래형 기업가

For the future of Job and Education

01

기업가와 기업가정신

기업가 용어의 유래와 개념

기업가Entrepreneur는 '착수하다Undertake'와 '시작하다Commence'라는 의미인 프랑스어 'Entreprendre'에서 유래했다. 새로운 사업을 수행하는 사람이라는 뜻으로, 17-18세기 유럽에서는 위험한 해외무역에 종사하는 모험적 상인에 대해 '기업가'라는 용어를 사용하였으며, 산업혁명 후에는 새로운 기술의 발명을 실용화하여 기업적으로 성공한 사람들에 대해 Enterpriser 또는 Entrepreneur라는 용어를 사용했다.

프랑스 경제학자 칸티용(R. Cantillon, 1775)은 '확실한 가격에 상품이나 원료를 구매하고, 불확실한 가격에 제품을 판매하고, 지대와 이자와 같은 경비를 주고 나서 남은 소득으로 생활하는 위험부담을 지고 자신의 사업을 하는 사람'으로 정의했다. 프랑스 경제학자 세이(J. B. Say, 1803)는 칸티용의 정의에 생산의 기능을 추가하여 '경제적 자원을 생산성과 수익성이 낮은 곳에서 높은 곳으로 이동시키는 사람'으로 정의하고, 이를 통하여 경제 전체 희소자원의 효율적 배분을 촉진하는 역할을 담당한다고 보았다.

현대에 들어오면서 많은 학자들이 다양하게 기업가의 개념을 정의했는데, 혁신을 처음으로 이야기했던 것은 슘페터Schumpeter였다. 그는 자본주의가 새로운 재화의 생산, 기존 재화의 품질향상, 새로운 생산방법의 도입, 신시장의 개척, 원료와 부품의 새로운 공급원 획득, 새로운 산업조직 형성 등과 같은 생산요소의 새로운 결합Combination에 의해 발전하며, 기업가를 이러한 '창조적 파괴Creative destruction를 유발하는 혁신Innovation 활동을 하는 자'로 정의했다. 미국의 경제학자 나이트Knight는 불확실성은 경험에 의해 추론할 수 없기 때문에 추론이 가능한 위험과는 다르며, 기업가는 이러한 '불확실성Uncertainty을 부담하고 이에 대한 보상으로 이윤을 얻는 자'라고 정의하고, 기업가정신을 '불확실성을 어깨에 짊어지고 가는 것'으로 묘사했다.

하이예크Hayek는 기업가가 시장가격의 변화 속에서 이윤기회를 발견하고, 이에 대응하여 부족 자원의 공급을 확대하는 등의 조정 역할을 수행한다고 보고, 기업가의 발견Entrepreneurial discovery을 시장 경쟁의 핵심으로 파악했다. 피터 드러커의 정의에 따르면 기업가는 '새로운 이질적인 것에서 유용한 가치를 창출해내고 변화에 대응하며 도전하여 변화를 기회로 삼는 사람'이다. 특히 그는 기업가의 역할은 이윤의 극대화가 아닌 '기회의 극대화'이며, 기업가정신은 과학 또는 예술이 아닌 '실천'이라고 했다. OECD(1999)에서는 기업가란 '경제에서 변화와 성장의 주체가 되며, 혁신적인 활동의 범위를 확장하는 자'로 정의했다.

이상의 정의를 요약하면 기업가란, 불확실성을 수용하고 기회를 포착하며, 혁신적인 가치를 창출하고 이해관계자들에게 가치를 분배하는 활동을 통하여 성장과 고용을 확대하는 것으로 정의할 수 있다.

기업가정신에 대한 연구

그렇다면 기업가정신Entrepreneurship이란 무엇인가. 이에 관한 연구는 인류학, 역사학, 사회학, 경제학, 경영학 등 다양한 분야에서 연구가 이루어지고 있으며, 대표적인 연구자들은 다음과 같이 정의하고 있다.

나이트는 위험과 불확실성을 감수하는 기업가 활동에 따라서 경제 전반의 효율성이 높아진다고 했다. 기업가의 역할을 혁신Innovation이라 규정한 슘페터는 기업가가 낡은 것을 파괴하고 새로운 것을 창조하는 창조적 파괴자Creative destructor라고 하면서 기업가정신을 사회를 변화시키는 사람의 창의적 행동으로 정의했다. 피터 드러커는 기업가정신이란 기업가들이 갖는 사고체계와 행위양식을 통칭한다고 말했다. 그는 사업기회를 발견하고, 위험을 감수하고, 기회에 도전하며, 분별력 있게 의사결정을 내리는 능력을 포함하는 의미로 기업가정신을 설명했다. 티몬스Timmons, 1994는 기회에 초점을 두고 총체적으로 접근하는 방법이며, 균형 잡힌 리더십을 바탕으로 하는 사고, 추론, 행동방식이라고 했다.

학자들의 의견을 종합해 보면 기업가정신이란 높은 불확실성과 위험에도 불구하고 사업기회를 발견하고, 모험정신(혁신능력)을 발휘하여 새로운 가치를 창출하는 기업가의 의지 및 활동이라고 정의할 수 있다.

배종태·라준영은 '3세대 기업가정신' 연구에서 기업가정신을 다음과 같이 정의했다. 첫째, 3세대 기업가정신은 1세대, 2세대와 단절된 전적으로 새로운 것이 아니라 1세대, 2세대 기업가정신을 이끌었던 대기업과 중소·벤처기업들이 지속적으로 기업가적Entrepreneurial 발전 전략을 추구하는 바탕 위에서 견고해질 수 있다. 둘째, 기업가정신은 대기업이나 중소·벤처기업에서 경제·산업발전을 이루는 데만 유용한 것이 아니라, 경제·사회·교육·문화 등 다양한 영역으로 확산되어 다양한 가치를 창출하고 사회문화를 바꾸는 큰 물결이 돼야 한다. 셋째, 제3세대 기업가정신에서 추구하는 가치에는 경제적 가치 뿐 아니라 사회적 가치, 윤리적 가치 등도 포함되어야 한다.

한 가지 덧붙이자면, 이제 3세대 기업가정신은 대기업, 중소벤처기업, 정부, 대학, 사회단체들이 모두 참여하여 특정 그룹의 '이익

극대화'가 아닌 사회 전체의 '가치 극대화'를 추구해야 하며, 상호협력의 시너지를 바탕으로 발전해야 한다.

기업가정신 Entrepreneurship

대체로 영어에서 '-ship'이라는 접미사가 붙을 때에는 무언가 바람직한 상태가 표현되어야 한다. 파트너와 파트너십의 차이는 바람직한 파트너의 모델이 파트너십인 것이다. 그렇다면 기본적으로 기업가정신이 추구하는 것은 바람직한 기업가상인 셈이다.

모든 기업가가 이 사회에 가치를 창출하지는 않는다. 그러나 Entrepreneurship은 바람직한 상태를 나타내야 한다. 모든 기업가가 가치를 창출하는 것은 아니지만, 모든 기업가정신은 가치창출이 전제되어야 한다는 말이다. 이익추구는 단기성과를 극대화하고 가치추구는 장기성과를 극대화한다는 점을 명심해야 한다.

지속가능한 가치 창출은 소비자와 공유하는 가치분배로 이뤄진다. 기업가는 기회 Opportunity 를 통하여 이 사회에 대한 가치를 창출하고 이를 적절히 분배하여 혁신의 선순환 구조를 이루게 될 것이다. 기업의 가치 창출은 단독으로 이루어지지 않는다. 많은 이해관계자들이 협력하여 가치를 창출한다. 가치창출의 기여도에 비례하여 가치분배가 이루어지는 것이 바로 바람직한 기업가상, 즉 기업가정신일 것이다. 문제는 기여도의 측정이 어렵고 객관화가 쉽지 않다는 것이다. 그러나 본질적으로 이해관계자 모델이라는 가치창출과 분배의 순환 구조는 미래 기업가정신 연구의 핵심 과제가 될 것이다.

기업가정신이 혁신을 만들어내는 것은 바람직하다. 그러나 안타깝게도 모든 혁신이 성공으로 끝나지는 않는다. 실패로 끝나는 창조적 도전이 오히려 많다. 말 그대로 실패가 일상적이고 성공은 예외적이다. 일반적으로 80%가 넘는 창업자들이 실패하고 있다. 실패한 기업가에게 기업가정신이 없는 것은 아닐 것이다. 한 번의 실패가 끝이 아니라 실패를 통한 학습으로 재도전 하는 과정을 통해 기업가정신이 진화한다고 보아야 한다.

기업은 한 번의 혁신으로 완성되는 것이 아니라, 지속가능한 혁신이 뒷받침되어야 지속가능하다. 기업가정신도 마찬가지다. 한 번의 기회포착과 창조적 도전을 통한 가치창출 과정으로 기업가정신을 정의하는 시대는 갔다. 지속가능한 혁신을 추구하는 기업가정신으로 전환되어야 한다. 기회의 포착을 중요시하는 현대의 기업가정신의 경향은 서구 환경의 산물이다. 기업가정신은 환경의 함수이기 때문에 우리에게 적합한 기업가정신이 필요하다.

02

'올바른 방향으로 강하게 치는' 리더십

주변에 리더십에 대한 책과 강연이 많아도 너무 많다. 그 만큼 리더십이 중요하다는 의미인 동시에 정답이 없다는 반증이다. 다양한 이름의 리더십 책을 보고 강연을 들으면 들을수록 사람들은 오히려 혼란에 빠진다. 그 이유는 리더십의 본질이 아니라 현상을 보고 있기 때문이다. 이제 리더십의 혼돈에서 벗어나 문제의 본질을 정리해 보자.

[그림] 리더십의 방향과 크기

누군가 타이거 우즈에게 골프를 잘 치는 방법을 물어보았을 때, 그는 "똑바로 강하게 치라."고 말했다고 한다. 바로 올바른 방향으로 강력하게 실천하게 하는 것이 리더십이다. 리더십은 본질적으로 방향과 크기라는 두 가지 요소의 결합이다. 조직의 목표를 바르게 제시하고 조직원들이 충분한 동기부여가 되어 열심히 하면 그 조직은 성공할 수 있다. 그런데 방향과 크기의 상호작용이라는 벡터 형태의 리더십은 복잡계 영역이라, 하나의 정답이 존재할 수 없다. 이것이 리더십 문제의 본질이다.

앞서 말했듯, 탐 피터스의 『초우량 기업』과 짐 콜린스의 『위대한 기업』에 나온 많은 기업들이 몰락하고 있다. 이 현상은 정답이라고 단언할 수 있는 경영이 존재할 수 없다는 것을 의미한다. 경영은 시공간의 환경에 맞추어 내부 자원을 최적화하는 것이다. 당연히 시대에 따라 기술이라는 요소가 중요할 수도 있고, 마케팅이나 조직이 중요할 수도 있고, 자원의 확보가 중요할 수도 있다. 이와 같이 복잡한 경영을 몇 개의 요소로만 설명하는 것은 대단히 위험하다.

올바른 방향으로 강력히 해야 한다는 점에서 경영과 리더십은 손바닥의 앞뒤와 같다. 올바른 방향이란 전략을 의미하고, 강력히 하라는 것은 조직을 의미한다. 전략과 조직은 경영학의 핵심이기에, 리더십의 핵심이 된다. 환경변화가 극심하고 미래를 예측할 수 없을 때는 전략이 강한 리더가 좋은 리더일 것이다. 그는 미래 비전을 제시하고 구체적인 전략과 전술을 통해서 사람들을 이끌어 간다. 반면 산업의 불확실성이 낮아지면 전략보다는 조직의 동기부여가 중요해진다.

리더십의 양대 형태는 전략의 리더십과 조직의 리더십이다. 물론 두 가지를 모두 만점을 맞으면 최고의 대안일 것이나 현실에서는 전략적 역량과 조직적 역량이 반비례하는 경우가 많다. 추격자 전략에서는 전략보다는 조직이 중요했다. 추격자 전략을 기본으로 하는 한국에서 지금까지 전략보다는 조직적 리더십을 강조해온 이유이기도 하다. 그러나 선도 전략에서는 전략이 중요해지고 따라서 전략적 방향을 결정하는 이사회 Board Of Director의 역할이 중요해진다. 미국은 이사회 멤버에 따라 기업 가치가 변한다. 그러나 한국의 이사회는 지금까지 요식행위에 불과했다. 우리에게 전략적 방향은 차별화 요소가 아니었기 때문이다.

[그림] 창조적 리더

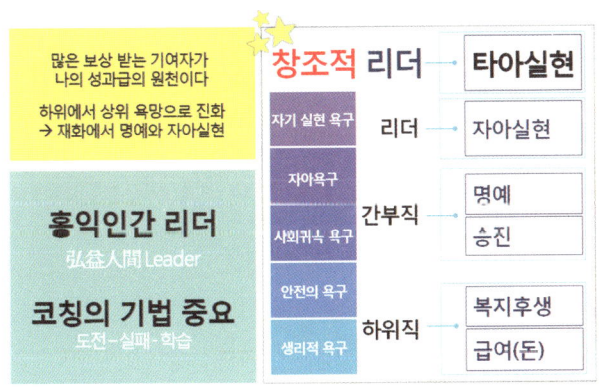

전략의 리더십도 수많은 변형이 존재하게 된다. 미래학에서는 사회변화Society, 기술의 변화Technology, 환경의 변화Environment, 경제적 변화Economics, 정치적 변화Politics를 5대 요소로 하는 STEEP 등의 기법이 활용되고 있다.

조직적 리더십의 경우에는 인간의 다양한 욕구를 반영하는 것이 중요하다. 조직의 동기부여는 매슬로우의 욕구 5단계 모델과 같이 인간에 따라 다양한 형태로 나타나게 된다. 생존과 안정의 욕구 단계에서는 급여와 복리후생이 중요하다. 사회와 명예의 단계에서는 승진과 포상이 중요해 진다. 그리고 리더의 단계에서는 자아실현이 핵심이 되어야 한다. 돈이라는 하나의 외부적 동기부여만으로는 창조적 조직을 만들 수 없다.

우리가 원하는 창조적 리더는 전략과 조직을 결합한다. 조직이 전략을 결정하는데 참여하는 것이다. 도전-실패-학습 이라는 코칭의 기법으로 자아실현을 넘어 타아실현에 임하는 것이다. 리더십은 복잡계의 영역이다. 올바른 방향으로 강하게 추진한다는 전략과 조직의 융합적 이해가 앞으로 리더십의 본질이 될 것이다.

도전, 실패, 학습

기업가정신은 지속가능한 혁신의 리더십이다. 혁신의 리더십은 도전, 실패, 학습이라는 세 단계로 이루어진다. 또 도전을 통한 학습하는 사람을 만들기 위한 방법이 바로 목표관리이다.

[그림] 혁신과 도전

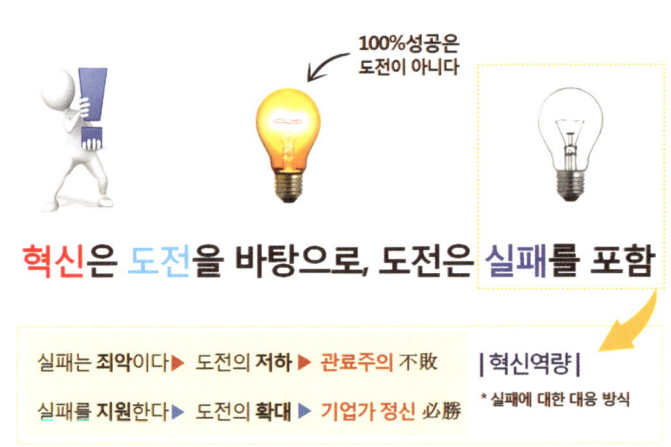

목표관리에 관한 설명은 앞 장에서 K-mbo를 통해 한 것으로 갈음하고, 이번에는 창조적 리더에 대해 더 얘기하고자 한다. 창조적 리더는 조직원들에게 역량을 배가해 주는 기회를 제공한다. 즉 자아실현을 넘어선 디아실현의 단계에 돌입하는 것이다. 칙센트 미하이의 몰입 방정식에 대한 균형 감각이 역량을 키우는 나침반이 될 수 있다.

[그림] Csikszentmihalyi의 몰입 방정식

마지막으로 창조적 리더의 10계명을 제시해 본다.

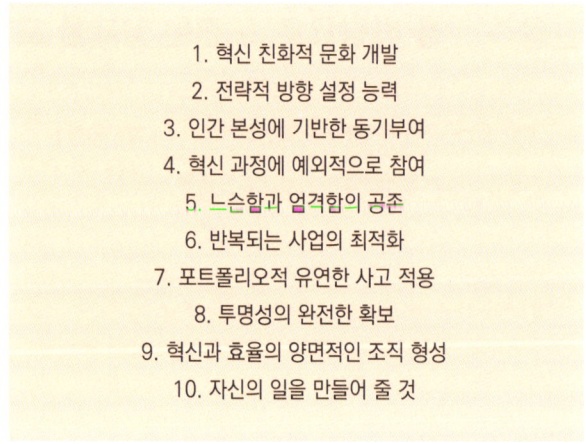

다양한 기업가정신의 발현 형태

 기업가정신은 기업의 이익 창출에 국한되는 것이 아니라 사회에 가치를 창출하고, 이를 선순환 분배하는 개념으로 재정의된다. 결국 기업가정신은 미래 사회의 시민 윤리가 되는 셈이다. 그렇다면 기업가정신은 어떻게 발현될 수 있을까?

[표] 기업과 기업가정신에 대한 재정의

구분	재정의
기업활동	가치 창출과 분배 활동 지속가능한 혁신 활동
기업가정신	가치 창출과 분배의 선순환 리더십 지속가능한 혁신의 리더십
비즈니스 모델	가치 창출과 분배의 모델
사내기업가	사내 가치 창출과 분배의 선순환
사회적기업가	사회적 가치 창출과 분배의 선순환

 기업가정신은 단지 개인이 창업을 하는 과정에서 나타나는 '독립 기업가정신Independent entrepreneurship'이 아니다. 기업가정신은 다양한 대상과 상황에 적용될 수 있는데, 대표적으로는 기존기업의 사내 기업가정신, 대학의 기업가정신, 사회적 기업가정신 등이 있다.

 사내 기업가정신Corporate entrepreneurship은 기존기업이 신규 아이템을 개발하거나 이를 위해 조직을 전략적으로 쇄신하는 과정에서 나타나는 기업가적인 사고나 행동 양식을 의미한다(Sharma & Chrisman, 1999). 이는 기업에서 신규 사업을 개척하는 경우뿐만 아니라, 조직문화 쇄신을 위해 팀과 부서의 구성과 문화를 변화시키는 데에도 필요하다.

대학 기업가정신은 '대학이 관여하는 특허·라이선싱·창업·기술이전·지역경제발전 등 제반기업가적 활동'을 의미한다(Rothaermel et al., 2007). 2000년대 들어 미국의 실리콘밸리를 중심으로 많은 대학들이 산학협력을 강화하고, 연구자들이 연구실에서 창업하여 연구 성과를 사업화하는데 성공을 거두면서, 대학의 기업가정신의 중요성이 부각됐다.

사회적 기업가정신은 '비영리기관이나 사회적 기업, 정부부문 내에서 또는 서로 연계하여 일어나는 혁신적인 사회적 가치창출 활동'으로 정의된다(Austin et al., 2006). 사회적 가치를 추구하지만 사업을 비즈니스 관점에서 바라보기 때문에 보다 혁신적으로 사회적 가치 창출이 가능하다.

기업가정신의 발현을 위해서는 기업가정신 발현의 주체인 개인의 특성, 즉 위험과 기회에 대한 반응, 개인의 자질과 능력, 경험, 도덕 및 윤리성, 리더십 등 여러 가지가 필요하다. 개인의 내적인 요소와 더불어 외부 환경요인도 기업가정신 발현에 매우 중요한 영향을 미친다. 기업가정신에 영향을 미치는 주요 외부 환경요소는 다음과 같다.[89]

사회문화적 인식

- 기업과 기업인에 대한 사회적 인식과 대우
- 지식과 기술의 수용 및 활용가능성 큰 사회구조
- 사업기회의 리스크에 대한 보상체계가 완비 정도

교육시스템

- 기업가정신 및 창업교육제도 및 범위와 기능
- 관련 교육과정 및 내용, 교사의 수준
- 산학협력시스템과 활용수준과 강도

정부의 기업가정신 관련 정책 및 지원시스템

- 외교정책, 경제 및 금융정책(성장 또는 분배우선정책), 정부규제 및 조세정책, 환경정책, 노사 및 기술관련 정책 그리고 관련 지원제도 및 조직의 구성과 지원 규모
- 특히 지원의 기조가 직접 기업지원방식이냐 또는 인프라중심 지원 방식이냐에 따라 기업가정신의 질적 강도도 차이가 날 수 있음
- 직접지원의 경우 효과성은 신속히 가시화 될 수 있을 수 있으나 장기적으로는 기업가의 의존성을 높이는 문제소지가 발생할 수 있으며, 간접지원형태인 인프라 지원방식은 기업가의 독립성과 진취성을 기본전제로 활용될 수 있으나, 다수의 기업가에게 관련 지원정보가 충분한 내용으로 홍보될 수 있는 정보 전달 시스템의 가동이 필수적으로 전제되어야 함

---

89) 이현숙 외(2012), "기업가정신 교육시스템 설계", 중소기업청·벤처기업협회

시장시스템

- 시장구조의 자유경쟁체제/진입자유의 정도
- 경쟁구도 및 대체재, 소비자 구조
- 시장 내 경쟁관련 정보전달체계와 비용구조

금융시스템

- 금융제도 및 보증제도
- 관련 자금시장의 규모와 구조
- 금융정보체계 그리고 금융비용 수준
- 자금수급의 접근정도 즉 투자에 대한 자금유입의 가능성의 크기와 정도

노동 및 인력시스템

- 가용 인력의 규모와 수준, 직업관, 공급구조
- 노사문화
- 노동조합 기업에 대한 시각, 투쟁형태, 유연성

관련 커뮤니티의 네트워크

- 커뮤니티(비즈니스단체, 자본제공자, 세무사 등 이해관계자 조직)의 다양성 및 양적 규모와 질적 수준
- 공급 네트워크 구조

국내외 경기 등 경제상황

- 국내외 호경기 또는 불경기에 따른 사업기회의 크기 또는 리스크의 강도

선순환 기업가정신

　기업의 본질적인 목적이 이윤 추구가 아닌 부가가치 창출과 분배에 있다고 재정의하면 사회, 기업, 개인이 선순환하도록 하는 새로운 기업가정신은 '선순환 기업가정신'이라 명명할 수 있다. 선순환 기업가정신을 '가치의 창출과 분배의 선순환 리더십'으로 정의하고, 이를 단순화하면 '지속가능한 혁신의 리더십'이 된다. 그리고 기존의 기업가정신 이론들은 모두 이 정의 안에 속한다.

　이 세상을 바라보면 모든 것이 순환하고 있는 것을 알 수 있다. 기업 또한 마찬가지이다. 기업 내부 개개인의 창조성을 바탕으로 이룩한 혁신이 유지관리로 연결되고, 이로부터 만들어지는 기업혁신역량이 기업전체에서 학습되어 유지·관리되며, 기업은 사회적 가치를 창출하고 일부를 분배받는다. 부가가치를 확대 선순환하는 일련의 과정을 통하여 기업은 지속가능해진다.

　지금까지 사회와 기업과의 선순환, 기업 내 선순환, 개인의 선순환 과정을 통해 각 부분에서의 선순환 기업가정신에 대해 알아보았다. 선순환 기업가정신은 각 부분으로 나누어지는 것이 아니라 개인으로부터 시작하여, 기업 내, 사회까지 선순환되고, 이 전제가 다시 순환하는 것이다. 효율과 혁신의 선순환 과정으로, 이런 선순환 과정이 확대 선순환되는 것이 중요하다. 선순환 기업가정신은 궁극적으로 사회적 기업가정신에 수렴한다.

[그림] 선순환 기업가정신의 과정

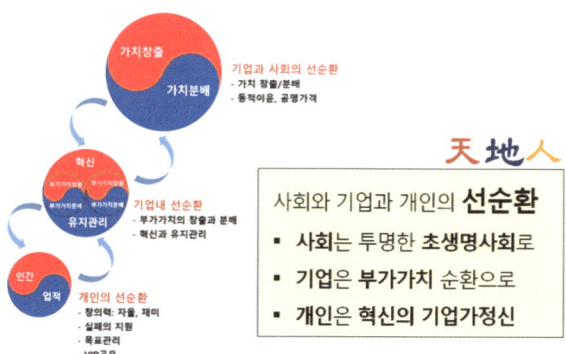

선순환 기업가정신은 사회발전과 함께 변화해야 한다. 과거의 효율경제에서 창조경제로 빠르게 진화하고 있고, 4차 산업혁명의 기술들로 사회는 지수적으로 변화하고 있는 이 복잡한 세상에서 기업들은 지속가능성에 대한 해답을 선순환 기업가정신에서 찾을 수 있다.

03

해외의 기업가정신 교육과 정책

애리조나 주립 대학교 경영·행정 대학의 Alberta Charney와 Gray Libercap 교수는 카우프만재단의 지원을 받아 1985년부터 1998년 사이에 애리조나 주립 대학교의 비즈니스 스쿨을 졸업한 학생들이 16년 이후 어떻게 활동하고 있는지를 조사했다. 기업가정신 교육이 창업 및 개인 소득의 양적인 측면과 질적인 측면 모두에서 매우 중요함을 실증적으로 규명하기 위해서였다.

결과는 기업가정신 교육이 실제 기업가의 창업활동에 긍정적 영향 미치는 것으로 나타났다. 창업 기업가 중 54%는 기업가정신과 관련하여 정규교육을 받았으며, 25.5%는 부분적인 교육을 받았다. 그리고 교육받은 졸업자의 27.2%가 자신의 사업을 수행하고 있었으며, 비교육 졸업자의 경우 9% 정도만이 자신의 사업을 수행하고 있었다.

또한 기업가정신 교육이 창업 기업의 성과에 긍정적 영향을 미친다는 사실도 발견됐다. 창업 기업 중 기업가정신 교육을 받은 기업가에 의해 경영되는 기업이 그렇지 못한 기업보다 5배 이상의 높은 매출신장률을 보였으며, 이들 기업은 비교 기업군보다 3배 이상의 신제품 개발력을 보였다. 또한 첨단기술기반(High-tech based) 사업에 종사하는 비율이 22.7%로써 비교 대상기업군의 14.7%보다 현저하게 높았다.

놀라운 것은 기업가정신 교육이 창업의 유무와 관련 없이 자산과 소득의 증가에도 긍정적 영향을 미친다는 사실이다. 기업가정신 교육을 받은 경우 평균 보유 자산규모는 약 28만 달러로 교육을 받지 않은 비교 대상군의 약 17만 달러 보다 62% 이상의 높은 수준을 보였다. 또한 기업가정신 교육을 받은 경우 연간소득도 27% 높았다. 기업가정신 교육은 창업의 측면뿐만 아니라 개인 소득에도 영향을 미쳐 결과적으로 국민 소득 증대에 영향을 미친다는 것이다.

이런 현상은 실제 지표로도 확인할 수 있었는데, GEM의 기업가정신 보고서와 국민소득과의 관계에 대한 분석에 따르면, 국민소득이 증가하려면 본원적 투입 요소인 자본의 투입뿐만 아니라 기업가정신의 활성화가 중요하다. 기업가정신 지수를 대표하는 대부분의 변수 즉, 실패에 대한 두려움, 초기 창업활동 비율, 정부 정책, 교육 훈련 등이 1인당 국민소득으로 대표되는 국가 경제성장에 유의미한 양(+)의 영향을 미치고 있었다. 고소득 국가의 경우 자본 투입에 대한 경제성장 효과가 낮아지는 경향이 있으며, 따라

서 기업가정신 활성화가 더욱 중요하게 부각되고 있다.[90]

외국의 기업가정신 정책 및 교육[91]

2009년 세계경제포럼WEF에서는 경제의 성장, 지속가능 경제의 구축, 일자리 창출, 새로운 경제체제로의 전환 그리고 삶의 질 개선 등과 같이 현재 당면한 국제적 도전과제를 해결할 수 있는 수단이 기업가정신임을 다시 한 번 확인했다. 기업가정신에 대한 교육을 초·중등 교육 및 대학의 정규 교육과정에 반영해야 하며 일반 사회인을 대상으로도 체계적으로 시행할 것을 권고·결의했다. 후속적으로 2010년 세계경제포럼WEF의 유럽소위원회 교육분과 역시 기업가정신 교육을 초·중등 교육 및 대학의 정규 교육과정에 반영할 것을 권고하고 공표했다.

미국

실리콘밸리를 중심으로 도전과 모험을 감수하는 수많은 벤처기업들을 탄생시킨 미국은 연방정부, 주정부 및 지방정부는 물론 지역사회에 이르기까지 기업가정신 육성을 위해 지속적인 지원을 하

---

90) 과학기술정책연구원(2012), "기업가정신 고취를 통한 기술창업 활성화 방안"
91) 이 부분은 "국제간 비교 연구를 통한 기업가정신 지수 표준 모델 정립에 관한 연구"(중소기업연구원, 2011)와 "기업가정신 교육시스템 설계"(벤처기업협회, 2012), "도전 중심의 청소년문화 조성 방안, 한국청소년정책연구원, 2013)을 참고로 작성되었다.

고 있다. 연방정부는 직접적인 개입과 지원은 최소화하는 대신 '규제유연성법'을 제정하여 중소기업 활성화 및 기업가정신 확산에 기여했다. 주정부 및 시정부 역시 지역발전전략의 일환으로 다양한 창업지원프로그램을 제공하고 산·학·연 및 금융 간 네트워크를 구축하여 대학의 기술이전과 사업화 기능을 강화했다.

미국 중소기업청SBA은 직접적 창업 및 기업가정신 육성책으로 민간부문파트너들과 함께 교육훈련, 상담, 지도, 정보서비스를 포함한 기술지원 프로그램을 매년 400만 명이 넘는 기존 및 잠재적 기업가들에게 제공한다. 민간부문이 운영하는 1,100여개의 중소기업개발센터SBDC, 105개의 여성기업센터WBC, 그리고 가상 중소기업 대학으로서 온라인 강좌를 제공하는 중소기업교육네트워크SBTN에 보조금을 지급하고 있다.

대부분의 대학에서는 기업가정신과 창업을 중요한 교육과정으로 개설하고 있다. 미국의 창업교육은 1947년 Harvard Business School에서 Myles Mace가 처음으로 창업론 강좌를 개설한 것으로부터 시작됐다. 최근에는 미국 대학의 대부분의 학교에서 관련 창업 및 기업가정신 교육과정을 제공하고 있다. 1971년 University of Southern California에서 MBA 과정에 처음 기업가정신 전공을 개설하면서 주요 대학의 MBA 과정에 같은 유형의 교육과정이 빠른 속도로 개설됐다. 1980년대 약 300여개 대학에서 기업가정신 관련 교육과정을 제공하기 시작하였고, 1990년대에는 1,050

개 대학, 2000년대에는 약 1,600여개의 대학, 최근에는 5,000개가 넘는 대학 및 교육기관에 창업 및 기업가정신 교육과정을 제공하고 있다. 현재 100여개 이상의 대학기반 기업가정신센터가 설립 운영되고 있고, 270여개의 기부금에 기초해 대학에서 운영하는 기업가정신센터가 운영되고 있다. 최근 5년 동안 약 120%의 성장세 보이고 있다.

주목할 점은 미국이 기업가정신 교육을 평생교육과정으로 인식하고 있다는 것이다. 즉 기업가정신은 단순히 기업을 소유하는 개념을 뛰어 넘어 보다 확장된 개념으로 이해하고, 어린이부터 성인에 이르는 전체 미국인들을 대상으로 비즈니스, 자유시장 경제, 그리고 기술 및 자신감을 제고시킴으로써 개인은 물론 지역사회경제를 발전시키는데 초점을 둔다. 미국은 기업가정신 교육이야말로 청소년들의 미래에 가장 중요한 요소라고 보고 있다. 또 미국은 '기입가는 태어나는 게 아니라 일생의 경험을 통해 만들어진나'는 철학을 바탕으로 학교와 지역사회 프로그램을 통해 어떤 장소에서든지 청소년들에게 기업가정신 경험을 제공해오고 있다.

기업가정신은 여성, 소수자, 장애청소년, 지방경제 활성화, 글로벌 경쟁 실업, 발명과 혁신, 경제적 지식, 핵심주제의 적용 기회와 관련된 쟁점마다 실질적인 답을 제공해주고 있나.

기업가정신 교육 프로그램 추진기관은 CEE^{The Consortium for Entrepreneurship Education}와 비영리기관인 NFTE^{Network for Teaching}

Entrepreneurship, 그리고 Kauffman Foundation^{카우프만재단} 등이 있다.

EU^{European Union}

EU는 경쟁력의 핵심요소로서 기업가정신 함양에 주목하고 있다. 또한 올바른 정신과 기업가정신 관련 기술을 육성하기 위해 유럽의 기업가적 문화 조성의 필요성을 강조하고 있다. 창업이 고용을 창출하며 경제를 활성화한다는 점을 강조하고, 기업가정신의 함양과 저비용의 신속한 창업을 주요 과제로 추진하고 있다. 이와 더불어 EC^{European Commission, 유럽집행위원회}는 교육이야말로 유럽 내 기업가적 문화 창출에 능동적으로 기여한다고 보고 초등학교부터 대학교에 이르는 기업가정신 교육에 중점을 두고 있다.

2000년 리스본 어젠다^{Lisbon Agenda}를 통해 혁신, 경쟁력, 성장의 주요 동력으로 기업가정신을 인식하고 지식기반 사회에서 살아남기 위해 필요한 기초기술로서 기업가정신 교육을 강조했다.

2003년 Green Paper 'Entrepreneurship in Europe'을 통해 기업가정신 정책에 대한 4가지 정책기조를 확립했다. 구체적인 내용을 보면 첫째, 기업가정신에 영향을 줄 수 있는 다양한 변수들을 고려하여 정부 부처 간 협력을 통한 기업가정신 정책을 입안·실행, 둘째, 기업가정신을 저해하는 사회적·제도적 요인을 제거, 셋째, 사업실패에 대한 부담 경감과 사회보장·세제지원 등을 통한 창업 촉진

환경을 조성, 넷째, 기업가정신에 대한 사회적 가치를 증대 등이다.

EU는 기업가정신 확충을 통한 경제 성장과 일자리 창출을 위해 2004년 2월 기업가정신행동계획 Entrepreneurship Action Plan을 책정하여 가맹국들의 기업가정신의 고양 및 창업촉진에 관한 행동계획에 대해 그 진척상황을 보고토록 요구하고 있다.

2005년에는 리스본 어젠다의 개정을 통해 지속적 성장과 안정적 고용을 달성하기 위해 기업가정신의 고취, 중소기업SMEs의 시장 진입 강화, 관료적 형식주의 축소 등을 제안했다. 중소기업의 규제순응 비용을 줄여 기업가정신을 육성하기 위한 규제환경 개선의 기조로서 다음과 같은 사항들을 제시했다.

> 첫째, 기업과 관련된 정책에 있어 중소기업을 최우선적으로 고려
> 둘째, 새로운 정책 입안에 있어 중소기업에 대한 효과를 평가하고, 중소기업을 고려한 선택사항들의 평가를 반드시 포함시키며, 새 정책에 중소기업이 적응할 수 있는 충분한 유예기간을 제공
> 셋째, 중소기업에 대한 면세를 강화
> 넷째, 중소기업 규제의 단순화, 창업 및 행정규제와 관련된 One-stop service 신설, 각종 수수료 인하 및 행정서비스 신속화

2006년에는 '기업가정신 교육에 대한 오슬로 어젠다Oslo Agenda'에 따라 EU 각국은 교육을 통한 기업가정신의 함양을 결의하고, 기업가정신에 대한 일반적인 지식을 모든 학교에서 가르칠 필요가 있으

며, 각 교육단계별 차별화된 교육을 강조했다.

기업가정신 교육에 대한 주요국가의 기본원칙은 초·중·고부터 시행하고, 정부부처 간의 공동 프로그램을 운영함으로써 기업가정신 교육의 효과를 높이는데 노력을 기울인다는 것이다. 2006년 OECD에 의하면 오스트리아, 터키, 뉴질랜드 등의 국가는 초등교육 및 중등교육에 기업가정신 교육을 의무교육 교과로 지정하여 운영하고 있으며, 프랑스, 폴란드, 스웨덴 등도 중·고등 교육에 반드시 기업가정신 및 창업과 관련된 교과목을 가르치도록 의무 교육화 하고 있다. EU의 기업가정신 정책 주도기관은 유럽혁신기술연구소European Institute of Innovation and Technology, 유리다이스 네트워크Eurydice Network 등이 있다.

2012년 EC Eurydice가 발간한 보고서 '유럽 학교에서의 기업가정신교육Entrepreneurship Education at School in Europe'에 따르면 유럽 8개국을 덴마크, 에스토니아, 리투아니아, 네덜란드, 스웨덴, 노르웨이, 웨일스 벨기에 일부은 특별한 전략들을 추진 중이고, 나머지 13개국들오스트리아, 불가리아, 체코, 핀란드, 그리스, 헝가리, 아이슬란드, 리히텐슈타인, 폴란드, 슬로바키아, 슬로베니아, 스페인, 터키은 국가적 평생학습의 일부로 청소년 또는 성장전략들을 포함시키는 등 유럽회원국의 절반은 기업가정신 교육을 강화를 포함하는 교육개혁 과정 중에 있다. 조사된 31개 유럽 회원국 가운데 2/3가량이 기업가정신 교육을 초등학교 교과과정에 편성 중이다.

해외 대학의 기업가정신 교육 현황[92]

세계 초일류 대학들은 기업가정신 교육에 본격적으로 돌입했다. 1945년 하버드로부터 시작해서 이제는 대부분의 아이비리그, 서부의 스탠포드, 칼텍, 버클리, 또 중부의 시카고 대학, 영국의 옥스포드, 캠브리지, 중국의 북경대, 복단대, 칭와대 등이 Entrepreneurial University를 향해서 매진하고 있다. 대학의 미래전략은 한마디로 기업가정신 대학이라고 정리할 수 있다.

미국

미국의 기업가정신교육은 1955년부터 시작되어 약 50년 이상 단일 과목으로 다양한 프로그램 형태로 제공되고 있다. Harvard 대학에서 Management of New Enterprises를 MBA에 개설한 것이 최초의 기업가정신 강좌이다.

Harvard의 성공사례를 보면서 미국의 주요 대학들(Ivy League, Pac 10 등)에서 기업가정신 교육에 대해 관심을 가지기 시작했다. 1982년 약 253개의 대학에서 Small Business Management, Entrepreneurship 과목 혹은 프로그램을 운영하였으며 1993년에는 441개의 프로그램 혹은 과목으로 증가했다. 2006년 미국의

---

[92] 이 부분은 "기업가정신 교육시스템 설계"(벤처기업협회, 2012)과 "이공계 대학(원)생을 위한 기업가 육성 프로그램 구축 방안"(한양대학교, 2012)을 참고로 작성되었다.

기업가정신 교육(대학 및 대학원)은 약 1,600여개의 학교에서 약 2,200개의 코스가 개설됐다. 미국은 대학별로 특성화된 교육 프로그램을 운영하면서 지역사회 발전에 기여했다.

Stanford Univ.와 U. C. Berekeley가 있는 San Francisco 인근지역에서 1960년대부터 Silocon Valley가 자생적으로 탄생되면서, 지역별 특성에 맞는 기업가정신 교육 프로그램의 효용성이 입증됐다. 지역별 주요대학들은 지역사회의 발전에 기여할 수 있는 기업가를 양성하기 위해 지역에 맞는 기업가정신 교육 프로그램 개발을 강화했다. 1990년대 후반부터는 기업가정신센터를 설립하여 기업가정신 교육 및 행동학습 프로그램을 강화했다. 145개 대학이 기업가정신센터Entrepreneurship Center를 보유하고 있고, 기업가정신센터를 통한 다양한 창업교육이 실시되고 있다. 기업가정신 교육을 통한 창업 기업가 양성 외에도 기업가정신에 대한 전문 교수요원 발굴·육성에도 상당히 관심을 두고 있다.

창업교육의 교과분류 기준을 학문적 전문성, 실무 적용성, 교과목 다양성의 관점에서 평가하여 기업가정신 교육의 활성화를 유도하고 있다. 학문적 전문성의 관점에서는 기업가정신이 독립된 학문으로 학문을 연구·발전시킬 수 있는지를 평가한다. 실무 적용성은 기업가정신 교육이 가진 가장 큰 장점으로 성공한 기업인들의 경험과 지혜를 전수하는 수단이다.

유럽

덴마크는 매우 많은 기업가정신교육 프로그램이 있으며, 지속적으로 증가하는 추세에 있다. 덴마크는 경영 및 경제 관련 학과뿐만 아니라 공학 및 기술관련 학과에서도 기업가정신 교육을 도입한 사례가 증가하고 있다. 덴마크 정부는 2004년에 'International Danish Education Academy(IDEA)'를 설립하여 기업가정신 교육에 대한 연구 및 정보를 공유하고 있다.

IDEA에는 덴마크의 38개 대학이 참여하고 있으며, 공학 및 기술 중심의 대학도 다수 참여하고 있다. 덴마크 정부는 IDEA를 통해서 많은 학회 및 세미나 등의 프로그램을 지원하고 있다. 2007년에 덴마크 정부는 모든 대학 및 대학원 교육기관의 학생들은 반드시 기업가정신 프로그램을 듣는 제도적인 장치를 마련하도록 했다.

독일은 Entrepreneurship 분과의 Working Chair가 1998년 1명이었던 것이 십년 후인 2008년 58명으로 늘어난 것을 보았을 때, 기업가정신 교육 분야의 중요성을 인식하고 있음을 알 수 있다. 이외에 기업가정신관련 Chair는 약 40여개가 있으며, 많은 대학에서 기업가정신교육을 증대시키고 있는 추세이다.

그리스 정부는 2000년 이래로 기업가정신관련 프로그램을 적극적으로 지원하고 있으며, European Social Fund 산하에 Operational program for education을 두어 지원하고 있다. 대학 및 대학원 교육에서의 기업가정신교육에 대한 정책 방향은 기업가정신과목을 대학 및 대학원의 필수과정으로 채택함과 동시에, 교육 프로그램에 기업가정신을 포함시키도록 계획서를 제출하여 지원하는 식으로 운영하고 있다. 학생들의 Entrepreneurial project를 지원하기 위한 Pan-Hellenic Competition and Award가 있다.

스페인은 기업가정신 교육에 유럽 여러 국가들 중에서도 매우 앞서고 적극적인 국가로 평가되고 있다. 스페인은 경영 및 경제관련 학과 55%에서 기업가정신 교육을 실시할 뿐만 아니라, 공학중심 학교의 21%, 사회과학 중심의 학과 19%도 기업가정신 교육 프로그램을 개설하고 있는 것이 특징이다.

프랑스의 기업가정신 교육은 크게 'Grandes Ecoles'와 대학을 중심으로 이루어진다. Grandes Ecoles는 기업가정신 교육에서 대학 교육보다 좀 더 심화된 교육을 실시하고 있다.

노르웨이의 기업가정신 관련 프로그램은 공과대학을 중심으로 1980년대 중반부터 시작되었고, 2003년 이후에 기업가정신 교육에 대한 관심이 급속도로 증대됐다. 노르웨이는 공과대학 및 기술 중심의 학교에서 기업가정신교육에 대한 수요가 크며, 조사에 의하면 공과대학 학생들의 15%가 기업가정신 교육에 관심이 있는 것으로 나타났다. 이러한 수요의 증가로 Entrepreneurship 관련 분야의 박사들이 부족한 상황이다. 그렇다면 해외의 기업가정신 교육의 내용을 살펴보도록 하자.

기업가적 역량 향상을 위한 교육 내용

기업가 및 팀과 관련된 영역에서는 주로 문제해결능력, 의사소통능력, 비전수립, 팀워크, 리더십 등의 내용을 다루고 있다.

- 혁신적인 프로젝트 업무 수행 시 조직 내에서 발생하는 문제 해결 및 분석 (Babson College, Stanford University, University of Miami)
- 창의적 의사결정 과정(Babson College, Stanford University, University of Miami)
- 효과적인 커뮤니케이션을 통한 비전수립(Babson College, University of Illinois at Urbana-Champaign)
- 기술기반 기업의 기업가적 리더십(Stanford University)

기회Opportunity 영역에서는 어떻게 기회를 포착하는지, 환경 분석, 전략 및 사업 관련 내용이 주된 내용이다.

- 기회를 포착하는 방법(Harvard Business School, Stanford University, Illinois at Urbana-Champaign)
- 경제상황 및 외부 환경 분석(Stanford University, Babson College)
- 사업의 명확화 및 전략수립(Babson College, Cornell University, Harvard Business School, University of Illinois at Urbana-Champaign)

자원Resource관련 영역에서는 어떻게 인력, 네트워크, 자본 등 어떻게 자원을 확보할 것인지에 대한 내용 및 재무관련 내용, 자금조달방법 등을 주로 다루고 있다.

- 창업자본의 확보 및 자본운영 능력(Babson College, Harvard Business School, Cornell University, University of Illinois at Urbana-Champaign)
- 자본에 대한 이해 및 재무관리(Cornell University, Harvard Business School, Stanford University, University of Illinois at Urbana-Champaign)

기업가정신 교육 관련 프로그램은 주로 사례분석, 토론, 팀 프로젝트, CEO 및 전문가 특강 식의 방법으로 진행되고 있으며, 사고방식의 창의성과 혁신성을 향상하기 위한 프로젝트 식의 수업이 진행되고 있다(Babson College).

시장에서의 기회 탐색이나 기회 포착과 관련해서는 관찰법을 활용하고, 관찰에 대한 일지작성 및 관찰로부터의 기회 포착 연습을 하고 있으며(Babson College), 성공적인 사례 학습을 위한 사례분석, 팀 학습, 토론 등이 주를 이룬다.

자원구축 영역에서는 자본의 확보 및 운영 능력 향상을 위해 사례분석 및 사업계획서 작성법 강의가 이루어지고 있으며, 성공적인 기업가들의 강연을 활용하고 있다(University of Miami, Stanford University).

전문역량 향상을 위한 교육 내용

전문역량 향상을 위한 교육은 국내보다 해외의 프로그램들이 더 폭넓고 다양한 내용을 다루고 있었다.

기술창업일반 내용에서는 주로 창업을 실질적으로 운영하기 위해서 필요한 내용을 제공하고 있다. Stanford University에서는 향후 실리콘밸리와 세계를 개척할 기업가의 역량 향상을 위한 기초능력 함양, 창업의 핵심적인 요소로서 기술 창업프로세스, 마케팅과 판매, 재무, 관리 등을 포함한 사업계획수립을 다루고 있었으며, 비즈니스 모델 개발 및 기술사업화를 위한 프로그램이 이루어지고 있다. 또한 기술기반 창업에 대한 전략과 패러다임 변화, 그리고 Biomedical 분야 등 미래기술 분야, 기업마케팅 등이 주된 내용이다.

지적재산권에 대한 이해를 높이는 것을 목적으로 University of Maryland, Stanford University, University of Illinois at Urbana-Champaign에서 특허 시스템에 대한 이해, 특허명세서의 서류작성, 특허 위배사항에 대한 학습, 비즈니스 툴, 지적재산권을 활용한 특허전략의 수립 등을 주요 내용으로 다루고 있다. 이와 더불어 기술동향 등 여러 국가의 기술동향 및 문화에 대한 이해를 높이기 위한 프로그램들이 운영되고 있었는데, Babson College의 경우에는 유럽뿐만 아니라 아시아 시장에 대한 이해 등을 다루는 과목이 운영되고 있었다.

기업가정신 교육과 창업교육은 다르다

흔히 기업가정신은 창업이기 때문에 사업 계획을 가르치는 것이 기업가정신 교육이라고 생각한다. 조금 더 나아가면 여기에 실전 창업 프로젝트를 수행하는 것을 기업가정신 교육으로 오인하고 있다. 그러나 그것은 큰 오해다. 창업에는 혁신 이론, 또 혁신 리더십, 기회 포착, 사업 계획과 더불어 실전 창업과 융합 기술, 특허, 자원 조달 등의 대안들이 필요하다. 반면 기업가정신에는 혁신 철학과 사내 기업가, 학내 기업가, 사회적 기업가 등 창업을 넘어선 다양한 분야들이 자리 잡고 있으며, 한 마디로 기업가정신은 사회 전반에 혁신을 이끄는 리더십이라고 할 수 있다.

즉 학내 기업가에서 사내 기업가를 거쳐서 창조적 기업가, 또 창업 기업가, 글로벌 기업가, 사회적 기업가로 선순환되고 있는 기업가정신 생태계 일부분이 창업 기업인 것이다.

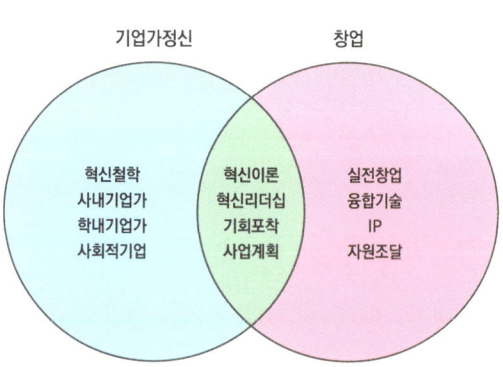

[그림] 기업가정신 vs 창업

기업가정신 교육에서는 창업활동의 시작이라고 할 수 있는 동기 부여와 특히 카리스마적 리더십이 중요하고 스위터 리스, 또 IP의 핵심역량 중심의 가벼운 창업을 위한 기회 포착 교육이 필요할 것이다. 그러나 팀과 기회보다 중요한 것이 멘토링과 네트워크다. 이 전반을 아우르는 사회적 윤리, 공유가치, 왜 기업가를 지향해야 되는가에 대한 정당성을 부여하는 것이 새로운 기업가정신의 핵심이다. 기업가 Entrepreneur는 정부 기관, 인프라, 고객 및 업계 파트너, 친구와 가족, 전문 연구 감독관, 투자자들이 상호작용하는 생태계에서 활동하고 있기 때문이다.

[그림] 기업가정신 교육의 4요소

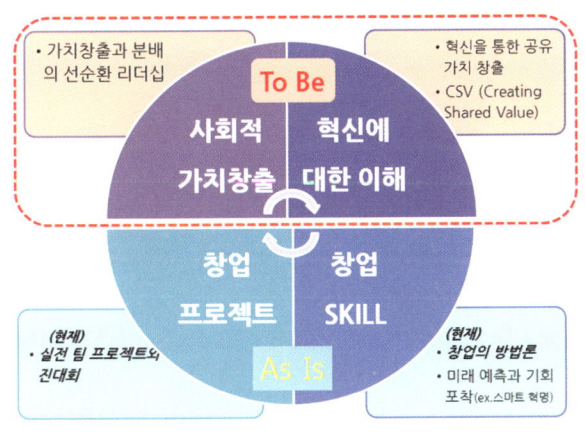

그런 의미에서 기업가정신 교육은 4가지 영역으로 구성되어야 한다. 가치 창출과 분배의 리더십이라는 사회적 가치 창출, 혁신을 통한 가치 창출이라는 혁신에 대한 이해, 창업의 방법론과 창

업을 하기 위한 기회 포착을 위한 미래 예측과 기회 포착, 실전 창업 프로젝트 등이다.

　지나친 창업 스킬 교육에 집중된 현재의 상황을 되돌아보기 위해서 생텍쥐페리의 말을 되새겨 볼 필요가 있다. "배 한 척을 만들려거든 사람들을 불러 모아 나무를 해오게 하거나 이런저런 일을 시키려 하지 말고 끝없이 망망한 바다에 대한 동경심을 심어주어라." 이제는 창업 스킬 교육에서 이제 기업가정신 교육으로 이행되어야 할 때다.

04

한국적 기업가정신

기업가정신이 이 시대 한국의 화두로 등장하고 있다. 이제 대한민국이 부딪힌 전환 시대의 도전은 과거에 열심히 일하는 요소경제에서 창조적 혁신을 추구하는 혁신경제로 전환해야 된다는 것이다. 이런 점에서 한국은 기업가정신이 절실히 필요하게 되었다. 기업가정신이란 혁신경제와 동전의 앞뒤라고 할 수 있다.

Stel. 등이 GEM Global Entrepreneurship Monitor 연구에서 도출한 결론은 단순, 명쾌하다. 국민소득 2만 불까지는 열심히 일하는 빠른 추격자 Fast Follower 전략으로 가능하지만, 2만 불을 뛰어넘는 일류국가 진입은 창조적 혁신에 바탕을 둔, 최초 개발자 First Mover 전략으로 전환해야 된다는 것이다.

즉, 국민소득 2만 불까지의 성장은 생산요소의 투입으로 가능하지만 그 이상의 성장을 위해서는 기업가정신 확산이 관건이다(막스플랑크연구소). 미국의 경우 국민소득 2만 불 달성시점(1988)에 기업가정신 교육 확산과 더불어 정규 창업 교과목이 편성됐다. 뱁슨

대학은 기업가정신 학부를 신설(1989)한 이래 MIT, 스탠포드대 등 400개 이상의 학교에서 정규 교과목을 편성했다. 카우프만 재단의 리더십센터 설립(1992)을 통해 기업가정신을 확산시켰고, 애플, 구글, 페이스북 등 대학 및 대학원생 창업의 성공신화가 미국의 신성장동력이 됐다. 기업가정신은 개인과 기업, 사회, 국가를 살찌우는 성장의 토양이다.

그러나 한국의 기업가정신의 현실은 어떠한가? 세계적인 투자가인 짐 로저스Jim Rogers는 작년에 이어 올해에도 한국의 공무원 열풍에 대한 깊은 우려를 표명했다. "한국의 공무원 열풍은 대단히 충격적이다. 10대의 꿈이 공무원이라는 것은 슬픈 일이다. 중국, 러시아 등 어느 나라에 가더라도 10대의 꿈이 공무원인 곳은 없다."

이에 한국의 미래에 대하여 부정적으로 볼 수밖에 없어 더 이상 개별 한국 기업에 투자하지 않겠다고 단언했다. 세계가 알 정도로 시금 내안민국은 청년늘 대무문의 희망직업이 공부원이 되어 버렸다. 국가는 기업가정신이 필요한 시점이나, 정작 이 땅의 청년들에게는 기업가정신이 사라지고 있는 것이다. 이 문제의 해결 없이는 국가의 미래는 없다고 단언한다. 그 가장 큰 이유는 한마디로 '실패에 대한 지원 부족'으로 인한 '재도전 기회의 상실'에 있다. 이제 대한민국이 일류국가 진입을 위한 혁신 선두국가에 필수적인 기업가정신에 대한 국가적 논의가 필요하다.

이제 새로운 혁신 국가로 도전해야 하는 단계에서 반드시 고찰되어야 하는 것은 지금까지 한국의 성공을 이끌어 온 한국 기업가의 성공 DNA이다. 과거 성공 DNA를 새로운 혁신 국가 전략에 접목하여 새로운 한국의 미래 전략을 만들어 보아야 한다. 청년들이 스스로 정답이 없는 미지의 길에 도전하도록 격려하는 것이 문제를 해결할 수 있는 방안이다. 새로운 일자리는 청년들의 창업으로 만들어진다는 것이 탈추격 국가들의 공통점이다.

한편, 개인의 도전이 사회의 발전으로 지속되려면 충분조건인 사회적 인센티브 구조가 뒷받침해야 한다. 불확실한 창업에 도전하는 기댓값이 안전한 공무원 시험보다 높아야 한다. 불확실한 창업 성공의 보상이 실패의 징벌보다 확실히 크면 창업은 활성화될 것이다. 성공의 보상을 위하여 짐 로저스가 우려한 창업을 가로막는 각종 규제를 과감히 개혁해야 한다. 기업가에 대한 사회적 인식을 교수와 공무원보다 높여야 한다. 그리고 대한민국에 맞는 기업가정신을 찾아야 한다. 그것은 서구의 기업가정신을 넘어 가치창출과 가치분배가 선순환하는 지속가능한 기업가정신이 되어야 할 것이다.

HOMO FADENS

부록 1

에듀테크

For the future of Job and Education

01

대한민국의 미래, 에듀테크

　4차 산업혁명 시대에서 글로벌 비즈니스 세계는 그 동안의 패턴과 전혀 다른 방향으로 나아가고 있다. 호텔을 소유하지 않은 에어비앤비가 숙박업을 장악하고 있고, 택시를 가지지 않은 우버가 전 세계 택시 업계를 흔들고 있다. 노키아가 주도하던 핸드폰 시장에서 변방이었던 애플은 스마트폰으로 단숨에 세계 시장의 중심이 되었고, 테슬라는 전기자동차로 100여년을 이어온 거대한 자동차 산업을 뒤흔들고 있다. 메신저 서비스인 카카오는 카카오 택시, 카카오 미용실 등 IT 산업이라 불리지 않는 영역으로 빠르게 확장해 나가고 있는 현실이다.

　파괴적 혁신이라 불리는 최근 비즈니스 이면에는 '창의성'이라는 키워드가 있다. "최근에 이루어지는 고객 가치 창출은 모두 창의성에 기반을 두고 있다."는 톰 피터스의 말처럼 4차 산업혁명 시대의 비즈니스의 변화에 중심에는 창의성이 있다. 그리고 이런 측면에서 창의적이고 창조적인 인재를 확보하고 육성하는 것은 기업의 경쟁력과 국가 경쟁력을 확보하기 위한 필수 불가결한 요소가 되어 가고 있다.

   영화 '300'은 스파르타 군인을 유소년부터 어떻게 육성하는지에 대한 이야기로 시작한다. 어렸을 적부터 철저히 강한 군인이 되기 위한 다양한 훈련을 소화하며 자라고, 이러한 과정을 거쳐 세계 최고의 군인으로 성장한다. 영화는 이런 스파르타만의 훈련 방식이 스파르타 군대를 최강으로 만들었다는 것을 강조한다. 스파르타처럼 역사상으로 매우 강성한 군대의 이면에는 늘 훌륭한 육성 시스템이 있었다. 우리나라 역사에서도 삼국을 통일한 신라의 경우 '화랑도'라는 집단 육성 시스템을 가지고 있었고, 현재 최강의 전력을 자랑하는 미국 해병대도 체계적인 군인 육성 시스템을 자랑하고 있다. 역사적인 사례처럼 우리가 4차 산업혁명 시대를 주도하는 국가와 조직이 되기 위해서는 창의적 인재, 최고의 인재를 육성하는 시스템의 구현이 필연적일 것이다. 한 사회의 발전이 국가의 교육 수준과 비례하듯 새로운 시대를 이끌어 가는 경쟁력을 갖기 위해 무엇보다 우리의 교육시스템에 대해 중지를 모아야 할 때이다.

   이러한 시점에 우리가 주목해야 할 부분은 ICT 기술과 교육을 결합하는 에듀테크란 단어이다. 에듀테크EdTech는 교육Education과 기술Technology의 합성어로, 기술과 교육을 결합하여 새로운 교육혁명을 일으키고자 하는 것을 의미한다. 에듀테크는 인공지능, 모바일, 소셜미디어, VR, AR, 게임 등 광범위한 기술들과 결합하여 교육 패러다임을 바꾸려 하고 있다. ICT 강국, 교육 강국이라는 자존심을 가지고 있는 우리나라에 이 두 가지 자존심의 결합인 에듀테크는 새로운 기회가 될 수 있다. 한국의 교육 시스템을 최고 수준으로 올리고, 새로운 시장을 창출하는데 에듀테크를 적극적으로 활용할 수 있기 때문이다.

지금까지의 교육은 물리적으로 한정된 공간 내에서 한 명의 교사가 다수의 학생들에게 동일한 내용을 가르치는 것이었다. 학생들은 각자의 이해도와 습득 능력, 질문 내용 등이 다르더라도 공평한 교육을 위해 지정된 시간 외에는 개별적으로 알아서 학습해야 했다. 그러다보니 교육의 성과는 불균등해졌다. 현재의 교육 시스템 하에서 균등한 교육이란 것은 불가능에 가깝다. 학생들이 모두 같은 로봇이 아닌데 투입이 공평하다고 해서 결과가 공평하지 않은 것은 당연한 것이 아닐까. 그렇기 때문에 시작된 것이 바로 맞춤교육을 받을 수 있는 에듀테크이다. 에듀테크 시장은 4차 산업혁명과 함께 미래의 인재를 키우는 시장으로 지속적으로 커지고 있다.

02

에듀테크가 불러온 교육의 혁명

그렇다면 에듀테크는 교육을 어떻게 바꾸려 하고 있으며, 이를 통해 우리의 교육 시스템을 어떻게 바꿀 수 있을까? 에듀테크 기술은 우리가 익히 알고 있는 이러닝 기술^{동영상, 웹기반 기술}과는 근본적으로 다르다. 에듀테크는 4차 산업혁명으로 대변되는 초지능·초연결·초실감 기술과 밀접하게 연결되어 있다. 에듀테크는 기술과의 결합을 통해 전혀 다른 교육체계를 만들고 있다.

학습의 질 혁신

에듀테크는 학습의 질적인 측면에서의 혁신을 추구한다. 상당수의 사람들이 교육의 질적인 측면에서 가장 좋은 방법으로 지목하는 것은 과외로 대표되는 1:1 맞춤형 학습이다. 하지만 이런 방법은 수요에 비해 공급이 너무 적어서 소수의 계층만이 활용할 수 있있다. 최고의 선생님과의 1:1 학습은 부르는 게 값일 정도로 공급에 비해 수요가 차고 넘친다.

교육심리학 분야 석학인 벤자민 블룸은 2시그마의 문제[93]를 제기하면서 교실 수업보다 1:1 맞춤형 학습이 훨씬 효과적이라고 말했다. 또 교육이야 말로 우리가 해결해야 할 난제라 얘기하고 있다. 그의 연구에 따르면 1:1 튜터링 학습을 50명시키고, 강의식 수업을 50명 동시에 시킨다면 1:1 튜터링 학습의 평균점수와 강의식 수업의 상위 1명의 점수가 동일하다는 결과가 나온다. 상위 2% 학생을 길러낸다는 것이 교육목표였다고 가정한다면 1:1 튜터링 학습이 강의식 수업보다 50배 더 효과적인 방법이라 할 수 있다.

강의식 수업이 효율적인 방법인 것은 분명하지만, 1:1 맞춤형 학습에 비해 효과적이지 못하다. 그럼에도 불구하고 그 동안은 기술적인 한계로, 강의식 수업을 보다 효과적이고 효율적으로 하는 방법을 연구해 왔다. 이가 없으니 잇몸으로 버틴 셈이다.

에듀테크는 이런 강의식 학습의 한계를 극복한다. 빅데이터와 알고리즘을 기반으로 한 인공지능 기술을 기반으로 크게 2가지 방향의 서비스를 지향하고 있는데, 그 중 하나가 1:1 맞춤형 학습이고, 다른 하나가 예측이 가능한 지능형 LMS다. 먼저 1:1 맞춤형 학습의 예를 들어 보자.

쿠베나는 일본의 인공지능 학원이다. 이곳에는 교사가 존재하

---

[93] 2시그마 문제란 강의식 교육을 한 학생과 1:1 튜터링 학습을 진행한 이들과의 학업성취도 차이로, 1:1 튜터링 학습을 진행한 학생들의 평균이 강의식 교육을 진행한 학생의 상위 2%와 동일하다는 연구 결과이다. 두 수업방식의 차이가 표준편차의 2배가 된다고 해서 2시그마이다.

지 않는다. 학생은 인공지능 어플리케이션과의 학습을 통해 1:1 맞춤형 학습을 한다. 학습자의 수준에 맞는 컨텐츠와 피드백을 인공지능이 제공한다. 그 결과 학생들의 수업 속도는 7배 빨라졌고, 80% 이상 학생들의 성적이 향상됐다.

우리의 경우, 뤼이드라는 에듀테크 기업이 있다. 뤼이드는 토익 공부를 돕는 산타토익으로 1:1 맞춤형 학습을 지향한다. 학습자는 문제를 풀다보면 자신의 취약점을 발견하게 되고, 꾸준히 취약 영역을 반복 학습함으로써 성취도를 향상시킨다.

지능형 LMS의 예로는 미국의 Knewton 뉴톤을 들 수 있다. 이 기업은 초등학생에서 대학생까지 교육관리시스템을 구축해 주는 곳이다. 기존 교육관리시스템이 교육행정 업무만 지원했다면 이 시스템은 학생들의 빅데이터를 기반으로 맞춤형 교육 방식을 선생님 및 학생들에게 알려주고 있다. 실제 이 기업의 시스템을 활용한 Arizona State University에서는 수료율이 17% 증가했고, 탈락률은 56% 줄었다. Northeastern Illinois University 에서도 수학과목에서 학생들의 성적이 평균 12.5점 향상되는 등 그 효과를 증명하고 있다.

뉴톤은 빅데이터를 바탕으로 "교실에서 다음 주 수요일에 문법 시험이 예정되어 있는데, 학생들의 평균 점수는 79점이 예측되며 목표에 도달하기 위해서는 2시간 정도의 학습이 필요하다."고 말해 준다. 그리고 학습 수준이 아예 못 미치는 학생은 5명, 잘 따라

오지 못하는 학생은 8명, 잘 따라오는 학생은 20명, 매우 상위권의 있는 학생은 3명" 이런 방식으로 시각화하여 보여준다. 교사가 수업을 진행하면서 학생들의 상황에 대해 예측 및 진단할 수 있게 도움으로써 효율적인 맞춤형 수업을 설계하도록 한다.

교육에서 인공지능AI의 활용은 아직은 걸음마 수준에 불과하다고 연구자들은 말한다. 그러나 인공지능 기술과 데이터 과학의 비약적 발전은 교육의 난제라 불리는 2시그마의 문제를 획기적으로 해결하고 있다. 인공지능 로봇 교사가 일반화되고, 지능형 교육 관리 시스템을 구축한다면 더 많은 사람이 더 좋은 교육을 받을 수 있는 계기를 마련할 수 있다.

학습의 양 혁신

학습의 80% 이상은 인포멀 러닝이다. 그러나 우리는 그동안 포멀 러닝에 더 많이 집중해 왔다. 교육자들이 인포멀 환경에서 지식을 전달하기에 한계가 있었기 때문이다. 교실을 벗어난 환경에서 선생님이 학생을 가르치고 관리할 수 있는 방법은 많지 않았다. 그래서 인포멀 러닝은 가정교육이나 자율학습에 의존할 수밖에 없었다. 디지털 기술이 발전하기 전까지는 말이다.

이제는 상황이 달라졌다. SNS의 발달, 모바일 및 실시간 정보통신 기술의 발달은 인포멀 러닝이라는 난제를 해결해 줄 실마리를 제공하고 있다. 모바일 환경의 발달로 선생님과 학생은 언제 어디서든 연결될 수 있으며, 실시간 소통이 가능하다. 게다가 교실에서의 수업만으로는 더 이상 급속도로 증가[94]하는 지식의 양을 따라가지 못하게 됐다.

에듀테크 기업들은 인포멀 러닝의 문제를 해결하기 위해 두 가지 방향으로 움직이고 있다. 우선 강의실을 벗어난 곳에서도 학습을 할 수 있도록 만드는 것이다. 교실 내에 선생님과 동료들에게만 배우는 것이 아니라, 전 세계 누구와도 디지털로 연결되어 상호 학습할 수 있도록 하는 방향이다. 교육 컨텐츠를 누구나 만들고 소비할 수 있는 플랫폼인 유데미와 에어클래스가 이에 해당된다.

유데미는 누구나 강사가 되고 누구나 학생이 되는 플랫폼을 지향한다. 2만 명이 강사로 등록되어 있으며 4만 개 이상 등록된 컨텐츠를 자랑한다. 또한 80개 언어로 서비스되고 있으며 우리나라에도 서비스되고 있다. 요가, 퍼스널 브랜드, 사진 촬영기법 등 다양한 분야의 컨텐츠를 수강할 수 있는 사이트이다. The academy of you를 모토로 하는 이 플랫폼은 1,200만 이상의 수강생을 보유한 사이트로 유명하다.

에어클래스는 한국판 유데미라 말할 수 있다. 2015년부터 서비스를 시작했으며 1,000여 개 이상의 컨텐츠를 보유하고 있다. 큐

---

[94] "인류문명이 시작했을 때부터 2003년까지 창출한 정보의 총량이 이제는 2일마다 창출되고있다. 2020년에는 이러한 양이 2시간 마다 창출될 것이다."-에릭 슈미트

브맞추기, 육아, 어학 등 유데미와 마찬가지로 다양한 분야의 컨텐츠를 보유하고 있다.

에듀테크 기업들이 인포멀 러닝의 문제를 해결하기 위해 두 번째로 힘을 쏟고 있는 것은 디지털 환경을 구축하는 것이다. 교실 밖에서도 선생님, 동료와 학습하려면 학교 밖에서도 디지털 환경을 지원받을 수 있어야 하기 때문이다. 에드모도와 클래스팅이 대표적이라 할 수 있다.

에드모도는 얼핏 보면 페이스북 같은데, 이 안에서 동일한 수업의 학생과 교사들이 모여서 공지하고, 과제를 할당하고, 평가하고, 일정을 잡는 등 다양한 기능을 수행할 수 있다. 미국의 6,000만 이상의 사용자를 자랑하고 있으며, 다양한 대시보드를 활용한 학생 활동 및 성적의 입체적인 분석은 이 서비스의 장점이다.

클래스팅은 국내 기업이다. 학교에서 준비물이나 시험공지, 기타 공지사항 등을 알림장을 써서 학부모와 선생님 그리고 학생이 공유하는 데서 착안해 알림장을 앱으로 서비스한다. 학부모, 교사, 학생의 정보 공유 서비스에서부터 선생님과 1:1로 상담할 수 있는 비밀 상담방, 과목별 게시판 서비스, 타 학급과의 교류, 과제 제출 및 취합 기능 등도 있디. "우리 반을 있다"라는 모토의 이 사이트는 현재 100만 명 이상의 다운로드를 자랑한다. 현직 교사가 만든 서비스답게 학교생활에 필요한 부분을 편리하게 쓰도록 만들어졌다.

학습의 몰입 혁신

학습하고 성장하려면 몰입은 반드시 필요하다. 몰입만 시킬 수 있다면 학습의 절반은 성공했다고 볼 수 있다. 몰입된 학습자에게는 학습은 재미로 다가 온다. 이런 이유로, 교육학에서는 학습몰입에 대한 연구가 지속적으로 이루어져 왔다. 학습 전에 흥미를 유발하는 방법, 학습 중간 중간에 몰입요소에 대한 연구들, 그리고 몰입을 유도하는 교수법 등 교육 전반의 과정에 학습몰입이라는 주제는 중요한 이슈로 부각되어 왔다.

ArcheMedX의 학습자에 대한 연구결과는 학습 몰입의 중요성을 잘 보여준다. 그는 3,214명에 대해서 몰입 정도를 4분위로 나누었다. 최상위 몰입 그룹의 학습 성취도는 평균의 224%, 3분위의 몰입도를 보인 그룹은 173%, 2분위에서는 평균보다 낮은 80%를 보인다고 했다. 학습몰입도 최상위 그룹은 평균보다 2배 이상의 학습 효과성을 보이며, 이는 그 만큼 학습 몰입이 학습에 미치는 영향이 크다는 얘기이다.

에듀테크는 기술을 이용해 학습 몰입을 극대화하고 있는데, VR이나 게임 기술이 대표적이다. VR기술은 학습환경 면에서 실감나게 만들어 몰입도를 높인다. 구글은 교육 콘텐츠와 VR의 결합을 선도하고 있다. 구글의 익스페디션 파이오니아는 만리장성, 화성, 버킹엄 궁전 등 100여 개의 장소를 학생들에게 가상현실로 직접 체험할 수 있도록 해준다. 학생들은 스마트폰과 카드 보드[95]만 있으면 된다. 2015년 9월 이 프로그램이 시작된 이래로 전 세계 50만 명이 넘는 학생이 이 프로그램을 체험했다.

VR/AR의 강자 이온리얼리티는 교육 분야에 이어 다양한 가상현실 환경을 제공하고 있다. 화학실험실, 지리체험 환경, 배관기술 실습실, 가구제작 실습실, 해부학 실험실 등을 실제로 경험하기 어려운 환경을 현실감 있는 가상 환경으로 구현해 체험하도록 한다.

학습몰입을 높이는 데 적용되는 또 한 가지 중요한 요소는 '재미', 즉 게임적 요소다. 디지털 게임이나 게이미피케이션Gamification을 이용해 학습자가 학습에 재미를 느끼도록 하는 다양한 시도들이 이루어지고 있다.

스페인 마드리드에 본사를 둔 게임런은 2008년에 설립됐는데, 기업 교육을 재미있게 하기 위해 게임과 교육을 결합한 프로그램을 내놓고 있다. 여기에는 다양한 베스트셀러 상품들이 있는데 목표수립, 관리를 게임으로 배울 수 있는 트리스켈리온, 비즈니스 협상을 배울 수 있는 머천트, 그리고 리더십을 배울 수 있는 퍼시픽 등이 그것이다. 퍼시픽은 리더십 및 팀 관리에 대한 시뮬레이션 게임으로, 학습자는 섬에 갇힌 상황에서 그룹의 리더로서 탈출용 기구를 만들어 섬을 탈출하는 게임이다. 이런 과정에서 구성원들의

---

[95] VR 컨텐츠를 볼 수 있는 저가 헤드셋으로 두꺼운 종이로 되어 있으며, 종이와 몇 가지 재료만 있으면 누구나 만들 수 있다.

마음을 헤아리고, 자연재해 등 다양한 어려움을 극복하면서 리더십을 기를 수 있다. 특히, 3D로 구성된 디자인이나 몰입감을 높여주는 화면 구성 등은 실제 섬에 있는 듯이 느끼게 해 준다. 게임런의 게임러닝은 현재 현대자동차, 시스코, 이베이 등 세계적인 기업에서 기업교육 프로그램으로 선택하고 있으며 1,000개 이상의 수강 기업을 자랑하고 있다. 수료율 또한 높아 90%이상이며, 추천비율이 93%, 만족도 9.2로 학습효과 또한 수치적으로 증명해 보이고 있다.

그렇다면 인성교육은 어떨까? 이 또한 게임으로 할 수 있을까? 디지털 원주민으로 불리는 1995년 이후 태어난 Z세대는 디지털 게임을 어렸을 때부터 또는 태어나면서부터 접했다. 게임 속에서 규칙을 배우고, 다른 사람과 즐기는 방법을 배운다. 이런 세대의 특성을 반영해서 게임으로 인성교육을 시도해 보려는 사례가 바로 Zoo U란 프로그램이다. Zoo U는 아이들이 사회정서능력을 함양하기 위한 온라인 게임으로, 게임을 통해 감정 조절, 충동억제, 공감, 소통 능력 등을 배울 수 있는 프로그램이다. 게임을 통해 자연스럽게 사회 구성원의 일원으로 살아가는 방법을 배우게 만들어 주고 있다.

에듀테크 기술은 학습의 질, 학습의 양, 학습 몰입도에 있어 과거 상상하지 못할 정도의 교육혁신을 가져오고 있다. 아직은 초기 단계에 있는 기술도 많지만, 이에 대해 국가와 민간이 적극적으로 투자한다면 분명히 가시적인 성과를 창출해 나갈 것이다. 또, 이런 에듀테크 기반의 교육시스템 구축을 통해 전 국민의 경쟁력을 획기적으로 향상시키고, 나아가 글로벌 에듀테크 시장을 주도하는 산업으로 키울 수 있을 것이다.

03

에듀테크 시장 현황

에듀테크 시장은 미국과 영국이 주도하고 있다. 그 시장 규모는 250조 원에 달한다고 예상하고 있으며, 매년 투자 규모 또한 꾸준히 증가하고 있다.

그 중 미국은 스타트업 중심으로 시장이 성장하고 있다. 마크 주커버그, 빌 게이츠 등 성공한 기업가들이 적극적으로 에듀테크에 투자하고 있는 것도 시장이 성장하고 있는 이유 중 하나다. 세계 최고의 MOOC인 코세라, K-12 교육의 새로운 장을 연 칸 아카데미, 에듀테크 기반 대안학교인 알트 스쿨, 미네르바 스쿨 등 적극적인 투자 환경을 바탕으로 성장한 기업들이다. 대학 교육과 전문가 양성 교육도 MOOC를 통해 효과적으로 바뀌고 있고, 교육의 방법을 혁신하는 서비스인 구글의 클래스룸[96] 등도 빠르게 확산되고 있다.

2015년 에듀테크 스타트업에 투자된 금액은 18억 5천만 달러로, 총 198개의 투자가 발생했다. CB Insights와 KPMG가 공동 발행하는 벤처 펄스에 의하면 2015년 4/4분기에 10억 달러가 넘는 투자가 발생했고, 이는 3/4분기 2억 9,500만 달러와 비교하여 300% 가깝게 성장한 것이다.

[그림] 에듀테크 기업 투자 동향

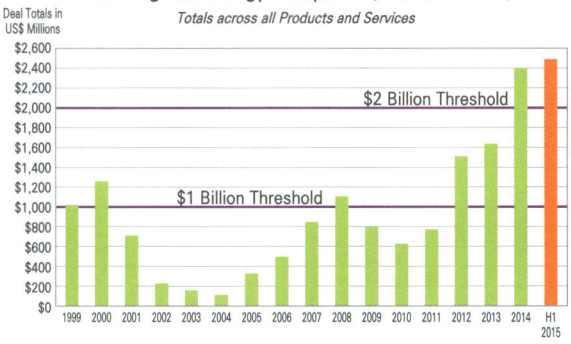

자료 : http://techm.kr/bbs/board.php?bo_table=article&wr_id=2057

영국은 미국과는 다르게 정부 중심으로 에듀테크 산업이 육성되고 있다. ICT 산업을 강화 정책인 테크시티를 중심으로 영국은 핀테크 분야에서의 가시적인 성과를 보이고 있다. 2012~2014년 영국의 핀테크 산업의 성장률은 600%에 육박한다. 이는 ICT 산업을 이끌어가는 미국의 실리콘밸리(190%)의 3배 이상의 성장률을 의미한다.

영국은 이런 성공에 힘입어 핀테그 이후의 성장 동력을 찾기 시작했고, 에듀테크가 그 뒤를 이을 것이라 판단하여 대대적으로 에

---

96) 구글 클래스룸은 학교 수업을 효율적으로 진행할 수 있도록 도와주는 도구로, 원하는 시간에 수업을 생성하여 학생들이 개설된 수업을 수강할 수 있도록 하며, 준비된 수업자료를 공유하여 교사와 학생이 같은 화면을 보면서 수업을 할 수 있다. 과제를 전달하고 학생들의 과제 현황도 실시간으로 확인이 가능하며, 수업 외에도 학생들끼리 스터디 그룹이나 동아리를 만들어 활동할 수 있다.

듀테크 기업들을 지원하고 있다. '에듀테크 UK'라는 조직을 신설하여 에듀테크 산업 전반에 대한 지원, 관리, 조정, 육성의 역할을 맡기고 있다. 이 조직의 CEO인 이안 포드햄은 "에듀테크 시대가 오고 있다. 영국은 세계의 리딩 학교, 대학, 교육 비즈니스의 중심이 될 것이다."라고 말하며, 영국이 가지고 있는 에듀테크에 대한 비전을 엿 볼 수 있게 하고 있다.

[그림] 전 세계 에듀테크 시장 지도(2016.5.3.)

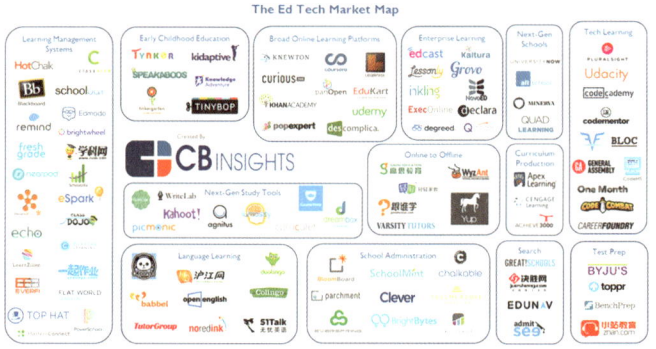

자료: CB Insights

2011년에는 에듀테크 산업 분야에서 미국의 점유율이 80%였으나 2015년에는 영국, 인도, 중국 등으로 인해 60%로 떨어졌다. 에듀테크 시장은 점점 더 글로벌하게 변화하고 있다. 초기에는 MOOCs가 대표적인 에듀테크였다면, 지금은 대학생들이 저렴한 강의교재를 찾을 수 있도록 도움을 주는 서비스처럼 매우 구체적인 분야에서 교사와 학생의 커뮤니케이션 방법 전체를 개편하는 광범위한 분야까지 다양한 스타트업들이 등장하고 있다.[97]

우리나라도 조금 늦긴 했지만 에듀테크에 대한 투자 시장이 조성되고 있다. 에듀테크에 대한 정부의 관심 또한 높아지고 있는 것이 사실이다. ICT 강국이라는 기술기반의 환경과 세계 최고의 높은 교육열은 에듀테크가 우리의 새로운 먹거리가 될 수 있는 가능성을 시사하고 있다.

물론 아직 넘어야 할 산은 많다. 2011년 정부에서는 스마트교육 정책[98]을 추진하였으나, 실제 학교 현장에서의 활용은 계획에 크게 미치지 못했다. 보급된 태블릿 PC 및 전자칠판이 수업 활용 시 오작동하는 등 비효율의 문제가 발생하고 있다. 그리고 이보다 더 큰 문제는 공교육의 보수적 성향이다. 학교는 교실의 물리적 환경을 스마트하게 바꾸는 데는 동의하지만, 해외의 사례들처럼 교육의 패러다임을 바꾸는 데는 아직 미온적이다. 이런 현실은 국내의 에듀테크 시장이 성장하는 것을 가로막는 장애요인이 되고 있다.

2010년부터 2016년까지 에듀테크 스타트업 업계에 투자된 금액은 900억 원 이상으로, 전체 투자 규모가 지속적으로 증가하고 있다. 에듀테크 관련 스타트업 데모데이나 박람회 등도 활발하게 개최되고 있다.[99] 속도는 아직 기대에 미치지 못하지만, 에듀테크는 분명 교육 시장에 변화를 가져오고 있다.

97) 본 문단은 CB Insights의 "Reinventing School: 108 Ed Tech Startups Across Learning Management, Language Teaching, And More(2016.5.3.)" 기사를 기반으로 작성되었다.
98) 2015년까지 모든 초중고교를 대상으로 종이 교과서를 디지털 교과서로 전환하는 목적으로 한다.
99) 블로터(2016.2.18.), "한국 에듀테크 스타트업 30곳 총정리"

04

에듀테크 기업 소개

　CB Insights에서는 100개 이상의 에듀테크 기업들을 분석하여 에듀테크 기업들의 핵심 분야Category를 몇 가지 항목으로 나누었다. 핵심 분야별 기업들을 한번 살펴보자 한다.

온라인 학습 플랫폼 Broad Online Learning Platform100)

　에듀테크에서 가장 눈에 띄는 분야로, Coursera, Udemy, Khan Academy 등의 플랫폼들MOOC은 광범위한 분야의 주제들의 교육 컨텐츠를 개인들에게 제공하고 있다.

학습 관리 시스템 Learning-Management System

　온라인 토론 게시판, 알림 문자 및 부모 체크인과 같은 기능들을 사용하여 교사와 학생들의 교실에서의 커뮤니케이션, 과제 추

---
100) MOOC 플랫폼에 대한 상세한 설명은 제 4장 3절을 참조

적, 컨텐츠 공유에 도움을 주는 디지털 플랫폼이다. LMS는 에 듀테크에서 가장 큰 카테고리 중 하나로, HotChalk, Remind, Nearpod와 같은 스타트업들이 있다.

2008년 글로벌 경제위기 이후에 인터넷에 쉽게 접속할 수 없는 사람들이 생겨났고 이것은 불평등으로 이어졌다. 이런 디지털 격차를 해소하고자 2011년 Brett와 David Kopf가 Remind를 설립했다. 2015년 11월 기준 4억 6,080만 달러의 기업 가치[101]로 성장했다. 현재 2천만 명 이상의 학생, 부모님, 선생님들이 클라우드를 활용하여 커뮤니케이션을 활발하게 하고 있다. Remind는 자녀 교육에 대한 참여를 촉진하는 역할 및 문자 서비스를 이용하여 빠른 의사소통을 하고 있으며, 인공지능을 활용한 다양한 언어의 번역 서비스를 제공하면서 언어의 장벽도 극복하고 있다. 미국 공립학교의 70% 이상이 Remind를 적극적으로 사용하고 있으며, 현재 3천 5백만 명이 사용하고 있다. 한국의 키즈노트가 이와 유사한 사업을 전개하고 있다.

HotChalk는 2004년 Edward M. Fields에 의해 설립됐다. 2008년 Codie Award에서 '최고의 교육 솔루션' 최종 후보로 선정되었으며, 2007 Tekher Resources 우수 기술 우수상과 ASU Scottsdale Innovation Centre인 Skysong이 교육 혁신 네트워크에서 '최고 수준'을 수상했다. HotChalk는 저소득층 가정에게

---

[101] http://www.businessinsider.com/nine-startups-that-could-soon-be-worth-1-billion-2015-6/#weebly--a-web-hosting-service-with-more-than-25-million-users-1

특히 교육의 기회를 주기 위해 학부모, 학생 및 교사들에게 유치원에서부터 대학교 및 취업준비과정에 이르는 무료온라인 교육 콘텐츠 서비스를 제공하고 있다. 또한 러닝 메니지먼트 시스템과 소셜 네트워크를 혼합하여 교사들이 다른 교사의 수업계획 등에 대하여 공유할 수 있도록 지원한다.

Nearpod는 교사와 학생이 같이 수업을 만들고 서로 공유할 수 있는 교육용 크로스 플랫폼으로, 2012년 Guido, Felipe, Emiliano에 의해 설립됐다. 교사가 Nearpod Content Store에 수업을 올려놓으면, 학생들이 스마트폰이나 태블릿, 컴퓨터 등으로 접속해 이용할 수 있다.[102] SaaS 기반의 1:1 학습 플랫폼으로, 학생들이 앱을 통해 공부를 하는 동안 교사들도 실시간으로 접속해 질문을 받거나 퀴즈를 내는 등 수업을 이끌어갈 수 있다. 2015년 6월 기준 2백만 명의 학생이 사용하고 있으며,[103] Canvas, Schoology 및 Google Classroom을 비롯한 많은 학교 관리 시스템과 통합되어 미국의 수천 개 학교에서 사용되고 있다. 교사에게 힘을 주고, 학생들을 동기부여 Empowering Teachers, Inspiring Students 하는 측면에서 주목받고 있다.

EverFi는 2008년 아마존 창업가인 Jeff Bezos, Evan Williams가 공동 설립한 컨텐츠를 제공하는 에듀테크이다. 학교나 교육기관에서 제공하지 않는 금융 지식 세금, 이자, 학자금 대출, 인터넷 범죄, 알

---

[102] 소프트웨어의 여러 기능 중에서 사용자가 필요로 하는 서비스만 이용 가능하도록 한 소프트웨어
[103] Publishersweekly.com

콜 중독 예방, 성폭력 인식 등 실생활과 사회에 필수적인 지식을 가르치는데 중점을 두고 있고, 게임, 버츄얼월드, 소셜 미디어 등의 기술을 프로그램에 적극 도입하고 있다. 펩시, 버거킹 등 유명 브랜드의 후원으로 각 학교의 학생들에게 무료로 제공되고 있으며, 현재까지 캐나다 및 미국 전역에 걸쳐 4,300개 이상의 파트너 조직과 1,600만 명의 학습자에게 서비스를 제공하고 있다.

유아 교육 Early Childhood Education

어린이들을 위한 교육용 장난감 및 게임으로, 2억 4천만 달러를 펀딩받은 Speakabooks는 어린이들을 위해 상호작용하는 디지털 서적을 제작한다.

Tynker는 2012년에 시각 플랫폼을 사용하여 자녀의 프로그래밍을 가르치는 것을 목표로 설립됐다. 8~14세를 대상으로 아이들에게 게임과 앱 등을 프로그래밍하고 제작하는 방법을 가르치는 교육용 프로그래밍 플랫폼이다. 소스 코드를 입력하는 대신 시각적으로 코드 블록을 끌어오는 형태이므로 쉽게 이용 할 수 있고, 태블릿 및 스마트 폰에서도 쉽게 접근할 수 있다는 장점이 있다. 투자자들은 NEA, Felicis Ventures, 500 Startups, Cervin Ventures, Reach Capital, Relay Ventures, Google News의 과학자 인 Krishna Bharat 등 실리콘밸리의 벤처 기업 및 EdTech 기업을 대표하는 유명 인사들이다.

Tinybop은 혁신적인 발명가들을 위한 앱으로, 2012년 Raul Gutierrez가 전 세계의 어린이(3세~10세 대상)들을 기쁘게 하고 영감을 주는 교육을 제공하기 위해 설립했다. 학교 선생님들은 스마트 기기의 카메라, 마이크, 스피커, 센서 등을 이용해 손쉽게 프로그래밍 할 수 있어 선호하고 있다. 아동 친화적으로 미국의 초등학교에서뿐만 아니라 현재에는 한국의 수업에서까지 적절히 활용된다. 투자자들은 RE, Two Sigma, Brooklyn Bridge Ventures & Kapor Capital이며, 현재까지 총 펀딩 금액은 1,770만 달러이다.

언어 학습 Language Learning

Duolingo는 사용자들이 무료로 언어를 배우는 동시에 크라우드소싱의 방식으로 언어를 번역할 수 있는 플랫폼이다. 2011년 Luis von Ahn은 새로운 언어를 배우고 싶어 하는 사람들의 욕구를 충족시켜주는 동시에, 둘 이상의 언어를 구사하는 사람이 세상에 많지 않다는 문제점을 해결하기 위해 이 회사를 설립했다. 사용자들은 웹사이트에 방문하거나 앱스토어, 구글플레이 마켓 등에서 해당 앱을 다운받고, 구글플러스나 페이스북 또는 이메일로 손쉽게 로그인이 가능하다. 완전히 무료로 제공되는 교육서비스로, 자체 제작한 캐릭터를 활용하여 상품들을 판매하고 광고료로 수익도 창출하고 있다.

babbel은 2008년 1월에 Markus Witte이 만들었다. 다양한 언어(네덜란드어, 덴마크어, 영어, 프랑스어, 독일어, 인도네시아어,

이탈리아어, 노르웨이어, 폴란드어, 브라질, 포르투갈어, 러시아어, 스웨덴어, 스페인어 및 터키어)로 제공되는 언어 학습 앱이다. 100명이 넘는 교사와 학자로 구성된 팀에 의해 개발됐는데, 가장 기본적인 단어에서부터 문장을 발음과 플래쉬 영상으로 학습할 수 있고, 다양한 방법으로 단계별로 본인 실력을 체크할 수 있다. 2013년 CeBIT에서 "digita 2013"와 "Innovative 4 Society"를 수상하였으며, 2016년에 가장 혁신적인 회사로 인정받기도 했다.

차세대 학습 도구 Next-Gen Study Tools

디지털 오디오 비주얼 플래시카드 Picmonic, AI 기반 쓰기 보조 WriteLab 및 게임화된 학습 플랫폼 Kahoot!과 같이 디지털로 강화된 교육 도구들이다.

Kahoot!는 2013년 8월에 Johan Brand, Jamie Brooker, Morten Versvik에 의해 설립됐다. 미국 초·중학생 10명 중 4명이 사용하고 있을 정도로, 미국 교육계를 강타하고 있다. 전 세계적으로 15만 명의 교육자와 4,900만 명의 학생들이 이용하고 있다. 웹 브라우저가 있는 모든 장치, 데스크톱 또는 랩톱을 사용하여 재생할 수 있으므로 편리하다는 장점이 있다. 교사들이 모니터에 문세를 띄우면 학생들은 각자의 스마트기기로 정답을 맞힌다. 빨리 답을 맞힐수록 포인트가 많이 쌓이기 때문에 기존의 지루했던 교실이 순식간에 열띤 퀴즈쇼 현장으로 바뀌게 됐다.

기업 학습 Enterprise Learning

대규모 조직이 비즈니스 학습 컨텐츠를 제작하고 배포하도록 돕는 스타트업으로, EdCast, Inkling Systems 등이 있다.

Grovo는 Jeff Fernandez, Nick Narodny와 Surag Mungekar에 의해 2010년에 설립됐다. 회사에서 일어나는 다양한 질문에 대해 적절한 교육 솔루션이 없다는 점을 발견한 이들은 직원 및 조직의 성과를 향상시키고 향상시키는 SaaS 학습 플랫폼을 제공하고 있다. 2016년 4천만 달러를 추가로 펀딩하여 누적 6천 5백만 달러의 투자를 유치하였으며, 170여 개국에 서비스를 하고 있다. 직원들이 최선의 작업을 수행하는 방법을 배우는데 필요한 모든 것을 제공하는 것을 목표로 Microlearning 플랫폼을 개발하는 데 주력하고 있다. 컨텐츠 제작이 매우 쉽고 깔끔하게 구성되어 있어서, 초보자들도 쉽게 컨텐츠를 제작해서 올릴 수 있으며, 실시간 코칭이나 피드백 등의 툴이 제공되어 교육 담당자가 학습자 몰입에 최대한 활용할 수 있도록 도움을 준다.

Online-to-Offline

학생들과 지도교사를 실시간으로 연결하거나 직접 프로그래밍을 연결하는 디지털 플랫폼이다. 학생들에게 방과후교실을 제공하는 베이징의 Gaosi Education은 6,300만 달러의 펀딩을 받았다.

Wyzant는 Andrew Geant와 Mike Weishuhn이 2005년에

공동으로 설립한 맞춤 과외 플랫폼이다. 2013년 미국 전역에 5천 명이 넘는 과외선생이 서비스에 등록되어 있으며, 백만 명 이상이 이용하고 있다. 단순히 SAT 준비 과목만을 지원하는 것이 아니라 재즈, 미술, 스페인어 등 다양한 과목을 지원하고 있으며, 총 과목 수는 240개 정도로 다양하다. 대상 역시 초등학교에 다니는 어린 학생부터 일반인까지 다양하게 이용하고 있으며, 총 펀딩 금액은 2,150만 달러이다.

학교 행정 School Administration

교사들의 행정업무를 지원하는 툴로, 기록을 관리하고, 학교 정책을 시행할 수 있도록 한다. 6,900만 달러를 펀딩 받은 Parchment는 학교에 전자 성적 증명서를 관리하는 SaaS 플랫폼을 제공하고 있다.

Clever는 2012년에 Tyler와 Rafael Garcia, Daniel Carroll이 글자를 모르거나 컴퓨터 활용 능력이 부족한 아이들을 위해 설립했다. 유치원생 및 초등학교 저학년 아이들은 QR코드가 인쇄된 이름표로 학교나 집에서 자유롭게 컨텐츠에 접근할 수 있다. Clever 배지로 로그인하면서 학생들은 각 개인에게 맞춤화된 교육 컨텐츠를 접할 수 있다. 또 복잡하고 비효율적인 로그인 과정을 재미있고 쉬운 활동으로 바꾸어, 아이들의 호기심을 자극하고 참여율을 높였다. 200개 이상의 응용 프로그램과 호환이 가능하여,

학교는 컨텐츠를 편리하게 사용할 수 있다. Clever가 설립이후 받은 투자금은 4천만 달러이다.

차세대 학교 Next-Gen Schools

학교 경험의 재창조를 목적으로 13,600만 달러를 투자받은 Alt School은 K-8 schools의 네트워크를 구축했고, Minerva Project와 UniversityNow는 대학을 위한 새로운 모델에 집중하고 있다.

Alt school은 2013년 전 구글 임원 출신이자 데이터 전문가인 맥스 벤틸라가 만들고 샌프란시스코, 팔로알토시 및 뉴욕시 전역의 학교로 확장됐다. 알트스쿨은 작은 집단으로 수업을 쪼개서 진행하며 교사와 부모, 학생간의 협력을 중시한다. 유치원에서 중학교까지의 네트워크로 전체 아동 발달에 초점을 둔 기초 지식 및 프로젝트 기반을 목표로 한다. 교사, 학생, 학부모가 공통된 디지털 플랫폼에 피드백을 남기며, 교사는 데이터를 기반으로 아이의 흥미와 특성에 맞춤화된 교육을 제공한다. 페이스북의 마크 주커버그도 투자했으며, 2014년에는 3,300만 달러, 2015년 1억 달러를 투자 받았다.

Minerva school은 Stephen Kosslyn이 2011년에 4년 학사, 석사 통합과정을 제공하는 온라인 기반 정식대학으로, '하버드대학교보다 입학이 어려운 학교'로 평가를 받고 있다. 플립 러닝 방식으로 교수님, 동료 학생들과 교류하며 학교생활을 하게 되는데, 녹화된 강의 내용을 수동적으로 듣는 것이 아닌 실시간으로 서로 소통할 수 있도록 영상통화 형식으로 수업이 진행된다. 여러 기능들로 체계적으로 학생들을 관리하며, 모든 학생들은 기숙사 생활을 하며 1년에 한번 다른 나라의 기숙사로 옮겨가서 생활을 하는 방식을 통해 협업 및 여러 경험을 쌓고 있다.

커리큘럼 제작 Curriculum Production

교육 컨텐츠를 제작하여 학교에 배포하는 디지털 플랫폼으로, Achieve 3000은 미국의 대표적인 영어교육 회사다. 2001년 Saki Dodelson이 세계 최초로 신문 기사에 영어 리딩 능력지수인 렉사일 지수를 적용했다. 동일한 주제별로, 150L~1380L 까지 총 12단계의 레벨이 구성되어 있고, 각 학생의 레벨에 맞게 학습을 진행할 수 있다. AP통신의 분야별 최신뉴스 기사를 제공받아 배경지식을 습득하고 글에 대한 이해력 및 토론능력을 향상시킬 수 있다.

검색 Search

Great schools는 1998년 학부모들에게 자녀의 학교에 대해 정확한 정보 및 평가 전달을 목적으로 Bill Jackson에 의해 설립됐다. 학생과 학부모가 학교와 커리큘럼을 찾도록 도와주며, 공립 및 사립학교의 등급과 정보를 제공한다. 50개 주에 있는 미국 전역의 공립 및 사립학교를 대상으로 거주지역내 소재 뿐 아니라 학교의 기본 정보, 교사 대 학생 비율, API 등과 같은 표준학력지수, 학업 성취도, 교사들의 질적 수준 등 방대한 내용의 학교 정보를 체계적으로 평가하여 학부모에게 제공하고 있다. 또한 Common Core 가이드, 아동 양육 개발 및 사회적 정서적 학습에 관한 자녀 양육 조언 및 기사도 포함된다. 또한 미국의 각 공립학교 및 사립학교를 주별 학력평가시험 결과에 따라 0~10점까지 점수로 평가한다.

기술 학습 Tech Learning

Pluralsight 및 Codecademy를 포함한 프로그래밍과 기타 IT 기술들을 가르치는 온라인 도구이다.

Pluralsight는 소프트웨어 개발자, IT 관리자 및 크리에이티브 전문가를 대상으로 다양한 비디오 교육 과정을 제공하는 비공개 온라인 교육 회사로, 2004년에 설립됐다. 오픈소스 중심의 동영상 교육 전문 서비스였던 PeepCode와 IT Pro/IT Certification 전문 동영상 교육 서비스인 TrainSignal를 인수하면서 개발과 컴퓨팅, 전 분야로 강의 범위를 넓혀 나가고 있다. 이러한 기업들을 인수함으로써 컨텐츠의 질(고화질의 동영상 강의, 모바일 앱 제공, 다양한 컨텐츠)이 향상되었고, 트렌드에 맞추어 지속적으로 업데이트 된다. CB Insights에서 2017년 369개 기업 중 IPO 가능성이 가장 높은 5개 기업에 선정됐다. 온라인으로 5,000개 이상의 강의를 소프트웨어 개발자 및 IT 전문가들에게 제공하고 있다.

Codecademy는 2011년 8월 Zach Sims와 Ryan Bubinski에 의해 설립되었고, 12가지의 온라인 플랫폼 프로그래밍인 Python, Java, PHP, JavaScript, Ruby, SQL, Sass, HTML, CSS를 무료로 제공하고 있다. 사용자에게 맞춘 학습계획, 퀴즈와 같은 컨텐츠로 단계별로 학습이 가능하다. 페이스북이나 구글을 통해 쉽게 로그인을 할 수 있으며, 별도의 프로그램 설치 없이 웹상에서 바로 사용 가능하여 매우 편리하다(2012년 기준으로 45만 명이 이용).

시험 준비 Test Prep

표준화 된 테스트에 중점을 둔 디지털 학습 플랫폼으로, 인도의 Byju 및 Toppr, 미국의 BenchPrep 및 중국의 Xiaozhan Jiaoyu 등이 있다.

BenchPrep는 2009년에 Ashish Rangnekar, Ujjwal Gupta에 의해 설립됐다. 학생들이 GRE, GMAT, MCAT, ACT 및 SAT, 전문 자격증 및 K-12 교실 학습과 같은 표준화 된 테스트를 준비할 수 있도록 도와주는 온라인 학습 플랫폼이다. 언제든지 웹 또는 모바일로 어디서나 편리하게 공부할 수 있도록 하는 것을 목표로 한다. 2010년 Education Innovation Summit에서 '가장 혁신적이고 최고의 수업 준비 및 평가 플랫폼'이라는 평가를 받았다. 현재 20개국 백만 명의 이상의 학습자가 사용 중이다. 턴키 솔루션 배포로 데이터 엔진, 컨텐츠 관리, 시험 준비관리, 전자 상거래 솔루션 등의 서비스를 포함하는 전체적인 툴을 제공하고 있다. 학습자의 필요에 따라 제품을 디자인할 수 있는 패러다임을 기반으로 학습자의 참여 및 효율성을 향상시키고 있으며, 현재까지 펀딩 받은 금액은 809만 달러이다.

HOMO FADENS

———
부록 2
———

3인의 창업기업가

For the future of Job and Education

> 기업가정신을 이끄는 4차 산업혁명을 대표할 대표적인 벤처 기업인들인 3인의 사례를 통하여 남들이 가지 않은 창업으로 가는 길의 윤곽을 제공하고자 한다. 각각 장비 제조업체인 휴맥스와 부품 업체인 크루셜텍과 플랫폼 업체인 이음소시어스를 소개한다. 외국 기업인들 사례에 비하여 국내 기업인들의 심층 분석 사례는 상대적으로 부족하다. 전략적 관점에서 상세하게 분석해보자.

01

휴맥스와 변대규

변대규 대표는 1989년 서울대학교 제어계측공학 박사학위를 취득하자 마자 회사를 설립, 창업 21년 만에 매출 1조 원을 달성하는 세계적인 기업으로 휴맥스를 성장시켜왔다.

변 대표는 벤처기업협회 부회장('98~'05년), 벤처리더스클럽 회장('01~'07년), 벤처천억클럽 회장('06년~현재) 등을 역임했으며, 5억 달러 수출탑과 금탑산업훈장('06년)을 수훈하는 등 국내 벤처기업 발전에 이바지하고 제품 대부분을 수출하면서 국가 경제에도 크게 기여해왔다. '젊은 공학인상'(한국공학한림원, '02년), '아시아 차세대 지도자'(세계경제포럼, '02년), '닮고 싶고 되고 싶은 과학기술인'(한국과학문화재단, '03년), 한국공학한림원 최연소 정회원('05년)으로 선정되는 등 산업계를 대표하는 과학기술인으로 인정받고 있으며, 2011년에는 국제적 경영대상인 '언스트앤영 Ernst & Young 최우수 기업가상 한국 최우수기업가('11년)'로 선정되었다. 현재는 네이버의 이사회 의장 역할도 수행하고 있다.

이민화의 평가

휴맥스는 창업부터 1조 기업에 이르기까지 혁신과 운영과 재혁신의 기업 사이클을 보여준 전형적인 사례이다. 기업이 새로운 시장변화의 틈새를 찾아 창업에 성공하고 글로벌 기업으로 성장하면서 이에 따르는 제반 운영상의 문제를 극복하고, 시장 자체가 변화하여 다시 새로운 성장동력을 찾아나서는 일련의 과정들은 모든 기업들이 겪는 것이다. 이 과정을 휴맥스 만큼 적나라하게 보여줄 수 있는 기업은 아마도 없을 것이다.

휴맥스의 첫 번째 교훈은 창업과정이다. 서울대 제어계측과 권욱

현 교수 실험실의 7명이 창업을 해서 초기의 용역부터 노래방사업을 거쳐 셋톱박스라는 진정한 창업 동력을 찾기까지 5년의 시간이 걸렸다. 그 기간 동안 많은 시행착오를 통해서 학습하고, 마침내 셋톱박스라는 시장기회를 발굴하고 올바른 방향으로 시장에 접근할 수 있었다. 이 과정에서 배울 수 있는 것은 시장 기회가 왔을 때 잡을 수 있는 내공을 갖추는 것이다. 새로운 디지털 시대에 맞는 하드웨어와 소프트웨어에 탁월한 인력들을 키워 냈고, 노래방 사업을 통해서 이들의 역량을 보여주었다. 노래방사업에 머물러 있었다면 지금의 휴맥스는 없었을 것이다. 휴맥스의 강점은 CD기반의 노래방기기라는 안정적으로 수입이 있는 사업보다 혁신적이지만, 당시 불확실한 디지털 셋톱박스 사업에 뛰어든 것이다.

휴맥스가 셋톱박스 사업을 시작한 것도 어찌 보면 우연이다. 삼성전자에서 호주의 새로운 셋톱박스 입찰자료만으로 가능성을 타진하고 이에 도전한 것이다. 성공적인 한국의 벤처기업을 보면 그 산업의 태동기에, 일류 인재로서 이류 시장에 진입했다. 최고 인력이 셋톱박스에 몰려들지 않았다. 그러나 서울대 박사들이 모여서 셋톱박스에 도전해서 그 분야의 일류기업을 만들어 냈다. 전형적인 기회포착을 통한 성공적인 벤처의 사례이다.

다음으로 휴맥스를 통해 얻을 수 있는 두 번째 교훈이다. 휴맥스는 이러한 창업과정을 통해 신시장을 개척하고 연간 천억의 이익을 창출하는데서 급전직하로 몇 년 만에 백억 대로 이익이 축소된다. 글로벌 기업으로 성장하는 과정에 겪는 운영상의 문제를 극복하지 못한 것이다. 휴맥스는 전 세계에 걸쳐있는 물류체계의 실제 재고와 장부상의 재고가 일치하지 않고, 판매가 실제 내용과 다르고, 연구개발 일정을 맞추지 못하고, 프로그램은 플랫폼을 구축하지 못하고, IT는 겉돌고, 품질관리는 제대로 이루어지지 않는 전형적인 고성장 벤처기업의 문제를 겪게 된 것이다.

이 단계에 필요한 것은 운영혁신이다. 글로벌 SCM, 체계적 품질관리, 생산관리 그리고 연구개발관리 IT 시스템 등의 일련의 운영혁신들이 이루어져야 규모의 경제를 뒷받침할 수 있다. 그래서 휴맥스는 단순한 벤처기업에서 효율성을 뒷받침하고 체계화되는 대기업의 운영체계를 갖추는 도전을 하게 되었다. 변대규 회장에 의하면 외부 벤처인들의 문화를 쉽게 받아들이지 않고 오랜 기간에 걸쳐 보여주는 관리를 통한 각고의 노력 끝에 운영혁신이 이루어졌다고 한다.

그러나 이와 동시에 휴맥스는 야성을 잃게 되었다. 새로운 혁신이 들어오기 어려워진 것이다. 효율성을 추구하는 오퍼레이션 중심의 운영혁신은 와해적 혁신을 저해하게 된다. 결국 휴맥스는 새롭게 혁신을 뒷받침하기 위한 혁신실을 창설한다. 이것이 창업기업에서 성장기업, 중견기업으로 성장하는 과정에서 겪는 기본적인 성장통이다. 혁신의 체계화를 이루는 것이다. 여기에는 IP의 전략화와 혁신 생태계의 혁신도 따라간다.

첫 번째 단계에서 기업은 혁신역량을 갖추기 위해서 발버둥 친다.

두 번째는 혁신역량의 효율을 확대하는 양적 확대 단계이다. 세 번째는 신성장동력을 찾는 단계다. 이제 휴맥스는 셋탑박스를 넘어서야 한다. 이를 넘어서기 위해서 카 인포테인먼트로 들어선다. 휴맥스는 중간과정인 디지털TV에서 800억대 손실이라는 참담한 전략적 실패를 겪기도 했다. 그러나 휴맥스에는 문제의 본질을 보고 사업의 프레임워크를 잡아가는 끊임없는 노력이 있었다. 변대규 회장은 이 과정까지 20년이 걸렸다고 한다. 20년 전 함께 창업한 동기들은 혁신적 기업가정신의 본질을 안다. 그러나 5년 전에 들어온, 10년 전에 들어온 임직원들은 혁신적 기업가정신을 인식하지 못한다. 이것은 대기업도 마찬가지이다. 혁신적 기업가정신이 다시 필요하게 된 것이다. 최근 몇 년 사이에 5건의 M&A가 이루어졌다. 혁신을 외부에서 조달해오는 개방혁신의 흐름이다. 이제 휴맥스는 천억 벤처들이 겪는 문제인 새로운 성장동력을 얻기 위한 개방혁신과 기업가정신이 요구되는 단계에 돌입했다.

한국 최초로 1조 매출을 넘은 제조 벤처의 신화인 휴맥스의 지속 가능한 성장은 이제 개방혁신에 근거한 생태계 혁신 전략에 있다. 휴맥스가 갖고 있는 높은 신뢰성, 끊임 없는 본질 추구, 한 눈 팔지 않은 한 우물파기 등은 앞으로도 지속 가능한 성장의 힘이 될 것이다. 그러나 유연성과 개방성이 일부 부족한 점은 극복해야 할 과제가 아닌가 한다. 휴맥스의 건투를 빈다.

02

크루셜텍과 안건준

　안건준 대표이사는 부산대학교 기계공학과(84학번), 경북대학교 기계공학 나노가공전공 석사학위를 취득했다. 1990년 삼성전자 중앙연구소에 입사하여 나노기계가공, 광통신나노장비 분야에서 7년간의 연구원 생활을 통해 다양한 응용기술을 습득했다. 이후 광통신디바이스회사인 럭스텍에서 4년여 간의 CTO를 역임하고, 2001년 입력솔루션 전문기업 크루셜텍을 창업했다. 연구개발 부문에서 2005년 전자부품기술대상 우수상, 2006년 대한민국기술대전 동상, 2007년 IR52 장영실상을 수상하였으며, 급속한 성장을 통하여 Deloitte Technology Fast 500기업(Asia Pacific) 2009, 2010, 2011년, 3년 연속 선정 되었다. 크루셜텍은 2010년 7월 한국거래소 코스닥에 상장되었고, 2011년 2억불 수출탑, 히든챔피언 선정과 함께 그 공로로 2010, 2011년 대통령표창을 수상했다. 안건준 대표는 우리나라 대표적인 벤처창업가로서 2008 아시아 창업기업가대상(Dr. Horiba Entrepreneur Award), 2011 Ernst & Young Entrepreneur of The Year

(Korea) Rising Star를 수상했다. 현재는 벤처기업협회 회장으로 사회에 기여 중이다.

이민화의 평가

크루셜텍의 안건준 대표에게 배워야 하는 가장 중요한 단어는 '창조적 기획력'일 것이다. 한국기업이 새로운 제품으로 시장을 창출하고, 세계 시장 점유율 90% 이상의 독점적 지위에 이른 사례는 극히 드물다. 지금까지 대한민국 기업은 문제를 풀어왔지 문제를 만드는 데는 취약했다. 세계적으로 새로운 산업을 일으킨 사례는 많이 없다는 뜻이다. 대한민국의 대표적인 산업인 반도체, 자동차, 조선, 디스플레이 등은 남들을 빠른 속도로 따라잡은 빠른 추격자 Fast Follow 전략의 대표적인 성공 산업이었다. 이에 반해서 크루셜텍의 생체인식 센서들은 새로운 창조적 아이디어로 기존에 없던 시장을 창출하고 이를 활용하여 새로운 운용분야를 개척한 것이다. 한국 벤처 기업들의 미래 경쟁 전략은 바로 새로운 개척자 First Mover, 즉 지금까지 없던 새로운 가치를 창출하는 데에 있다는 점에서 크루셜텍의 사례는 상당히 많은 교훈을 준다.

창조적 기업가정신은 어느 날 갑자기 만들어지는 것이 아니다. 수많은 시행착오를 거쳐서 만들어진다. 그 시행착오는 실전일 수도 있고 도상 연습일 수도 있으나, 도상 연습이 비용이 훨씬 적게 든다. 안건준 대표의 탁월성은 도상 연습을 통해서 시행착오를 최소화한 것이다. 이는 사업기획 능력이 탁월하다는 뜻이다. 많은 창업가들이 기회의 발굴에 열광한다. 지금까지 없던 새로운 기술을 발명하면 여기에 집착하고 열광하게 된다. 그러나 항상 새로운 혁신은 많은 난관을 극복할 때 비로소 빛을 발하게 된다. 우선 기술적인 장벽을 넘어야 한다. 과거 광학 산업을 하면서 갈고 닦은 기술을 활용한 사업자체는 세계금융위기 여파로 실패했지만 거기서 얻어진 소중한 기술들은 새로운 사업에서 빛을 발하게 된 것이다.

이러한 기술적 장벽을 돌파하고 다시 새로운 시장을 만들어내며, 소비자에게 새로운 가치를 제시하고, 이를 이용한 제품을 만들어가는 험난한 과정을 극복하는 것에 기획력은 무엇보다 중요하다. 기회를 발굴하고 이를 검증하는 과정은 수많은 창업가들이 취약한 부분이다. 실제 창업 심사 혹은 창업 지도를 할 때 부딪히는 가장 큰 문제는 기회의 발굴보다 그 기회가 구현되는데 어떤 문제가 있는지 검증하는 것에 소홀하다는 것이다. 안건준 대표는 창조적 생각뿐만 아니라 실전에서 발생할 수 있는 문제를 사전에 걸러내는 기회 검증 능력에도 탁월함을 보였다.

실제 창업이전에 그는 탁월한 전략가로서 대기업에서 촉망받는 사원이었다. 해외 기업에서 수억대의 연봉을 제시받을 정도의 탁월한 역량을 보여준 바 있다. 실제 창업의 90%는 기업의 경험을 가진 사람들이다. 이들은 샐러리맨으로서 기업에 근무한 사람들이 아니라 사내기업가로서 자신의 내공을 닦아온 사람들이다. 창업과 취업은 완전히 다른 선택이 아니다. 취업 이후 사내기업가로서 실력을 갈고 다듬어 창업을 하는 것이 전 세계적인 추세다. 이 점에서 안대표의 사업경로는 전형적인 취업과 사내기업가를 거쳐 창업으로 가는 패턴으로 볼 수 있다.

안건준 대표의 세 번째 탁월성은 변신능력이다. 대체로 새로운 아이디어를 만드는 발명가들은 자신의 발명에 도취하고 빠져든다. 그러나 안건준 대표는 시장의 변화에 앞서서 기업의 변화를 꾀해 왔다. 시장이 경쟁 역학 구도 상 여러 한계에 부딪힐 것을 대비해서 새로운 카메라 플래시 사업으로 분야를 확대한 것이 그 예다. 이 분야도 역시 과거에 실패했던 광학 사업의 연장선상에 있다. 사실 사업에 있어 실패는 배움의 가장 큰 원천이다. 뿐만 아니라 휴대폰 제조업자, 특히 안드로이드 진영을 위해서 새로운 입력 디바이스를 채택하는 소프트웨어 플랫폼을 제공하는 전략은 주목할 필요가 있다. 또한 시장 점유율에 비해서 상대적으로 이익률을 높게 가져가지 않는다는 것은 경쟁 전략으로서 눈여겨 볼만하다. 순이익이 많이 나는 시점에서도 원가 절감을 위한 태국공장을 운영한다는 점도 중요하다.

사업의 확장 과정에서 기존 사업 분야의 주력제품이 성숙기에 진입하기 전 새로운 미래의 스타를 키워야 한다. 미래의 스타는 기존 사업과 연관을 가지는 것이 가장 바람직하다. 이런 관점에서 소프트웨어 플랫폼 진략은 바람직한 사례다. 앞으로는 사업의 확장이 시장을 중심으로 이루어질 것이다. 동일한 시장에 상이한 기술로써 품목다각화를 하는 것이 일반적인 상례다. 과거에는 시장 진입비용이 낮았기 때문에 동일한 기술로 다양한 시장에 진출하는 시장 다각화 전략이 주를 이루었던 경우도 있었다. 그러나 이제는 Value Chain상 마케팅 비용이 약 40% 이상으로 가장 큰 비중을 차지하고 있다. 제조 부분의 Value Creation은 급격히 축소되고 있다. 이는 복잡한 시장경제 진화의 필연적인 현상이다. 주된 가치창출은 연구개발과 마케팅에서 이루어지는데, 그 중 마케팅이 점점 더 중요해지는 것이다.

창조, 검증, 변신의 기업가정신의 대표적인 사례로서 크루셜텍의 핵심역량을 살펴보자. 부품기업으로서 국내 대기업에 의존하지 않고 매출 3천억에 도달한다는 것은 대단히 어려운 일이다. 전형적인 독일의 강소기업과 같은 형태이다. 여기에는 수많은 특허가 뒷받침하고 있다. 이제 부품산업은 특허산업이다. 소재는 노하우로 차별할 수 있으나 부품은 리버스 엔지니어링이 가능하기 때문에 특허 없이는 차별화가 어렵다. 이러한 특허 중심의 차별화 전략은 앞에서 언급한 세 가지 기업가정신으로부터 발현된 크루셜텍의 힘이다. 이러한 힘이 뒷받침되면 스마트폰 시장이 어떻게 재편되더라도 크루셜텍의 경쟁력은 빛을 발할 것이다. 특허와 관련하여 크루셜텍은 한국의 실험실 창업제도와 인큐베이터 제도가 배출한 대표적인 성공사례라는 점도 언급하고 싶다. 호서대학이 초기에 건물 등 기초 인프라를 제공한 것도 성공요인임에 틀림없다.

한편, 모든 기업은 유전자적으로 강점과 약점이 존재한다. 크루셜텍의 가장 큰 취약점은 안건준 대표에 대한 의존도가 높다는 것이다.

지금도 안건준 대표는 새로운 아이디어의 발굴과 해외시장 개척을 위해서 동분서주하고 있다. 시장과 기술을 결합하는 역량이 중소기업 대표의 가장 큰 차별화라는 점에서 이는 강점이기도 하나, 분야별로 안건준 대표를 뒷받침 할 인재들이 육성되어야 한다. 어려운 것은 기술과 시장을 각각 이해하는 인재는 육성할 수 있으나 이 둘을 결합한 인재 육성은 대단히 어렵다는 점이다. 바로 이것이 크루셜텍의 과제이다.

두 번째는 개방혁신 역량이다. 이는 크루셜텍이 확보한 주력 스마트폰 제조회사들과의 고객관계이다. 스마트폰은 인류에 거대한 혁명을 가져왔다. 여기에 인간의 오감에 해당하는 수많은 새로운 기능들이 더해질 것이다. 획기적인 아이디어를 가지고 있더라도 전자코, 전자혀 등 수많은 기능들이 스마트폰에 부가되기 위해서는 각 대기업의 개발과 구매 책임자들과의 접근성이 있어야 한다. 한국 스마트폰 부품업계의 마케팅 윈도우 역할이 크루셜텍이 개척할 새로운 영역이다. 여기에 필요하다면 M&A와 같은 개방 혁신이 성장엔진이 될 수 있다. 이제 외부 역량을 끌어들이는 새로운 성장 패턴이 크루셜텍의 도전이 될 것이다.

세 번째 문제는 모든 회사에 따르는 문제지만 기업성장 그 자체가 리스크나. 문화의 충석에 따른 혼돈에 빠셔들 위험성이 있다. 안선준 대표의 리더십이 지속적으로 유지되기 위해서는 기업문화의 정착이 필요하다.

마지막으로 기업은 이 사회와 더불어 성장해야 한다. 매출 수백 억 대까지는 자기회사가 잘되는 것이 우선 중요하다. 수천 억 대가 넘어서면 협력 기업들과 함께 잘 되어야 한다. 조 단위를 넘어선 기업들은 사회적 역할도 고려해야 한다. 이제 일조 매출 벤처기업들이 쏟아져 나올 것이다. 그 후보자로서 크루셜텍은 사회적 기여에 대한 많은 고려가 필요하다. 안건준 대표가 이룩한 기업가적 혁신은 창업을 꿈꾸는 젊은이들에게 많은 점을 시사한다.

03

이음소시어스와 박희은

　박희은 대표는 2010년 서울대학교 언론정보학과를 졸업하고 엔씨소프트 글로벌사업팀에 입사했다. 그러나 6개월 후 국내 최초의 소셜 데이팅 서비스 '이음'을 런칭하고자 과감히 새로운 길을 선택했으며, 현재는 ㈜이음소시어스의 대표이사로 근무하고 있다. 박희은 대표가 이끄는 이음은 2010년 제11회 '여성창업경진대회' 대상 수상을 시작으로 2011년 제6회 '대한민국 인터넷 대상' 국무총리상 수상, 2012년 KOTRA '나는 글로벌 벤처다 2012' 대상 수상 등 굵직한 상을 수상하며 그 가능성과 성장성을 인정받고 있다.

이민화의 평가

　예상외로 벤처업계에서 여성벤처 숫자는 5% 선으로 일반기업에 비해서 현저히 낮은 편이다. 여기에 컴투스를 창업한 박지영 대표에 이은 대표적인 여성 벤처인으로 이음소시어스의 박희은 대표를 소개한다. 이음은 일찍이 부정적 이미지가 부각된 모바일 소개팅 시장에서 건전하고 인간적이면서 진솔한 만남을 주선하는 포지셔닝으로 소셜 데이팅 업계의 1등을 달리고 있다. 이음으로부터 배울 수 있는 교훈과 앞으로의 새로운 도전을 살펴보기로 하자.

이음소시어스는 알고 있는 바와 같이 데이트 중개회사다. 요즘 유행하는 플랫폼 기업이다. 남과 여의 만남은 인류의 영원한 숙제다. 마담뚜를 비롯하여 수많은 회사들이 명멸해간 오랜 역사를 가진 사업 분야다. 이러한 시장에서 이음이 독보적인 역할을 하고 있는 원인은 무엇일까.

플랫폼 사업은 규모의 경쟁이다. 먼저 시작해서 먼저 키워야 하고, 빨리 키워야 한다. 이음의 가장 큰 장점은 먼저 시작해서 빨리 컸다는 것이다. 그러나 마이스페이스가 페이스북에게 추월당하고 야후가 구글에 추월당한 것과 같이 먼저 시작한 회사가 항상 선두에 남아있는 것은 아니다. 그런 점에서 플랫폼 사업은 치명적인 매력이 있어야 한다. 이음은 하루에 한 명을 소개하고 그 시간을 기다리게 하는 매력을 제공한다. 이 매력에 더해 소셜 데이팅이 지닌 속성상의 부정적 인식을 제거하고 긍정적 신뢰를 제공해야 한다.

과거 많은 남녀 소개사이트는 불법이 온상이 되기도 했다. 이를 밝고 건전한 이미지로 만들어내는 것은 쉬운 일이 아니었을 것이다. 밝은 이미지와 더불어 신뢰를 쌓아가기 위해서 가장 중요한 것은 물 관리이다. 클럽과 비슷한 속성인 이러한 중개 사이트는 물 관리가 필수적이다. 이런 점에서 박희은 대표가 명문대 출신인 것은 이음의 성공에 상당한 기여를 했을 것으로 보인다. 신뢰가 중요한 소셜 사이트들, 예컨대 페이스북도 아이비리그의 핵심, 하버드에서 출발하지 않았던가. 초기의 물 관리와 브랜드의 구축이 이루어져 상대적으로 경쟁업체보다 우위에 서게 된다.

여기에 플랫폼 사업의 두 번째 핵심인 문화의 동질성이 등장하게 된다. 이음소시어스의 임직원들의 연령대는 주 고객의 연령대와 일치한다. 이는 소비자의 마음을 잘 파악할 수 있는 능력으로 이어진다. 흔히들 프로슈머Prosumer를 소비자가 생산에 참여하는 것만으로 이해하고 있으나, 생산자가 소비자의 마음을 갖게 되는 것도 프로슈머의 또 다른 얼굴이다. 스스로가 데이트를 할 것이라고 생각하며 서비스를 만들어 가는 것이 바로 이음의 숨은 성공 비결이다.

이미 수많은 데이트 소개 사이트들이 등장하고 있다. 하루에 한 번이 아니라 여러 번 소개하는 사이트, 소개 이벤트를 해주는 사이트도 있다. 심지어 미국에서는 블라인드 데이트를 해주는 서비스도 등장했다. 이 치열한 경쟁 속에서 이음은 지속적인 경쟁을 통한 혁신으로 차별화를 구축하고 있다. 플랫폼 사업에서 브랜드의 중요성은 아무리 강조해도 지나치지 않다. 이음이라는 이름은 물론, 소셜 데이팅이라는 산업의 용어를 만든 역량은 사업의 본질을 꿰고 있다는 증거이기도 하다.

이제 이음의 남은 숙제들을 살펴보자. 이음은 경쟁의 승자와 패자가 갈리는 시점에서 플랫폼의 규모 확장을 위한 인수합병이 필요하다.

티켓몬스터의 경우와 같이 두 배의 규모가 되면 플랫폼의 영향력은 4배가 된다. 확장된 플랫폼을 위해서 사업에 대한 재정의가 필요하다. 즉, 비즈니스 도메인이 초기에 출발한 데이트에서 20~30대 남녀들의 관심사를 충족하는 사업으로 발전해야 한다. 이러한 역할을 하기 위해서 이음은 두 가지 대안이 있다. 내부에서 그러한 사업을 만들어가는 방법과 외부에서 가져오는 방법이다. 이 중 일반적인 것은 개방혁신으로, 외부로부터 혁신을 가져오는 것이다. 여기에는 완전히 인수합병을 하거나 애플의 앱스토어와 같이 플랫폼 기업화가 되는 방법이 있다. 그 선택은 기업의 몫이다.

필연적인 진화 방향은 플랫폼의 규모를 키우고, 커진 플랫폼 위에서 다양한 사업들이 꽃피게 하는 것이다. 이제 대부분의 커머스는 스마트 모바일로 이동하고 있다. 이음 또한 마찬가지로 빠른 속도로 스마트폰으로 이동하고 있다. 여기에 등장하는 것이 집단 지능, 집단 평가와 같은 소셜화 현상이다. 친구들이 어떻게 평가하느냐가 해당 연령대에 중요하므로 좋은 경험의 공유가 필요하다. 이러한 일련의 역할들이 이음이 소셜 데이트 시장에서 만들어갈 새로운 역할이 아닐까. 기존의 결혼 중개업은 결국 소셜화의 대세를 따르게 될 것이다.

이제 이음은 해외 진출도 고려해야 할 시점이다. 해외 진출은 단독 사업으로 수행하기는 어렵다. 전략적 제휴가 다음 과제가 될 것이다. 그렇다면 다양한 세계 각국의 문화적 차이를 수용하는 능력이 필요하다. 한류의 활용은 시너지를 만들 수 있을 것이다.

대한민국의 발전에 가장 위험한 문제는 급속한 노령화의 문제고, 이를 극복하기 위해서는 남녀의 만남, 결혼과 출산이 장려되어야 한다. 이음의 사업은 사회적 관점에서 꼭 필요한 사업이 아닌가 생각한다.